"十二五"职业教育国家规划教材
经全国职业教育教材审定委员会审定

Daolu Jiaotong Kongzhi Jishu

道路交通控制技术

（第2版）

向怀坤　主　编

张新宇　杨绍鹏　副主编

徐建闽　主　审

人民交通出版社股份有限公司
北　京

内 容 提 要

本书为"十二五"职业教育国家规划教材。本教材较全面地介绍了道路交通控制的相关知识及实用技术。在简要回顾道路交通控制技术发展历程的基础上,对平面交叉口交通信号控制基础、单个路口交通信号控制、干道交通信号协调控制、区域交通信号协调控制、行人与自行车交通控制、快速道路交通控制系统、交通信号控制系统设备、交通信号控制系统的实施等内容进行了介绍。本教材坚持理论知识"必需、够用"原则,突出"产教融合""理实一体"特色,在每一章后面设计了相应的实训项目,内容编排更符合高职教育教学的需要。

本教材可作为高等职业院校道路运输类专业相关课程教材,也可作为道路交通相关专业技术人员的参考书。

图书在版编目(CIP)数据

道路交通控制技术 / 向怀坤主编. — 2 版. — 北京:
人民交通出版社股份有限公司,2021.1(2025.8 重印)
"十二五"职业教育国家规划教材
ISBN 978-7-114-15572-7

Ⅰ.①道…　Ⅱ.①向…　Ⅲ.①道路—交通控制—高等
职业教育—教材　Ⅳ.①U491.5

中国版本图书馆 CIP 数据核字(2019)第 101594 号

"十二五"职业教育国家规划教材

书　　　名:**道路交通控制技术(第2版)**
著　作　者:向怀坤
责任编辑:任雪莲
责任校对:赵媛媛
责任印制:张　凯
出版发行:人民交通出版社股份有限公司
地　　　址:(100011)北京市朝阳区安定门外外馆斜街 3 号
网　　　址:http://www. ccpcl. com. cn
销售电话:(010)85285911
总 经 销:人民交通出版社股份有限公司发行部
经　　　销:各地新华书店
印　　　刷:北京科印技术咨询服务有限公司数码印刷分部
开　　　本:787×1092　1/16
印　　　张:16
字　　　数:513 千
版　　　次:2014 年 8 月　第 1 版
　　　　　　2021 年 1 月　第 2 版
印　　　次:2025 年 8 月　第 2 版　第 4 次印刷　总第 7 次印刷
书　　　号:ISBN 978-7-114-15572-7
定　　　价:49.00 元

(有印刷、装订质量问题的图书,由本公司负责调换)

前　言

近年来,我国智能交通行业及其产业得到了前所未有的快速发展,智能交通在保障交通安全、提高运输效率、缓解交通拥堵、降低环境污染、改善公众出行服务等各方面发挥着日益重要的作用。特别是人工智能、5G、大数据时代以来,智能交通已经成为物联网、智慧城市建设的首要着陆点和代表性行业,迎来了蓬勃发展的历史机遇。据报道,2018年我国城市智能交通保持18%以上的整体增长率,市场规模达到538.9亿元,2018—2022年年均复合增长率约为20.33%,2022年将达到1 300亿元。

随着智能交通作为一个独立的产业迅速崛起,各级政府和相关企业逐渐把发展智能交通作为提高区域和企业核心竞争力的重要手段,我国《道路交通安全"十三五"规划》《交通运输科技"十三五"发展规划》以及《交通运输行业智能交通发展战略(2012—2020年)》等都对我国智能交通行业及产业的发展给予了明确的支持。

行业发展离不开人才,智能交通行业正强烈呼唤着大批优秀人才破茧而出,向更新更高的技术和管理领域集聚。为实现人才培养目标,适应我国智能交通行业的发展需求,培养面向生产、建设、服务和管理第一线需要的智能交通行业的高技能人才,推动高职课程建设与改革,加强教材建设,交通运输管理类专业指导委员会在全国交通运输职业教育教学指导委员会的指导下,精心组织全国从事高职教学第一线的优秀教师和企业专家,合作编写了智能交通技术运用专业系列教材。

道路交通控制技术是电子技术、控制技术、计算机技术、通信与网络技术等在交通工程领域的集成,经过多年的发展,已经成为一门相对独立的应用技术学科,特别是在交通控制原理、交通控制设计、交通控制方法、交通控制设备、交通控制工程等方面,已经形成了一套相对完整的理论技术体系。从该技术的工作原理来看,可分为交通信号定时控制、感应控制、自适应控制与智能控制;从该技术的应用范围来看,可分为单点控制、干道控制和区域控制。目前,该技术主要应用在城市道路交叉口,所涉及的职业岗位,既有设计、制图、管理岗位,也有生产、检测、安装与维护岗位。为使学生适应岗位需求并具备一定的职业迁移能力,高等职业院校毕业生不仅需要掌握必要的理论知识,还需要掌握扎实的操作技能。

基于以上分析,本书在编写中主要立足于以下几个方面:

1. 坚持理论知识"必需、够用"原则,突出职业综合能力培养的指导思想。在内容编排上,将每章分为三个部分,第一部分是必要的理论知识,第二部分是针对性的技能训练,第三部分是拓展性的思考练习。这样的章节安排既注重必要的知识基础,又强调实际应用技能,将理论与实践紧密结合。

2. 注意知识内容、认知过程、思维方法与实践技能掌握的自然结合。在本书的编写过程中,编者依据多年的工作经验和教学经验,精心设计了一系列的实训项目,实训项目从提出问题、分析思路到归纳总结的整个环节,注重对学生的启发引导,并与知识内容相呼应,突出"实践-理论-实践""综合-分析-综合"的基本认知规律,可以较好地适应"教师主导、学生主体"的教学活动安排。

3. 编写内容紧密结合道路交通控制领域的最新国家及行业标准。作为一本专业性、应用性较强的教材,在专业术语、技术指标、操作规程等方面,必须与国家及行业相关标准一致,体现专业性和科学性。比如,本教材在介绍道路交通控制基础条件时,引用了《城市道路交叉口规划规范》(GB 50647—2011)和《城市道路工程设计规范》(CJJ 37—2016),在介绍道路交通控制设备时,引用了《道路交通信号控制机》(GB 25280—2016)和《道路交通信号灯》(GB 14886—2016)等国家及行业标准。这使本教材在作为教学用书的同时,也具有一定的应用参考价值。

4. 编写团队的组成体现了"校企合作"与"专兼结合"的指导思想。本书主编为高职教育教学一线专任教师,副主编为行业企业一线技术骨干或行业专家,其他参编者均来自高职院校教育教学一线。这种教材编写团队可以充分利用学校与企业的优势,有利于编写适合工作岗位职业能力需求的教学用书。

全书由向怀坤博士担任主编,张新宇总工程师和杨绍鹏政委担任副主编,华南理工大学徐建闽教授担任主审。参加本书编写工作的有:深圳职业技术学院向怀坤(编写第一章第一、二、三节,第二、三、四、五、六、八章,第九章第一、二节),广东交通职业技术学院曹成涛(编写第七章),深圳市格林威交通科技有限公司张新宇(编写第九章第三、四、五、六节),深圳市公安局交通警察局杨绍鹏(编写第一章第四节)。另外,深圳职业技术学院梁松峰编写了第三章和第八章的部分实训项目,明安涛、梁明志等帮助完成了教材中图表的绘制和资料整理工作,在此表示感谢。

本书在编写过程中参阅和引用了国内外相关的论著和资料，未能在参考文献中一一列出，在此对这些文献的作者和译者表示由衷的感谢。

由于编者水平有限，书中不妥之处在所难免，恳请专家和读者批评指正。

编　者
2020 年 3 月

目　　录

第一章 ▶▶▶

概　论

自现代汽车诞生以来,其便捷、高效、灵活等特点,促进了道路交通的飞速发展。根据《中华人民共和国道路交通安全法》的定义,道路是指公路、城市道路和虽在单位管辖范围但允许社会机动车通行的地方,包括广场、公共停车场等用于公众通行的场所。本书在兼顾相关技术内容的同时,重点围绕城市道路交通信号灯控制技术进行介绍。

第一节　城市道路交通问题分析

随着我国城市化、机动化的快速推进,城市交通供需矛盾日益突出,出现了一系列的道路交通问题,主要表现在如下几个方面。

1. 交通拥堵日益严重,公众出行成本增加,能源消耗加大

早在 20 世纪 70 年代,英国运输和道路研究实验室(Transport and Road Research Laboratory,简称 TRRL)的研究结果表明:在英国一个大约具有 100 个平面交叉路口的城市内,每年由于车辆延误造成的经济损失达 400 万英镑;在日本东京,由 260 多个主要平面交叉路口的低效率交通流引起的年经济损失高达约 2 亿美元;在法国巴黎,每天由于交通拥堵引起的损失时间相当于一个拥有 10 万人口的城市的日工作时间。美国《2005 城市交通报告》显示,2003 年美国人全年因交通拥堵总计浪费约 37 亿小时,虚耗 23 亿加仑❶燃料,造成损失超过 630 亿美元。

自改革开放以来,中国城市经济快速增长,城市道路交通供需矛盾不断加剧,交通拥堵已成为当前我国城市发展面临的突出问题。交通拥堵导致行车不畅(图 1-1),车辆的每一次加减速运动,都将使燃油消耗增加。据测算,如果一辆小汽车在 7~88km/h 的速度区间加减速1000 次,则比匀速行驶时多消耗燃油 60L;如果是货车,则要多消耗燃油 144L。

2. 交通事故频发,对人类生命财产安全构成极大威胁

道路交通事故是人类面临的重大威胁之一。世界卫生组织(世卫组织)在其发布的《2018

---

❶　1 加仑 = 3.78541dm³。

年全球道路安全现状报告》中指出,全球道路交通死亡人数继续攀升,每年死亡135万人,其中5岁至29岁儿童和年轻人是主要受害者。相比于公路交通,城市道路交通更为复杂,其交通主体密集多样、交通环境复杂多变、交通冲突高度集中,因而安全形势也更为严峻。统计表明,截至2016年末,我国城市道路里程占全国道路总里程的7.5%,而城市道路交通事故数量占全国道路交通事故总量的45.8%,城市道路交通事故伤亡人数占全国道路交通事故伤亡总数的38.8%,城市道路百公里交通事故率是高速公路的4倍、普通公路的10倍。其中,每年城市道路交通事故导致死亡人数接近2万人、受伤人数接近10万人,造成直接经济损失4亿元。

图1-1 交通严重拥堵

3.空气污染和交通噪声加重,日益影响公众的生活质量

汽车尾气排放、噪声污染是当今世界环境污染源之一。据有关调查表明:汽车排出的污染物占大气污染物总量的60%以上;交通噪声占城市环境噪声的70%以上。在我国,汽车尾气排放已成为城市大气的主要污染源,在一些城市,汽车尾气排放的一氧化碳(CO)、氮氧化物(NO_x)分别平均占大气中一氧化碳排放的85%,占氮氧化物排放的45% ~ 60%。据经济合作与发展组织(Organization for Economic Cooperation and Development,简称经合组织 OECD) 估计,经济发达国家有15%的人生活在65分贝(dB)以上的高噪声环境中。我国北京、上海、广州的交通噪声均高于纽约、东京、巴黎。在城市噪声中,交通噪声分担率为30.2%。此外,空气和噪声污染在车辆起动和制动过程中更为严重。试验表明,车辆在起、制动时排出的尾气是匀速行驶时的7倍以上,产生的噪声也比正常行驶时高出7倍。

城市道路交通问题还间接造成城市有限的土地资源和能源被无效地使用,公共运输系统的吸引力降低,运行效率下降,严重影响了居民的生活质量,不利于资源和能源节约及经济和社会发展。

第二节　交通控制的基本理念

一、交通控制的基本概念

交通控制是利用交通信号对道路交通流进行科学控制,使其有序、高效运行的一种交通指挥措施。其中,交通信号包括交通信号灯、交通标志、交通标线和交通警察指挥四种类型。一般来讲,交通控制主要是指采用交通信号灯或其他自动化设备,辅以交通标志和交通标线,根据道路交通的变化特性来自动指挥车辆和行人通行,又被称作道路交通自动控制。

城市道路交通自动控制主要应用于城市道路平面交叉口(简称道路交叉口或路口),被控制的对象包括机动车(表1-1)、非机动车和行人,其基本原理是对各向交通流在时间上分配相应的通行权,从而减少路口交通冲突,提高道路交叉口的通行效率。当然,并不是每个道路交叉口都必须设置交通信号灯,只有在满足一定的条件时,才能设置交通信号灯并发挥其应有的作用。交通信号灯的设置条件和相关技术规范将在第二章详细介绍。

与交通控制相近的概念是交通管理。交通管理是指按照交通法规的要求、规定和道路交通的实际状况,运用技术、安全教育等手段合理地限制和科学地组织、指挥交通。正确处理道路交通中人、车、路之间的关系,使交通尽可能安全、通畅、公害小和能耗少。狭义的交通管理仅仅是指相关职能部门对道路交通所进行的一系列行政调控活动;广义的交通管理则是指相关职能部门对道路交通系统的构成要素及其相互关系所进行的全部调控活动,包括道路的建设、养护和管理,公共交通运输的管理,道路交通秩序的管理,车辆和驾驶人的管理等。

机动车规格术语分类表　　　　表1-1

分　类			说　明
汽车	载客汽车[①]	大型	车长大于或等于6 000mm或者乘坐人数大于或等于20人的载客汽车
		中型	车长小于6 000mm且乘坐人数为10～19人的载客汽车
		小型	车长小于6 000mm且乘坐人数小于或等于9人的载客汽车,但不包括微型载客汽车
		微型	车长小于或等于3 500mm且发动机汽缸总排量小于或等于1 000mL的载客汽车
	载货汽车	重型	总质量大于或等于12 000kg的载货汽车
		中型	车长大于或等于6 000mm或者总质量大于或等于4 500kg且小于12 000kg的载货汽车,但不包括低速货车
		轻型	车长小于6 000mm且总质量小于4 500kg的载货汽车,但不包括微型载货汽车、三轮汽车和低速货车
		微型	车长小于或等于3 500mm且总质量小于或等于1 800kg的载货汽车,但不包括三轮汽车和低速货车
		三轮(三轮汽车)	以柴油机为动力,最大设计车速小于或等于50km/h,总质量小于或等于2 000kg,车长小于或等于4 600mm,宽小于或等于1 600mm,高小于或等于2 000mm,具有三个车轮的货车;其中,采用转向盘转向、由传递轴传递动力、有驾驶室且驾驶人座椅后有物品放置空间的,总质量小于或等于3 000kg,车长小于或等于5 200mm,宽小于或等于1 800mm,高小于或等于2 200mm
		低速	以柴油机为动力,最大设计车速小于70km/h,总质量小于或等于4 500kg,车长小于或等于6 000mm,宽小于或等于2 000mm,高小于或等于2 500 mm,具有4个车轮的货车
	专项作业车		专项作业车的规格术语分为重型、中型、轻型、微型,具体参照载货汽车的相关规定确定
	有轨电车		有轨电车的规格术语参照载客汽车的相关规定确定

分 类		说 明
摩托车	普通	最大设计车速大于 50km/h 或者发动机汽缸总排量大于 50mL 的摩托车
	轻便	最大设计车速小于或等于 50km/h,且若使用发动机驱动,发动机汽缸总排量小于或等于 50mL 的摩托车
挂车②	重型	总质量大于或等于 12 000kg 的挂车
	中型	总质量大于或等于 4 500kg 且小于 1 200kg 的挂车
	轻型	总质量小于 4 500kg 的挂车

注:资料源于《机动车类型术语和定义》(GA 802—2014)。

①对《道路机动车辆生产企业及产品公告》记载的乘坐人数为区间的载客汽车(包括以载运人员为主要目的的专用汽车),以上限确定其规格术语。乘坐人数包括驾驶人。

②不适用于设计和技术特性上需由拖拉机牵引的挂车。

二、交通控制的基本原则

交通控制是在给定控制策略下,以安全、高效、公平为目标,通过信号配时参数优化,对交叉口时空资源在竞争交通流之间进行优化配置,从而维持交通秩序、提高交通运行效率,是现代交通管理的核心模块之一。本质上,交通控制是一种通行权的分配,是通过信号手段在时间上分配不同交通流的通行权。因此,在进行交通控制时,需要考虑如下几个基本原则。

1. 安全保障原则

安全保障是整个交通信号控制中最基础也是最重要的原则。在进行交通信号控制时,必须确保所有交通参与者(机动车、非机动车、行人)的安全,特别是在通行权更迭时,必须保证多股冲突交通流之间的安全间隔时间。交通信号控制的相关算法设计(如感应控制、黄灯设计等)与设施设置(如倒计时、可变导向车道等)必须以安全为前提。

2. 交通分离原则

交通分离是指采用科学的交通管控手段,从空间、时间上对各向混行的交通流进行分隔,以达到路口交通各行其道、互不干扰的目的。将交通控制设施与交通渠化设计相配合,可以对各类交通流从空间上进行有效分离,通过信号相位设计和配时优化控制,可以对各向交通流从时间上有序分配相应的通行权,实现路口交通的安全与高效通行。

3. 流量均分原则

流量均分是指对交通流进行科学的调节、疏导,使路网各处的交通压力趋于均衡,不因某处交通压力过于集中而造成交通拥堵。其中,交通控制是实现路网流量均分的重要手段。例如,使用方向性交通控制手段(图1-2),可以使车流量方向性分布不均匀的现象得到缓解,从而提高道路的利用率。

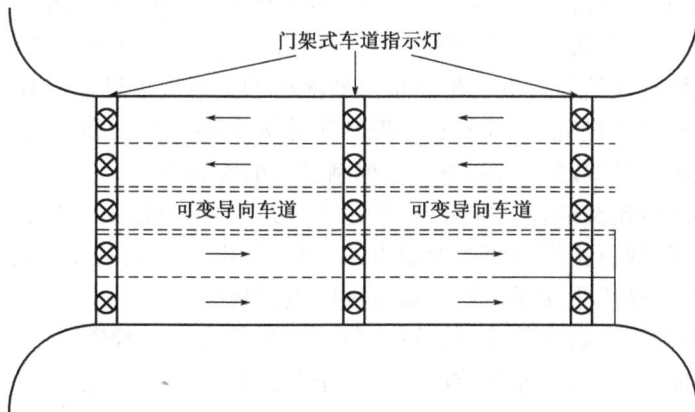

图1-2 方向性交通控制手段——可变导向车道设置示意图

4. 弱势保护原则

机动车、非机动车和行人是交通控制的主要对象。相比于机动车而言,非机动车和行人处于明显的弱势地位。弱势保护原则是指在交通信号控制中,需要对各向非机动车、行人给予一定的通行时间保护,在确保安全与效率的前提下满足所有交通参与者的通行需求,从而实现道路通行权的均衡分配。

三、交通控制的主要方式

交通控制方式可按照控制范围、控制方法和特定控制对象来进行划分,如图1-3所示。

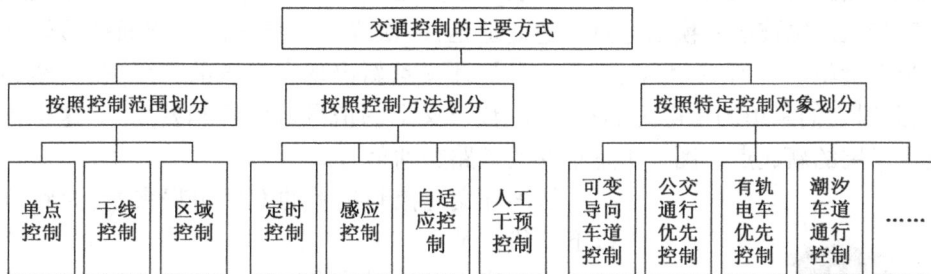

图1-3 交通控制的主要方式

按照控制范围,交通信号控制可分为单点控制、干线控制与区域控制。单点控制又称为"点控",用于距离上下游交叉口较远、车流到达不受上下游交叉口信号影响的孤立交叉口或快速路出入口匝道。干线控制也称"绿波控制",是把干道上若干距离较近的连续交叉口的交通信号连接起来,对各个交叉口进行统一的信号方案设计与配时参数优化,使得各个交叉口的信号方案协同运行。区域控制也称为"面控"或"网络控制",是把某一区域内所有信号交叉口全部纳入统一的交通管控中心进行统一配时优化的控制方法。从这个角度看,干线控制可被看作区域控制系统中的一个组成部分,是区域控制的一种简化形式。

按照控制方法,交通信号控制可分为定时控制、感应控制、自适应控制和人工干预控制。定时控制是在某个时段内按预设的固定配时方案连续重复运行的控制方式。时段的划分主要依据一天中不同的道路交通流分布规律,基于该交通流分布规律,离线制订并存储信号配时方案于交通信号机中,根据系统的当前时间,交通信号机可自动选择并切换相应的信号配时方案。感应控制是道路交通信号控制机根据检测器测得的交通流信息来调节信号显示时间的控制方式。根据车辆检测器设置的不同,感应控制又分为半感应控制和全感应控制两类。自适应控制是根据交通流信息实时自动调整信号控制参数的控制方式。人工干预控制则主要用于特殊道路交通环境或特定交通控制需求,一般是指通过远程或现场人员直接干预交通信号控制系统或信号控制机,执行指定程序的控制方式。目前,由于自适应控制的灵活性、可用性和最优性,自适应控制已经成为交通控制方式发展的主要趋势。

按照特定控制对象,交通信号控制还可以分为可变导向车道控制、公交通行优先控制、有轨电车优先通行控制、潮汐车道通行控制等。由于各控制对象在交通特性、控制目标、应用条件等方面均存在差异,因而这些针对特定对象的交通控制方式也各具特点。随着我国城市居民出行需求的日益增加,城市交通管理与控制将面临更高要求的挑战,基于特定对象的交通控制方式也必将得到更充分的发展,并在我国城市现代交通控制体系中发挥更大的作用。

第三节　交通控制的发展历程

一、国外交通控制的发展历程

交通控制诞生于 19 世纪。据英国学者韦伯斯特(F. Webster)和柯布(Corbu)的著作记述,早在 1868 年,英国伦敦威斯敏斯特街口安装了世界上第一组交通信号灯。当时采用的是煤气灯,通过灯前的红、绿玻璃变换信号灯灯色。但是,一次煤气爆炸事故使交通信号灯几乎销声匿迹了近半个世纪。直到 1914 年,交通信号灯才又重新出现在美国的克里夫兰、纽约和芝加哥等城市,此时它们采用的是电力驱动,与现代意义上的信号灯已经相差无几,这也标志着交通控制技术发展的新起点。图 1-4 是早期的道路交通信号灯。

图 1-4　早期的交通信号灯

从国外交通控制技术的发展历程来看,大致可划分为以下三代技术:

第一代交通控制技术以 1926 年英国首次安装和使用交通信号灯自动控制器来进行交通流控制为标志,这标志着城市交通自动控制技术的诞生。最初的交通信号灯自动控制器主要采用电动机械装置来进行信号灯控制,这种电动机械控制器利用轮轴定时切换信号灯的供电,从而实现对信号灯灯色的控制。由于采用机械方式,这种装置不需要任何软件,也没有相应的标准。直到现在,这种控制器仍在美国纽约和芝加哥等许多城市使用。

第二代交通控制技术起始于 20 世纪五六十年代。随着 20 世纪 50 年代后期电子计算机的广泛应用,为多个交叉口的信号协调控制提供了新的技术条件。这些控制系统的一个典型特征是所辖路口的信号周期完全相同,且统一由控制中心集中决策。国际上一些实用的交通信号控制系统,如 TRANSYT-7F、MAXBAND、PASSER-2、BAND-TOP、APP、SCATS、SCOOT 等,都属于第二代道路交通信号控制系统。其中,TRANSYT-7F 系统是英国运输和道路研究实验室(TRRL)于 20 世纪 60 年代在其所提出的交通网络优化分析工具 TRANSYT(Traffic Network Study Tool)基础上,经美国佛罗里达州立大学(Florida State University)商业化开发而成的。TRANSYT-7F 后经大量推广,把交通信号控制技术推向了更高的发展阶段。后来,在 TRANSYT-7F 基础上开发了 SCOOT(Split,Cycle and Offset Optimization Technique)系统及澳大利亚的 SCATS(Sydney Coordinated Adaptive Traffic System)系统。目前,TRANSYT-7F、SCDDT、SCATS 这三个系统已成为世界上最优秀的城市交通信号自适应控制系统。第二代交通信号控制系统由于比第一代交通信号控制系统增加了全局控制能力,因而不同程度地取得了非常好的社会经济效益。

第三代交通控制技术起源于 20 世纪 90 年代,以智能交通系统(Intelligent Transportation System,简称 ITS)概念的提出为标志,其主要特点是把城市交通信号控制系统纳入 ITS 的整体框架,在传统的交通信号控制系统之中引入更多的智能技术。在此情形下,交通信号控制不再是一种单一的行为,其还会与 ITS 的其他子系统发生相互作用。ITS 这一术语于 1994 年被正式提出,因其符合道路交通的发展潮流而迅速在全世界得到广泛认同和推广。ITS 是一个跨学科、信息化、系统化的综合交通体系,其主要内容是将先进的人工智能技术、自动控制技术、计算机技术、信息与通信技术及电子传感器技术等有效集成在一起,并应用于整个地面交通的一种在大范围内、全方位发挥作用的,实时、准确、高效的综合交通运输管理系统。1995 年 3 月,美国运输部正式出版了《国家智能交通系统项目规划》,明确规定了 ITS 的 7 大领域和 29 个用户服务功能。其 7 大领域包括:出行交通信息系统、出行需求管理系统、公共交通运营系统、商用车辆运营系统、电子收费系统、应急管理系统、先进的车辆控制和安全系统。作为 ITS 的重要应用领域,交通控制系统在新一代信息与装备技术的支持下,特别是在人工神经网络、模糊逻辑、遗传算法等先进技术的支持下,全面提升了传统道路交通控制技术的应用水平,在不同程度上改善了城市交通管理现状,使得第三代城市交通控制系统比前两代在技术上有了更高层次的发展。

国外交通控制技术的发展历程如表 1-2 所示。

国外交通控制技术的发展历程 表 1-2

方式	年份	国别	应用城市	系统名称	系 统 特 征	路口数	周期	检测器
点控	1868	英国	伦敦		燃气色灯	1	固定	无
	1914	美国	克里夫兰		电灯	1	固定	无
	1926	英国	各城市		自动信号机	1	固定	无
	1928	美国	各城市		感应信号机	1	可变	气压式
线控	1917	美国	盐湖城		手控协调	6	固定	无
	1922	美国	休斯敦		电子计时	12	固定	无
	1928	美国	各城市		步进式定时	多	可变	无
面控	1952	美国	丹佛		模拟计算机,动态控制	多	可变	气压式
	1963	加拿大	多伦多		数字计算机,动态控制	多	可变	电磁式

方式	年份	国别	应用城市	系统名称	系统特征	路口数	周期	检测器
面控	1968	英国	格拉斯哥	TRANSYT	静态控制	多	可变	环形线圈
	1975	美国	华盛顿	CYRANO	动态控制	多	可变	环形线圈
	1980	英国	格拉斯哥	SCOOT	动态控制	多	可变	环形线圈
	1982	澳大利亚	悉尼	SCATS	动态控制	多	可变	环形线圈
	1985	意大利	都灵	SPOT/UTOPIA	动态控制	多	可变	环形线圈
	1989	法国	图卢兹	PRODYN	动态控制	多	可变	环形线圈
	1995	德国	科隆	MOTION	动态控制	多	可变	环形线圈
	1996	美国	新泽西	OPAC	动态控制	多	可变	环形线圈
	1996	美国	菲尼克斯	RHODES	动态控制	多	可变	环形线圈
	1997	希腊	哈尼亚	TUC	动态控制	多	可变	环形线圈

二、国内交通控制的发展历程

我国在城市交通控制方面的工作起步较晚,早期主要以引进国外有关控制设备及软件为主。中华人民共和国成立之前,仅在东北几座大城市使用了单点定周期信号控制器控制三色信号灯,这是20世纪30年代的产物。就全国而言,多是靠人工指挥棒指挥交通或人工控制三色信号灯。

1973年,北京市开始在北京前三门大街采用DJS-130型计算机进行干道信号协调控制,这是我国在交通信号自动控制领域迈出的第一步。与此同时,车辆检测器的研究工作也开始在几个城市展开。上海和北京先后成功研制了地埋式环形感应式线圈、超声波、电磁式等多种车辆检测器。

20世纪80年代以来,随着我国改革开放的深入,城市社会经济快速发展,机动车保有量急剧增加,使得城市道路交通问题越来越严重。国家一方面进行了以改善城市中心交通为核心的城市交通系统管理(Urban Traffic System Management,简称 UTSM)技术的研究,另一方面采取引进与开发相结合的方针,建立了一些城市道路交通信号控制系统。虽然北京市在20世纪70年代就引进了英国的 SCOOT 系统,但由于长期以来道路交通检测不完善,导致该系统运行效果始终不够理想;上海市在20世纪80年代初引进了澳大利亚的 SCATS 系统,系统的运行相比于北京市的要完善很多;20世纪80年代末,深圳市引进了日本的 KYOSAN 控制系统,运行效果尚可,但存在系统结构封闭问题。以上这些国外软件,除了价格极其昂贵之外,由于商家对技术保密的原因,都存在对软件无法深入完整了解,无法完善系统操作并使其与国内道路交通特点相结合的问题,致使系统不能够达到最佳的运行状态,随着国内城市交通状况的不断变化,许多系统的先进功能无法真正发挥作用。

经过国内高校、科研院所及交通企业多年的努力攻关,目前国内已经有一些自主开发的城市交通信号控制系统,部分已经得到商业化应用。从整体性能来看,国内系统与国外同类系统相比仍有较大差距,且大部分国内产品只在一些中小城市得到应用。我国交通具有混合交通的特点,主要表现在三个方面:非机动车数量多,对交通流干扰大;城市建设仍在进行,路网不稳定;城市布局密集,行人通行量大。这与国外的交通流有许多不同之处。交通信号控制系统属于国家战略基础设施,若过分依赖国外系统,将对国家自主知识产权保护、交通安全等产生不利影响,为此,迫切需要建立健全符合我国国情的交通信号灯控制规范,开发适合我国国情、具有我国自主知识产权、能达到国际先进水平的智能交通信号控制系统。

20 世纪 80 年代末至 90 年代初,在原国家计委、国家科委的批准下,原交通部、公安部联合努力下,南京市完成了国家"七五"科技攻关项目,研制出南京市交通信号控制系统(简称 NUTCS)。该项目的攻关目标是研究和建立适合于中国国情的机动车与非机动车混合交通的城市交通信号控制系统。该系统采用分布式递阶控制结构,分为区域控制级和路口控制级,使用 PASCAL 高级语言在 MVAX/VMS 操作系统上开发系统优化和信号控制软件。该系统设置了实时自适应控制、固定配时和无电缆联动控制三种模式,能在特殊情况下设置 70 条绿波路线,并配备了交通疏导广播、可变情报板等为车辆提供道路交通信息。然而,因为各种原因,该系统至今没有完全得到推广应用。

伴随我国高速公路的快速发展,针对高速公路出入口匝道的交通信号控制问题也被提上重要的议事日程。经过近二十多年的研发、技术引进和实践,目前我国高速公路的交通信号控制已经初具规模,与之相伴的交通广播、交通诱导、交通监测等系统也不断得到完善,为推进道路交通的自动化、信息化和科学化管理奠定了良好基础。

为规范道路交通信号控制的发展,我国道路交通主管部门积极行动,陆续制定了一批交通信号控制方面的国家及行业标准,并对相关标准进行了更新,如《城市道路交通信号控制方式适用规范》《道路交通信号灯设置与安装规范》《交通信号控制机与上位机间的数据通信协议》《道路交通信号控制机》《道路交通信号控制机与车辆检测器间的通信协议》《道路交通信号灯》等。这些标准和规范对促进我国道路交通控制产业的健康发展发挥了重要作用。

近年来,随着 ITS 在我国的深入应用,智能交通信号控制技术也获得了长足发展。国家"九五"至"十三五"科技攻关计划中,均安排了专项资金开展与交通控制相关的研究与开发项目,有力地推动了该项技术的进步。

三、交通控制技术的发展趋势

道路交通控制系统作为 ITS 的一个子系统,必将带来一系列新技术的应用和发展,主要表现在以下几个方面。

1. 车辆、道路和交通管理的一体化

随着电子、通信、传感及计算机等技术的发展,先进的交通管理系统(Advanced Traffic Management System,简称 ATMS)已逐步建立。ATMS 是 ITS 的重要组成部分,它依靠先进的交通监测技术、计算机信息处理技术和通信技术,对城市道路和城际高速公路综合网络的交通运营和设施进行一体化的控制和管理,通过监视车辆运行来控制交通流量,快速准确地处理辖区内发生的各种事件,以使得客货运输达到最佳状态。对于车辆驾驶人而言,车载传感器可以提醒驾驶人前方有路障或者在黑暗和大雾中提醒驾驶人存在不安全的运行情况,而且这些数据被直接传送到交通控制中心,从而提供了有关道路障碍或交通事故的实时信息;对于交通管理部门而言,借助于先进的车辆检测器、交通监控设备、车载智能系统和先进的通信网络,可以实

时掌握路网的交通分布状态。在强大的传感器技术、控制技术、通信技术及计算机技术等的支持下,ATMS 实现了车辆、道路与交通管理的一体化。

2. 交通信号控制系统的计算机网络化

我国城市交通信号控制系统已成功运行了四十多年。20 世纪 80 年代以来,该类系统使城市交通管理与控制方式发生了变革,实现了交通信号的自适应控制。中央控制计算机可对交通数据进行处理分析,并执行对路网交通信号的控制。路网中的交通信号控制机既不需要事先存储既定的配时方案,也不需要事先确定一套配时参数与交通量的对应选择关系,实时模拟系统依靠存储于中央控制计算机中的交通模型,对路网中反馈回来的交通数据进行分析,完成对信号配时参数的优化调整,形成路网交通信号的控制方案并将其传输到路口交通信号控制机。配时参数的优化是以综合目标函数例如延误时间、停车次数、拥挤程度及油耗等的预测值最小化为依据的。

3. 在城市交通信号控制系统中应用人工智能技术

随着人工智能控制理论与技术的发展,传统的囿于控制模型和计算机性能的针对单一指标优化的控制模式,逐步被先进的人工智能、大数据与云计算所支撑的多目标优化系统所替代。目前,除了 TRANSYT、SCOOT、SCATS 等的改良版本外,已经出现了一些基于人工智能技术的交通控制体系结构。例如,德国汉堡的交通管理系统采用了双层结构,核心是利用了知识源(Knowledge Source,简称 KS)技术。该系统基于 KS 技术,可进行数据的实时处理、交通状态推断(预测)、故障自动判别、模式自动评价等。将其与 TRANSYT 采用相同的评价函数进行评价后表明,该系统使路网交通拥堵获得了 3% ~ 15% 的改善,并且使早高峰拥堵时的平均速度提高了 10%。

第四节　交通控制的相关技术

一、交通检测技术

应用于城市道路交通控制系统的交通检测技术总体上可分为固定型检测技术和移动型检测技术两大类。所谓固定型检测技术,是指运用安装在固定地点的交通检测设备对移动的车辆进行监视,从而实现交通参数数据的采集,目前主要包括磁频、波频和视频三种类型。表 1-3 给出了几种典型的固定型交通检测技术的性能比较结果。

几种典型的固定型交通检测技术的性能比较　　　　　　　　　　表 1-3

技　术	优　点	缺　点
环形线圈检测	技术成熟、易于掌握; 检测精度非常高	安装过程对可靠性和寿命影响很大; 安装或修理需要中断交通; 影响路面寿命; 易被重型车辆通行、路面修理时损坏

续上表

技　术	优　点	缺　点
视频检测	可为事故管理提供可视图像； 可提供大量交通管理信息； 单台摄像机和处理器可检测多车道	大型车辆可能遮挡随行的小型车辆； 阴影、积水反射或昼夜转换可造成检测误差
超声波检测	体积小，易于安装，可同时检测多车道； 易于实现车型分类，可检测静止车辆	性能随行人、环境温度或气流影响而降低
微波检测	在恶劣天气下性能出色； 可侧向安装，能检测多车道； 可检测静止车辆	检测器安装精度要求较高； 遇道路有铁质的分隔带时，检测精度会下降

所谓移动型检测技术，是指运用安装有特定设备的移动车辆（Floating Car，简称 FC，又称为"浮动车"）检测道路上的固定标识物来采集交通参数数据，目前主要包括基于全球定位系统（GPS）的动态交通数据采集技术、基于电子标签的动态交通数据采集技术和基于车辆牌照自动判别的动态交通数据采集技术。基于 GPS 的动态交通数据采集技术是利用 GPS 的定位功能和地理信息工况（GIS）电子地图匹配技术等实时采集车辆的瞬时速度、行程时间、行程速度等交通参数。基于电子标签的动态交通数据采集技术是通过路边信标（Beacon）与车载电子标签之间进行实时定位，从而确定车辆在路段上的行程时间与行程速度等参数。基于车辆牌照自动判别的动态交通数据采集技术是利用车牌自动识别系统，对通过某路段的几个断面的车辆号牌进行自动识别与比对分析，通过分析相同号牌在不同断面出现的时差，从而计算得到车辆在该路段的行程时间、行程速度等参数。表 1-4 给出了几种典型的移动型交通检测技术的性能比较结果。

几种典型的移动型交通检测技术的性能比较　　　　表 1-4

技　术	优　点	缺　点
基于 GPS 的动态交通数据采集	数据检测连续性强； 全天候工作； 可提供大量交通信息	需要足够多的 GPS 车辆在城市路网中； 检测数据通信易受电磁干扰； 检测精度与 GPS 的定位精度直接相关
基于电子标签的动态交通数据采集	数据检测连续性强； 全天候工作； 可提供自动收费功能	车辆必须安装有电子标签； 必须有足够的车辆安装电子标签； 必须有良好的滤波算法消除故障数据影响
基于车辆牌照自动判别的动态交通数据采集	数据检测连续性强； 全天候工作； 车辆不需安装其他设备； 可以检测全路网所有车辆	检测精度受天气和光源影响较大； 检测精度受车辆牌照的清晰度影响较大

为了规范不同车辆检测器之间的数据接口,促进产业的有序健康发展,我国制定了《道路交通信号控制机与车辆检测器间的通信协议》(GA/T 920—2010)。随着社会发展和技术的不断进步,交通检测技术在交通控制中的作用会更加突显,各种性能优良的检测器将不断问世。

二、网络与通信技术

在交通控制器与交通控制器之间、交通控制器与车辆检测器之间、交通控制器与控制中心之间,都需要通过网络和通信技术来实现互联互通,因此,网络与通信技术是实现交通信号联网自动控制的重要桥梁。作为一种实现多种部件或设备互联的重要技术手段,网络的概念不仅包含局域网、城域网、广域网,还包含大规模并行处理机互联网络、适度并行处理互联网络、输入输出通道和群机系统互联等。

在经历了语言和文字通信阶段及电子信息通信阶段后,如今的通信技术包括:数字通信技术、程控交换技术、信息传输技术、通信网络技术、数据通信与数据网技术、综合业务数字网(Integrated Services Digital Network,简称 ISDN)技术与异步传输模式(Asynchronous Transfer Mode,简称 ATM)技术、宽带互联网协议(Internet Protocol,简称 IP)技术、接入网与接入技术等。在交通信号联网自动控制系统中,通信内容主要是设备间的控制信号和车辆检测数据,只要能满足应用需求,就可以被使用。同时,各地在建设交通控制系统的过程中,还会考虑到当地的网络通信成本,以便采用高性价比的网络与通信技术。

三、自动控制技术

自动控制技术为实现交通信号的自动控制提供了重要的技术支持。从实现方式上,自动控制技术可分为开环控制和闭环控制两种。

开环控制也叫程序控制,这是按照事先确定好的程序,依次发出信号去控制对象,如图1-5所示。按信号产生的条件,开环控制分为时限控制、次序控制和条件控制三种类型。20世纪80年代以来,用微电子技术生产的可编程序控制器在工业控制中得到了广泛应用。当然,一些复杂系统或过程常常综合运用多种控制类型和多类控制程序。

图1-5 开环控制示意图

闭环控制也就是(负)反馈控制,其原理如图1-6所示。传感器检测被控对象的状态信息(输出量),并将结果转变成物理(电)信号传给控制装置。控制装置通过比较被控对象当前状态(输出量)与希望状态(给定量)的偏差,产生一个控制信号,通过执行机构驱动被控对象运动,使其运动状态接近希望状态。在实际中,闭环(反馈)控制的方法多种多样,可应用于不同领域和各个方面,当前广泛应用并快速发展的有:最优控制、自适应控制、专家控制(即以专家知识库为基础建立控制规则和程序)、模糊控制、容错控制、智能控制等。

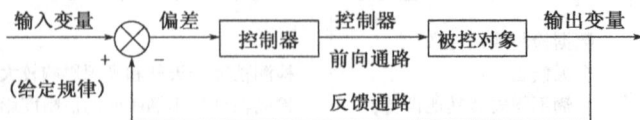

图1-6 闭环(反馈)控制示意图

交通控制中的定时控制、感应控制和自适应控制,都是上述控制原理和技术在交通控制中的具体应用和体现。

四、交通仿真技术

交通仿真技术是系统仿真在交通领域的一个重要应用。系统仿真有三个基本活动,即系统建模、仿真建模和仿真实验,联系这三个活动的系统仿真的三要素是系统、模型和计算机(包括硬件和软件),它们的关系如图1-7所示。系统是研究的对象,模型是系统的抽象,计算机仿真是通过对模型的实验以达到研究系统的目的。现代仿真技术均是在计算机支持下进行的,因此,系统仿真也称为计算机仿真。交通仿真的关键是构建适用的交通仿真模型。按模仿车辆、人流在路网上的移动和处理信号灯

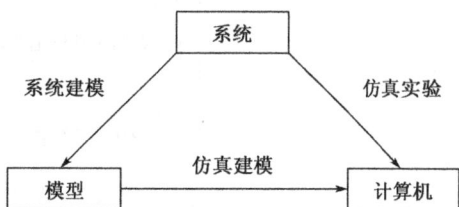

图1-7 系统仿真三要素及三个基本活动

的控制的精细程度,交通仿真模型分为微观、中观和宏观模型。目前,在适用于交通信号控制的交通仿真模型中,知名度较高的产品有德国PTV公司开发的VISSIM模型,英国Quadstone公司开发的Paramics模型和西班牙TSS公司开发的AIMSUN模型。

技能训练

实训项目:交通控制系统认知

一、学习目的

(1)能够正确描述交通控制系统的设备组成、系统结构与主要功能。
(2)能够简要描述交通信号控制系统的工作原理和涉及的相关技术。

二、学习条件

1.交通信号控制录像资料

准备一些城市交通信号控制的视频资料片断,作为本次实训教学的基本素材。

2.道路交通控制系统结构图

准备一些城市交通控制系统的结构图(图1-8),作为本次实训教学的基本素材。建议与交通控制相关设备(如交通信号控制机、交通信号灯、交通信号倒计时器、车辆检测器等)配合进行认知教学。

三、学习方法

1.教师讲解

结合实训素材,同时结合本章所讲的知识点,对本次实训的主要内容、实训要求进行必要的讲解。如:交通控制的发展背景、交通控制的基本概念、交通控制路口的基本内容、交通控制设备的组成模块、交通控制系统的结构与主要功能等。

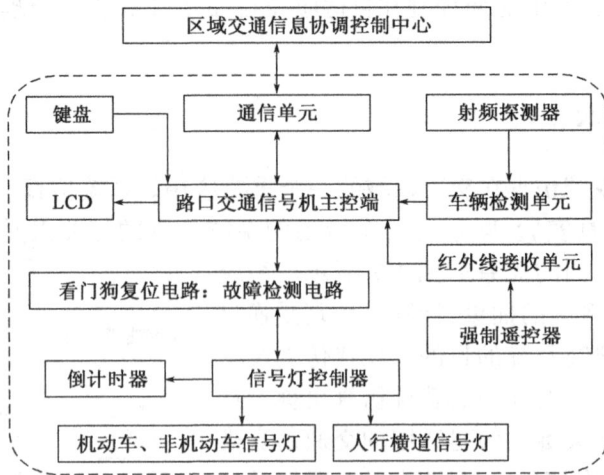

图1-8 路口交通信号控制模块组成结构示意图

2. 学生实训

（1）实训分组：本次实训内容涉及观察、分析、讨论等环节，建议分组实训，2~3人一组。

（2）领取素材：以小组为单位领取实训素材。

（3）认知实训：

①观测录像，统计交通信号控制路口的交通流量，填写表1-5。

交通流量统计表

表1-5

调查日期：_____　　调查起止时间：_____　　调查人：_____

地点及编号：_____　　调查进口及方向：_____　　表　号：_____

时段（min）	左转						直行						右转					
	客车			货车			客车			货车			客车			货车		
	小客	中客	大客	小货	大中货	集装箱	小客	中客	大客	小货	大中货	集装箱	小客	中客	大客	小货	大中货	集装箱
0~5																		
5~10																		
…																		

注：以"正"字方法记录。一页不够可自行复制增加。

②结合交通信号控制设备及设备说明书，学习交通信号控制系统的结构、模块、功能及工作原理。

四、注意事项

要求学生充分利用道路交通控制的资料并结合交通控制设备进行认知实训，着重培养学生观察事物、提出问题和分析问题的能力。

五、学习要求

每小组提交一份"交通控制系统认知实训报告"。

六、能力拓展

在本项目的基础上,要求学生课后思考交通信号控制实施的基础条件,以及如何制订交通信号控制方案。

思考练习

1. 道路交通控制的作用有哪些?
2. 简述道路交通控制技术的发展历程。
3. 道路交通控制的主要方式有哪些?
4. 结合调查分析,谈谈对未来城市道路交通控制技术的设想。

第二章

平面交叉口交通信号控制基础

城市道路平面交叉口是车流中断、事故增多、延误严重的重点位置,也是实施交通控制的主要场所。本章将重点介绍与平面交叉口交通信号控制密切相关的基本内容,包括:平面交叉口的相关概念、平面交叉口的交通渠化、交通信号及交通信号灯、交叉口的交通控制方式以及交通信号灯的设置条件。

第一节　平面交叉口的相关概念

一、平面交叉口的基本类型

道路在同一平面交叉连接的路口称为平面交叉口,和交叉口连接的路段称为交叉口引道。在平面交叉口,车辆从上游路段驶入交叉口的一段车行道被称作进口道,车辆从交叉口驶入下游路段的一段车行道被称作出口道。

平面交叉口的分类方法很多,下面从平面交叉的路段数、是否有信号灯以及城市大小及相交道路等级三个角度来进行分类。

1. 根据平面交叉的路段数分类

(1)十字形交叉口

十字形交叉口由两条道路互相垂直或近于垂直相交形成。这种路口的形式简单,交通组织方便,街角建筑容易处理,适用范围广,可用于相同等级或不同等级的道路相交,是最基本的平面交叉口形式。本书所提到的交叉口,如果不特别指明,均指平面十字形交叉口,如图 2-1a)所示。

(2)X 形交叉口

X 形交叉口由两条道路以锐角或钝角斜交形成,又称为斜交路口。当相交的锐角较小时,将形成狭长的交叉口,对交通不利(特别是左转弯车辆),锐角街口的建筑也难以处理。所以,应该尽量避免这种形式的交叉口,如图 2-1b)所示。

（3）T形交叉口、Y形交叉口

这两种形式的交叉口常见于主要道路和次要道路的相交处,主要道路应设在交叉口的顺直方向,以保证干道上车辆行驶畅通。在特殊情况下,例如一条尽端式的主要干道与另一条主要干道相交时,可以设计成T形交叉或Y形交叉,如图2-1c)、d)所示。

（4）多路交叉口

多路交叉口由多条道路交叉形成,占地较大,交通组织复杂,应尽量避免该类交叉口。最多不宜超过5条道路相交,如图2-1e)所示。

（5）环形交叉口

环形交叉口是在几条相交道路的平面交叉口中央设置一个半径较大的中心岛,使所有经过交叉口的直行和左转车辆都绕着中心岛按逆时针方向行驶,在其行驶过程中将车流的冲突点变为交织点,从而保证交叉口的行车安全,如图2-1f)所示。

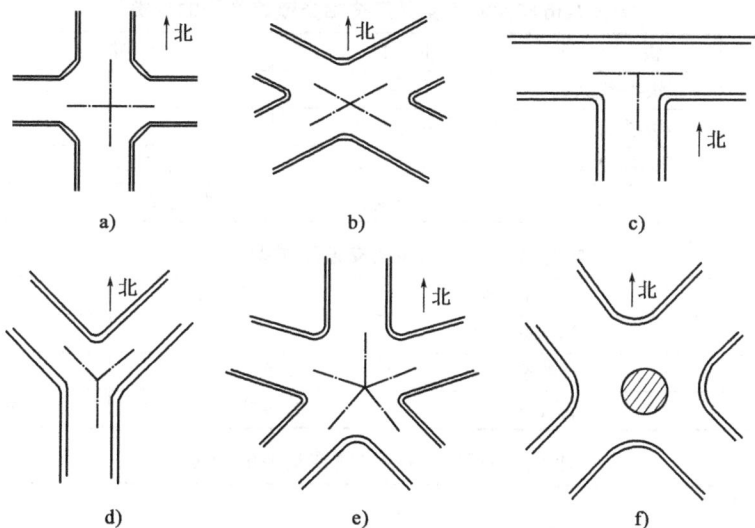

图2-1　城市平面交叉口的基本类型

a)十字形交叉口;b)X形交叉口;c)T形交叉口;d)Y形交叉口;e)多路交叉口(大于四条);f)环形交叉口

另外,还有两类特殊的交叉口。其一是相交路段之间的角度特别大或特别小,不同于前面所述的交叉口类型,通常将其称作畸形交叉口(图2-2);其二是两个紧邻的T形交叉口或Y形交叉口,通常将其称作错位T形或错位Y形交叉口(图2-3为错位T形交叉口)。这两类特殊的平面交叉口非常少见,其对于道路交通管理与控制极其不利,应尽量将其改造成为前面所述的5类交叉口。

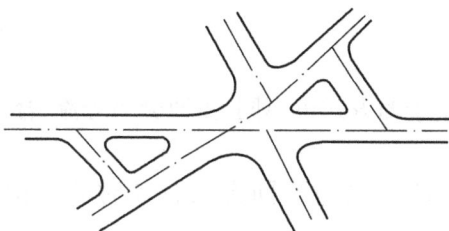

图2-2　畸形交叉口

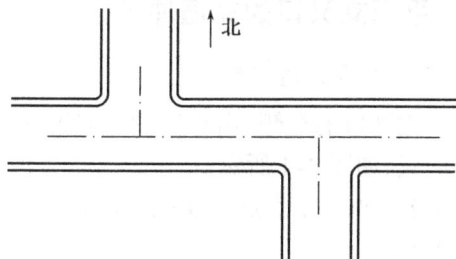

图2-3　错位交叉口

2. 根据是否有信号灯控制分类

根据信号灯控制情况,平面交叉口可分为信号控制交叉口(平 A 类)、无信号控制交叉口(平 B 类)和环形交叉口(平 C 类)。其中:

(1)信号控制交叉口应分为进、出口道展宽交叉口(平 A1 类)和进、出口道不展宽交叉口(平 A2 类)。

(2)无信号控制交叉口应分为支路只准右转通行交叉口(平 B1 类)、减速让行或停车让行标志交叉口(平 B2 类)和全无管制交叉口(平 B3 类)。

3. 根据城市大小及相交道路等级分类

现行《城市道路交叉口规划规范》(GB 50647—2011)中,按城市大小及相交道路类型对交叉口进行了分类,见表2-1 ~ 表2-3。

特大城市与大城市交叉口按相交道路类型的分类 表2-1

相 交 道 路	快 速 路	主 干 路	次 干 路	支 路
快速路	快-快交叉口	—	—	—
主干路	快-主交叉口	主-主交叉口	—	—
次干路	快-次交叉口	主-次交叉口	次-次交叉口	—
支路	—	主-支交叉口	次-支交叉口	支-支交叉口

中等城市交叉口按相交道路类型的分类 表2-2

相 交 道 路	主 干 路	次 干 路	支 路
主干路	主-主交叉口	—	—
次干路	主-次交叉口	次-次交叉口	—
支路	主-支交叉口	次-支交叉口	支-支交叉口

小城市交叉口按相交道路类型的分类 表2-3

相 交 道 路	干 路	支 路
干路	干-干交叉口	—
支路	干-支交叉口	支-支交叉口

上述几种分类方法基本揭示了城市交叉口的主要特性。可以看出,城市交叉口的情况非常复杂,由于该处是各种不同等级的道路的交汇点,进入交叉口的不仅有机动车,还有非机动车和行人,如何对复杂的交通流进行控制,分离和减少冲突,保障交通安全,同时兼顾各方需求,是一件十分困难的事情。

二、平面交叉口的交通冲突

1. 交叉口的交通冲突

进入交叉口的车辆,由于行驶方向不同,相互交错的方式也不同,主要分为分流、合流和交叉三种形式,如图2-4所示。

(1)分流点(分岔点):是指来自同一个方向的车辆向不同方向行驶时的分岔点,如图2-4a)所示。

(2)合流点(汇合点):是指来自不同方向的车辆向同一个方向行驶时的汇合点,如

图2-4b)所示。

(3)交叉点(冲突点):是指来自不同方向的车辆向不同方向行驶时的冲突交叉点,如图2-4c)所示。

其中,以直行与直行、左转与左转以及左转与直行车辆之间所产生的交叉点,对交通的干扰和行车的安全影响最大,其次是合流点,最后是分流点。在没有任何控制的交叉口,分流点与合流点数量的计算方法见式(2-1),交叉点数量的计算方法见式(2-2)。

$$P_d = P_m = n(n-2) \tag{2-1}$$

$$P_c = \frac{n^2(n-1)(n-2)}{6} \tag{2-2}$$

式中:P_d、P_m、P_c——分别为交叉口的分流点、合流点和交叉点数;

n——交叉口相交道路条数。

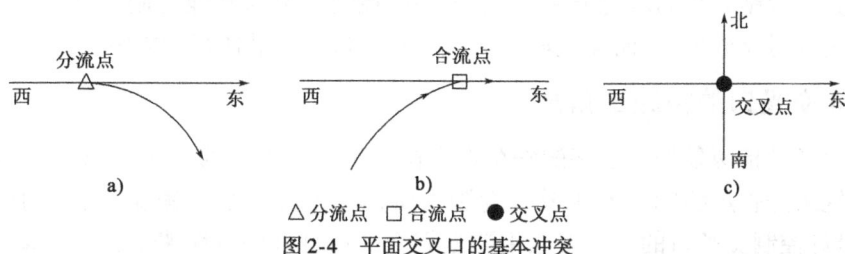

△分流点 □合流点 ●交叉点

图2-4 平面交叉口的基本冲突

表2-4给出了交叉口相交道路数与分流点、合流点与交叉点数的对照结果。图2-5为三路交叉、四路交叉和五路交叉路口冲突示意图。从表2-4和图2-5中可以看出,假如没有任何交通控制措施,随着交叉口相交道路数的增加,冲突点会急剧增加,路口交通的危险性也将急剧增加,因此,有必要对交叉口采取控制措施。

交叉口相交道路数与分流点、合流点和交叉点数的关系 表2-4

交叉口相交道路数(条)	分流点数(个)	合流点数(个)	交叉点数(个)	合计(个)
3	3	3	3	9
4	8	8	16	32
5	15	15	50	80
6	24	24	120	168

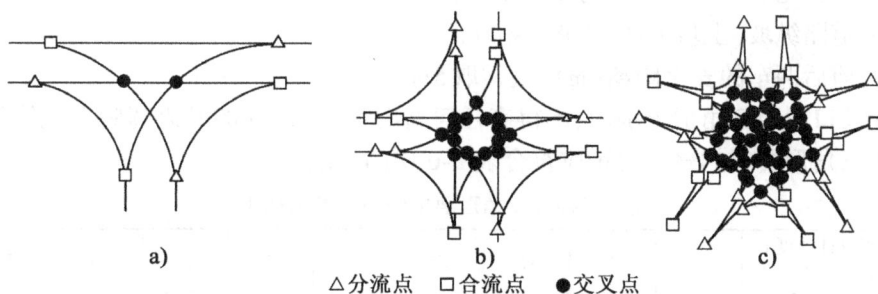

△分流点 □合流点 ●交叉点

图2-5 交叉口交通冲突示意图

a)三路交叉;b)四路交叉;c)五路交叉

2.平面交叉口的复杂度

为了对交叉口的交通冲突情况进行评价,以便对其采取相应的交通控制与管理措施,如采取交通信号灯控制,或者采取单向交通、禁左控制等,从而有效减少交叉口的交通冲突点数,提高交叉口的通行安全,现采用交通枢纽复杂性指标 A 来对交叉口的复杂程度进行定量评价。其计算公式如下:

$$A = P_d + 3P_m + 5P_c \qquad (2\text{-}3)$$

式中:P_d、P_m、P_c——分别为交叉口的分流点、合流点和交叉点数。

根据 A 的不同取值,得出交叉口复杂度评价表,如表 2-5 所示。

交叉口复杂度评价表 　　　　　表 2-5

A 值(个)	10 ~ 25	25 ~ 55	>55
交叉口复杂度	简单	中等复杂	复杂

基于交叉口复杂度指标,可以对交叉口的各种管控效果进行分析,比如对单个路口的交通信号控制与其他管制方案的对比分析,对干道绿波控制效果与其他管制方案的对比分析以及路网管制情况的对比分析,从而确定城市交通控制与疏导的最佳行动方案。

三、平面交叉口的视距三角形

视距三角形是指两条相交道路的停车视距在交叉口所组成的三角形,是一种常被用来分析交叉口上视距是否足够的基本工具。驾驶人所作出的决策很大程度上取决于交叉口的视距,故无信号灯控制交叉口的交通安全主要是靠交叉口良好的视距来保证的。基于视距三角形,可初步判断无信号灯控制交叉口的交通安全程度。

停车视距可按式(2-4)计算。

$$S_s = \frac{v}{3.6}t + \frac{v^2}{2g(\varphi \pm i) \times 3.6^2} + l_0 \qquad (2\text{-}4)$$

式中:S_s——车辆停车视距(m);

v——车辆行驶速度(km/h);

t——反应时间(通常为了留有余地,一般反应时间取 2.5s,即判断时间 1.5s 与反应时间 1.0s 之和);

g——重力加速度,取 9.8m/s^2;

φ——车辆轮胎和路面的纵向摩擦系数;

i——道路纵坡(上坡 $i>0$,下坡 $i<0$);

l_0——前后两车的安全距离(m),通常取 5m。

平面交叉口视距三角形范围内,不得有任何高出路面 1.2m 的妨碍驾驶人视线的障碍物。交叉口视距三角形要求的停车视距应符合表 2-6 中的规定。

交叉口视距三角形要求的安全停车视距 　　　　　表 2-6

交叉口直行车设计速度 v (km/h)	60	50	45	40	35	30	25	20	15	10
安全停车视距 S_s(m)	75	60	50	40	35	30	25	20	15	10

根据实际情况,绘制交叉口的视距三角形,需要分别考虑单向交通交叉口和双向交通交叉口两种情况。在单向交通的道路交叉口,对从左侧进入交叉口车辆,视距线应画在相交道路上最靠近的右边的车道上;而对从右侧进入交叉口的车辆,则应取相交道路上最靠近的左边的车

道,如图 2-6 所示。在双向交通的道路交叉口,对从左侧进入交叉口的车辆,视距线应画在相交道路上最靠近人行道的车道上;而对于从右侧进入交叉口的车辆,则应取相交道路上最靠近路中线的车道,如图 2-7 所示。

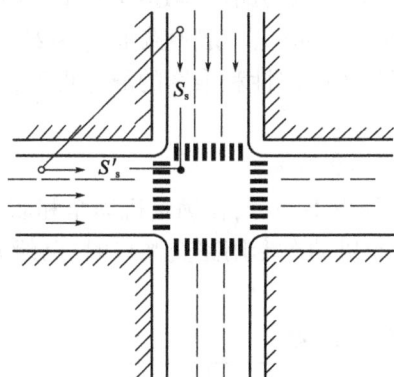

图 2-6 单向交通交叉口的视距三角形   图 2-7 双向交通交叉口的视距三角形

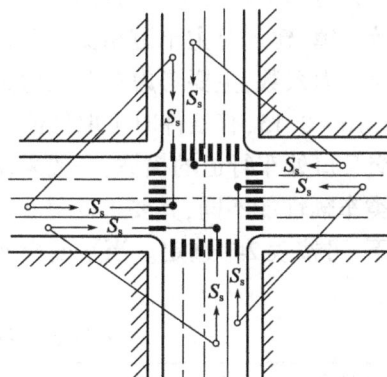

四、平面交叉口的转弯半径

为了使交叉口上右转弯车辆能保持一定速度沿曲线轨迹行驶,交叉口转角处的路面边缘或缘石应做成圆曲线或复曲线,其曲线半径在城市道路中被称为缘石半径,如图 2-8 所示。缘石半径过小,会引起右转弯车辆降速过多,或导致右转弯车辆向外侵占直行车道,引起交通事故。由图 2-8 可知,未计弯道加宽时的交叉口转角缘石半径 R_1 为:

$$R_1 = R - \left(\frac{b}{2} + W \right) \tag{2-5}$$

式中:R——右转弯机动车道中心线的圆曲线半径(m);

b——右转弯车道宽度(m),一般取 3.5m;若加宽,则另计;

W——交叉口上非机动车道宽度(m),一般不小于 3.0m;有分隔带或分车金属栏杆时,则应另加这些设施的宽度。

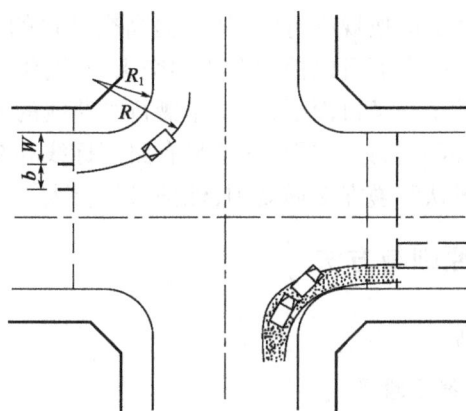

图 2-8 转角半径不足引起行车侵占相邻车道及缘石半径图示

R 值可按下式计算:

$$R = \frac{v^2}{127(\mu \pm i_0)} \tag{2-6}$$

式中:v——右转弯车辆在交叉口的行驶速度,据观测,大致为路段车速的 50% 左右;在小城市及县镇,建议对主干道相交的路口取 20 ~ 30km/h,一般道路取 15 ~ 20km/h;

　　　　μ——横向力系数,主要考虑车辆在弯道上行驶的稳定性和乘客的舒适程度,一般取值为 0.10 ~ 0.15,有条件时可取低值;

　　　　i_0——交叉口处车行道的横坡,一般采用 1.5% ~ 2.0%。

由于各类车辆性能不同,其要求的最小转弯半径也不一样,在满足机动车和非机动车行驶要求的前提下,可按表 2-7 选定。当平面交叉口为非机动车专用路交叉口时,路缘石转弯半径可取 5 ~ 10m。

交叉口转角路缘石转弯半径 表 2-7

右转弯设计速度(km/h)	30	25	20	15
无非机动车道路缘石推荐半径(m)	25	20	15	10

注:有非机动车道时,推荐转弯半径可减去非机动车道及机非分隔带的宽度。

第二节　平面交叉口的交通渠化

一、交通渠化的概念与作用

交通渠化是指运用标线、标志和实体设施以及局部展宽进口段等措施,对交通流做分流和导向处理的工作。通过交通渠化设计与实施,道路交通流能像渠道内的水流那样,顺着规定的方向互不干扰地行驶,故将其取名为"交通渠化"。

从实施效果来看,交叉口的交通渠化处理与交通信号控制是互为补充、不可分割的整体。通过科学划分车道功能、设计导向标线及导向岛等交通渠化措施,可以将交叉口不同类型的交通流进行分隔,使各类交通体能够按规则行驶,从而提高交叉口的通行效率,保障道路交通安全。特别是交叉口的导向岛,一方面可以控制车流的交叉角度,将斜交对冲车流变为直角交叉车流,从而缩短交叉时间或减小交叉口面积,减少车辆行驶路线的不确定性,缩小车辆与车辆、车辆与行人在交叉口的冲突区域;另一方面,它还具有路面标线和交通标志所不具备的易见性和强制性,可以帮助驾驶人辨认和遵守交通规则,保护过街行人。

二、交叉口渠化设计原则与方法

1. 交叉口渠化设计原则

1)符合规范,简单明确,易于理解

交叉口渠化设计应符合国家相关标准和规范的规定,不能随意变更或改动。同时,交叉口设计的形状应力求简单明了,避免采用过于复杂的方案,应便于各类交通参与者正确选择自己的交通路线。

2）路线平顺，保证安全

交叉口渠化设计应尽可能使交通路线平顺，可以使交通参与者以最短时间或最短路程通过，应避免迂回、逆向、急转或者有可能引起碰撞的尖锐角度。同时，各种交通流，即不同流向、不同车种、不同速度的交通流，应尽可能实现分道行驶，以减少相互干扰或碰撞，保证安全。

3）保证视距，净化视野

交叉口渠化设计应充分保证各方向各车道车辆和行人的视距，并净化机动车驾驶人的视野。交叉口附近的所有绿化栽植和街道上的市政公用设施的设置均应以不阻挡驾驶人视线、不妨碍驾驶人视线为原则，凡妨碍视线的建筑或绿化均应拆除或砍伐，以确保行车的视距要求。

2. 交叉口渠化设计方法

交叉口的渠化设计应该根据交通工程原理和车辆行驶性能予以认真考虑，一般应注意以下几点。

（1）增加进出口车道数，提高交叉口的通行能力。

可通过拓宽交叉口进口道、适当压缩车道宽度（同时应保证最大外形尺寸的车辆能顺利地实现转弯运行，不受阻碍亦不致过分降低车速）、偏移道路中心标线等措施增加交叉口进出口车道数，以达到最大限度提高交叉口通行能力的目标。

（2）保护转弯车流。

在不同方向交通流之间设置分隔带，以防止可能的车流冲突并保护转弯车辆和横向行驶车辆。对大量的转弯车流应优先考虑，为其提供方便。在右转车辆比例较大的交叉口，如有可能应设置右转弯车道，通常设置右转弯车道的方法是拓宽进口。

（3）适当缩小交叉口面积。

若交叉口面积过大，车辆的行驶轨迹则变宽，行人穿越交叉口要绕大弯。为此，在不妨碍左右转弯车辆行驶的情况下，应该使停车线和人行横道与交叉口尽可能接近。

（4）减少交叉口的分岔数目。

由于交叉口冲突点的数目随交叉口岔数的增加成几何增长，不同类型的冲突点都存在着挤撞和碰撞的危险，这是影响交叉口行车速度和导致交通事故的主要原因。因此，在进行交叉口设计时应尽量设法减少交叉口的分岔数目。

此外，进行交叉口渠化设计时还要注意：优先保证主要交通流的畅通，在次路设置停车让行标志或者减速让行标志，使得次路车辆停车或者减速，以保证主路车辆优先通行；转弯箭头、车道线、停止线等标志、标线都应保持清楚明确，模糊时应及时更新。

上述原则和方法应该根据交叉口的交通特性、环境等实际情况综合考虑，灵活应用。最根本的原则和方法是符合人的习惯和车辆的运动特性，保证交叉口行车和行人的安全顺畅。

三、交叉口的进、出口道设计

1. 进口道车道数、宽度及长度设计

信号控制交叉口应根据交通流量、流向确定进口道车道数。进口道车道数应大于上游路段的车道数，有条件时宜分设各流向的专用车道，并应满足其交通量所需的车道数要求。当高

峰 15min 内每信号周期左转车平均流量达 2 辆时,宜设置左转专用车道;每信号周期左转车平均流量达 10 辆,或需要的左转专用车道长度达 90m 时,宜设置 2 条左转专用车道,左转交通量特别大且进口道上游路段车道数为 4 条或 4 条以上时,可设置 3 条左转专用车道。

平面交叉口一条进口车道的宽度宜为 3.25m,困难情况下,最小宽度可取 3.0m;当改建交叉口用地受到限制时,一条进口车道的最小宽度可取 2.80m,转角导流交通岛右侧右转专用车道应按设计速度及转弯半径大小设置车道加宽。进、出口道的参考设计宽度见表 2-8。

进口道、出口道设计宽度参考值   表 2-8

项　　目	进　口　道	出　口　道
设计宽度(m)	2.80 ~ 3.25	3.25 ~ 3.50

交叉口进口道长度 L_y 由展宽渐变段长度 L_a 与展宽段 L_b 组成,如图 2-9 所示。展宽渐变段长度 L_a 按车辆以 70% 路段设计车速 3s 横移一条车道来计算确定。渐变段最小长度不应小于:支路 20m,次干路 25m,主干路 30 ~ 35m。展宽段最小长度应保证左转或右转车不受相邻候驶车辆排队长度的影响。相邻候驶车辆排队长度 L_s 可由式(2-7)确定。

$$L_s = 9N \tag{2-7}$$

式中:N——高峰 15min 内每一信号周期的左转或右转车的排队车辆数。

当需要设 2 条转弯专用车道时,展宽段长度可取一条专用车道长度的 60%。无交通量资料时,展宽段最小长度不应小于:支路 30 ~ 40m,次干路 50 ~ 70m,主干路 70 ~ 90m,与支路相交时取下限,与主干路相交时取上限。

2. 出口道的宽度及长度设计

(1)出口道每条车道的宽度不应小于路段车道宽度,以 3.5m 为宜。条件受限的改建交叉口出口道,每条车道的宽度不宜小于 3.25m。

(2)出口道长度由出口道展宽段和展宽渐变段组成,如图 2-9 所示。出口道展宽段最小长度不应小于 30 ~ 60m,交通量大的主干路取上限,其他情况可取下限;当设置公交停靠站时,应再加上站台长度。出口渐变段最小长度不应小于 20m。

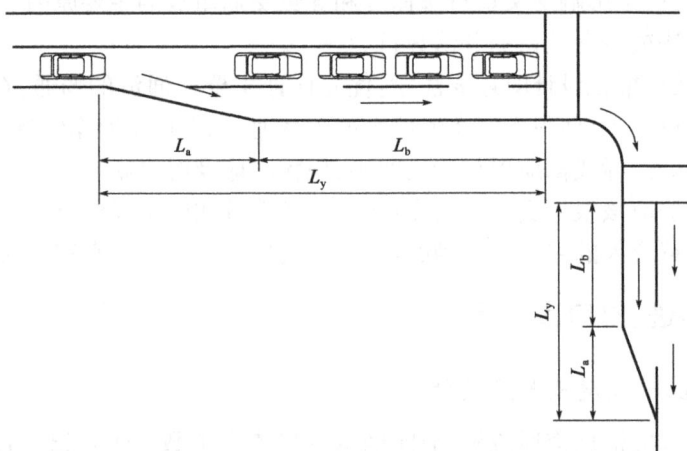

图 2-9　进口道展宽设置右转专用道

四、诱导线、交通岛设计

左转交通,特别是左转车辆与对向直行车辆之间的冲突对交通的流畅和安全有很大的影响。因此,为了明确交叉口内左转车辆的行驶和等待位置,以及交通流在交叉口内曲线行驶的方向,宜采用诱导线来诱导左转车辆,如图2-10所示。诱导线设置过多会引起交叉口内的混乱,因此设置的诱导线应控制在最少数量。同时,诱导线通常设置在交通流易发生弯曲形成不规则行驶轨迹,或跨越其他交通流的地方。与其他路面标线相比,诱导线容易磨损,因此要特别注意维护管理并及时更新。

交通岛是指为渠化分隔交通流和提供行人过街驻足空间而设置在路面上的各种岛状设施,可用构筑物或路面画线设置。按功能及设置位置,交通岛可以分为导流岛(或称方向岛)、分车岛(或称分隔带)、中心岛和安全岛等。

导流岛对渠化交通起着很大的作用,复杂的(形状不规则、交叉角小等)交叉口往往只要用几个简单的导流岛就能有效地减少车流的冲突,改善交叉口的行车安全与通畅,提高通行能力。导流岛能限制行车方向,促使斜交车流变成直角交叉;也能限制车道宽度,控制车速,防止超车,减少交通事故。图2-11是典型的导流岛设置示意图。

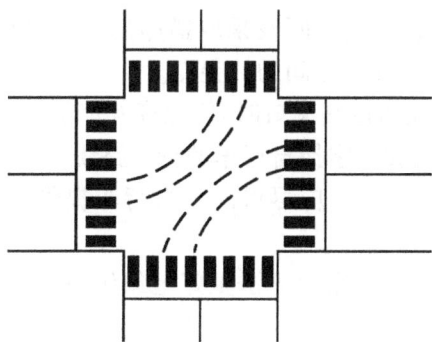

图2-10 诱导线的设置

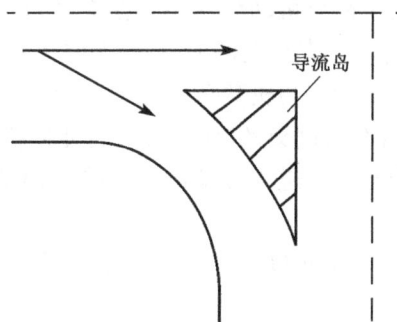

图2-11 导流岛设置示意图

设计交通岛时应注意以下几点:

(1)交通岛应设在行车轨迹通过最少的位置,这样既可以确保合理的行车轨迹,又可以减小交叉口的多余面积,减小冲突区域。

(2)交通岛的设置应使行车自然方便,一般建议使用比较集中的大岛,而不提倡使用混乱分散的小岛。各种交通岛的面积不宜太小,一般不应小于 $7m^2$。

(3)交通岛的形状和位置应配合交通组织和交通管理,应能给出正确的指示,使车辆按正确的路线行驶。

五、交叉口人行横道及自行车道设计

1. 交叉口人行横道设计

人行横道线表示准许行人横穿行车道的标线,其颜色为白色。人行横道线应设置在驾驶人容易看见的位置,宜与车行道垂直,平行于路段路缘石的延长线并适当后退,在右转车辆易

与行人发生冲突的交叉口,宜后退 3~4m,人行横道间的转角部分长度不应小于6m。人行横道两侧沿路缘石 30~120m 范围内,应设置分隔栏等隔离设施,主干路取上限,支路取下限。有中央分隔带的道路,人行横道应设置在分隔带端部向后 1~2m 处。

人行横道宽度应根据过街行人数量、行人信号时间等确定,顺延干路的人行横道宽度不宜小于5m,顺延支路的人行横道宽度不宜小于3m,宜以 1m 为单位增减。当人行横道长度大于16m 时,应在人行横道中央设置行人二次过街安全岛,其宽度不应小于2m,困难情况下不得小于1.5m。可通过缩减转角交通岛面积、利用转角曲线范围内的扩展空间、减小进出口车道宽度等措施设置行人二次过街安全岛。因条件限制宽度不够时,安全岛两侧人行横道可错开设置。安全岛两端的保护岛应设反光装置。

2. 交叉口自行车道设计

自行车交通是我国交通的重要组成部分。交叉口的自行车道设计应遵循以下基本原则:

(1)自行车交通应与机动车交通进行空间或时间分离。

(2)如无条件进行分离,须给出适当的空间使自行车与机动车分道行驶。

(3)应尽量使自行车处于危险状态的时间减到最少。

(4)如果空间允许,在自行车暂停处应提供实物隔离措施。

(5)为了简化机动车驾驶人在交叉口的观察、思考、判断及采取措施的复杂过程,应使自行车交通与机动车交通的冲突点尽可能远离机动车交通之间的冲突点。

(6)当自行车与机动车在交叉口等待信号灯或通过交叉口时,应保证互相能够看清楚,特别是当自行车通过交叉口时,应尽可能使机动车驾驶人掌握自行车的行驶路线。

(7)当自行车进入交叉口后等待交通信号灯放行时,应尽可能为自行车提供一个安全的停车位置。

基于以上交叉口自行车道设计原则,可以通过以下渠化方法更好地组织自行车交通通过交叉口。

(1)右转弯专用车道:利用现有的路面开辟专门用于右转弯的自行车道。其优点是可以缓和交叉口的交通拥挤,有利于交通安全。设置右转弯专用车道要求交叉口较宽,右转自行车流量大,且骑车人严格遵守各行其道的原则。

(2)左转弯专用车道:国外常用设置左转弯专用车道的方法处理自行车在交叉口的左转弯问题。日本使用彩色(绿色或蓝色)路面标识自行车左转弯专用车道。这种方法通过限制左转弯自行车流,减少左转弯自行车流对直行机动车流的干扰。然而,这样会增加自行车的行驶距离,使骑车人感到很不习惯。因此,该方法只适用于左转弯自行车流较小,且无须对自行车加强交通管理的交叉口。

(3)左转弯候车区:在交叉口自行车进口道的前面,可设置左转自行车的候车区,绿灯时左转自行车随直行自行车行至对面的左转候车区内,待另一方向的绿灯亮时再前进,即变左转弯为两次直行。设置左转弯候车区的优点是可以通过消除左转自行车对机动车的干扰,提高机动车通过交叉口的运行速度及通行能力,能通过减少左转自行车与直行机动车流的冲突点,提高交叉口的交通安全性。其缺点与设置自行车左转弯专用车道的缺点基本相同。

(4)停车线提前:根据自行车起步快的特点,可将交叉口自行车停车线画在机动车停车线的前面,当绿灯亮时,让自行车先进入交叉口,可避免同机动车相互拥挤。两条停车线之间的距离依自行车和机动车交通量大小及交叉口的几何尺寸而定。

(5)自行车横道:可在主干道上画自行车横道线,提示驾驶人注意横向自行车。与人行横道一样,在自行车横道内,自行车具有优先权。机动车遇到自行车横道须减速行驶,当横道内有自行车时机动车应暂停行驶,让自行车先通过。自行车横道适用于支路(包括胡同、里弄等)与主路或次路的平面交叉处,还适用于一些大型建筑物出入口与主路的交叉处。

第三节　交通信号及交通信号灯

一、交通信号的概念

交通信号是指在道路上用来传送具有法律意义的指挥交通流通行或停止的灯光信号、电波信号、声音信号以及手势信号等。在道路交通信号控制中,常用的交通信号主要有交通信号灯信号和手势信号。交通信号灯信号通过信号灯色来指挥交通,如图 2-12a)所示;手势信号则由交警通过法定的手臂动作姿势或指挥棒的指向来指挥交通,如图 2-12b)所示。手势信号目前在交通信号灯出现故障时或无交通信号灯的地方使用。随着信息技术、控制技术和计算机技术在道路交通控制中的广泛应用,交通信号灯信号技术亦在不断发展和完善。

a)　　　　　　　　　　　　　　　　　　b)

图 2-12　交通信号

二、交通信号灯的种类

随着社会的发展及技术的进步,交通信号灯也在逐步发生变化。早期的交通信号灯色仅由红色和绿色两种颜色构成,后来由于车辆不断增加导致交通事故频发,人们经过改进增加了黄色信号,由此形成了红、黄、绿三种灯色的交通信号灯。

随着道路交通的不断发展,特别是在道路交叉口,各个方向的车-车、人-车冲突问题越来越突出,需要对车流、人流在时间上进行更严格的分离。在此背景下,出现了多种样式的现代交通信号灯,如指示方向的箭头灯、车道灯、闪烁灯和倒计时指示灯等,如图 2-13 所示。

根据交通信号灯应用对象的不同,可将其分为机动车道信号灯、人行横道信号灯、非机动

图2-13 道路交通信号灯

车道信号灯和方向指示信号灯;根据安装方式的不同,可将其分为横排式交通信号灯、竖排式交通信号灯;根据安装机动性的不同,可将其分为固定式交通信号灯和移动式交通信号灯;根据供电方式的不同,可将其分为电网供电信号灯和太阳能供电信号灯等。

交通信号灯的性能指标及安装维护等内容,将在第九章详细论述。

三、交通信号灯的含义

1. 各国基本一致的交通信号灯含义

过去对于不同种类的信号灯,各国对其赋予了不同的含义,使国际交通往来发生很多混乱,特别在欧洲,这种情况更为严重。在各方的呼吁下,1968年联合国颁发了《道路交通标志和交通信号协定》,对各种信号的含义作了统一的规定。后来经协商,各国基本上认同了1974年欧洲各国交通部长联席会议上商定的《欧洲道路交通标志和信号协定》,其对交通信号灯的含义规定摘要如下。

1)非闪灯

绿灯:表示车辆可以通行,在平面交叉口,面对绿灯的车辆可以直行、左转或右转,左右转弯的车辆必须让合法通行的其他车辆和人行横道线内的行人先行。但是如果在该绿灯所允许通行的方向上交通非常拥挤,以致进入路口的车辆在灯色改变之后还是无法通过,这时,即使绿灯亮起,车辆也不得通行。

红灯:表示不许车辆通行,面对红灯的车辆不能超过停止线。

黄灯:表示即将亮红灯,车辆应该停止。除非黄灯刚亮时,已经接近停止线、无法安全制动的车辆,可以驶出停止线。

2)闪灯

闪红灯:警告车辆不准通行。

闪黄灯或两个黄灯交替闪亮:表示车辆可以通行,但必须特别小心。

3)箭头灯

绿色箭头灯:表示车辆只允许沿箭头所指的方向通行。

红色或黄色箭头灯:表示仅对箭头所指的方向起红灯或黄灯的作用,即在该箭头所指的方向上不准通行或小心通行。

4)专用于自行车的信号灯

在信号灯上加有自行车图案,用于指示自行车的通行信息。

5)专用于行人的信号灯

在信号灯上加有人形图案,用于指示行人的通行信息。

2. 我国交通信号灯信号的含义

我国于2003年10月颁布了《中华人民共和国道路交通安全法》(以下简称《道路交通安全法》),其中对道路交通信号灯信号的含义作了如下规定。

1）指挥灯信号

绿灯亮时,准许车辆、行人通行,但转弯的车辆不准妨碍直行车辆和被放行的行人通行。

黄灯亮时,不准车辆、行人通行,但已越过停止线的车辆和进入人行横道的行人可以继续通行。

红灯亮时,不准车辆、行人通行。

绿色箭头灯亮时,准许车辆按箭头所示方向通行。

黄灯闪烁时,车辆、行人须在确保安全的原则下通行。

2）车道灯信号

绿色箭头灯亮时,准许本车道的车辆按箭头所示方向通行。

红色叉形灯亮时,本车道的车辆不准通行。

3）人行横道灯信号

绿灯亮时,准许行人通过人行横道。

绿灯闪烁时,不准行人进入人行横道,但已进入人行横道的,可以继续通行。

红灯亮时,不准行人进入人行横道。

第四节　交叉口的交通控制方式

一、无信号灯交通控制

无信号灯交通控制是指在交叉口采用交通标志、标线或仅根据《道路交通安全法》中对通行权的规定,组织冲突交通流安全有序运行的控制方式。根据控制信号的不同,可分为全无交通信号控制和交叉口主路优先控制两大类。

1. 全无交通信号控制

全无交通信号控制交叉口通常没有明确的停止线,车辆到达交叉口时,驾驶人将在距冲突点一定距离处作出决策:或减速让路,或直接通过。驾驶人所作出的决策,很大程度上取决于其在接近交叉口前,对横向道路两侧的通视范围,即交叉口视距三角形内的通视情况。依据《中华人民共和国道路交通安全法实施条例》第五十二条:"机动车通过没有交通信号灯控制也没有交通警察指挥的交叉路口,除应当遵守第五十一条第（二）项、第（三）项的规定外,还应当遵守下列规定:有交通标志、标线控制的,让优先通行的一方先行;没有交通标志、标线控制的,在进入路口前停车瞭望,让右方道路的来车先行;转弯的机动车让直行的车辆先行;相对方向行驶的右转弯的机动车让左转弯的车辆先行。"

2. 交叉口主路优先控制

相交的两条道路中,常将交通量大的道路称为主路或干路,将交通量小的称为次路或支路。规定主路车辆通过交叉口有优先通行权,次路车辆必须让主路车辆先行,这种控制方式称为交叉口主路优先控制。根据让行的方式不同,交叉口主路优先控制又可分为停车让行标志控制和减速让行标志控制。

1)停车让行标志控制

停车让行标志控制也称停车控制,是指进入交叉口的次路车辆必须在停止线以外停车观察,确认安全后,才准许通行,如图2-14所示。停车让行标志控制按相交道路条件的不同又分为单向停车标志控制和多向停车标志控制。单向停车标志控制简称单向停车控制或两路停车控制。这种控制在次路进口处画有明显的停车交通标志,相应地在次路进口右侧也设有停车交通标志,同时在次路进口处的路面上写有非常醒目的"停"字。多向停车标志控制简称为多路停车控制。各路车辆进入交叉口均需先停车后再通过,其中四路停车较多,其标志设在交叉口所有进口道右侧。

2)减速让行标志控制

减速让行标志控制又称让路控制,是指进入交叉口的次路车辆不一定需要停车等候,但必须放慢车速瞭望观察,让主路车辆优先通行,寻找可穿越或汇入主路车流的安全"空当"通过交叉口,如图2-15所示。在美国,当接近路口安全速度为 16~24km/h 时,应考虑采用让路控制。让路控制与停车控制的差别在于后者对停车有强制性要求。

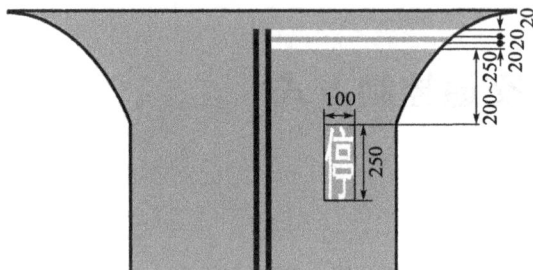

图 2-14　停车让行标志控制(尺寸单位:cm)　　　图 2-15　减速让行标志控制(尺寸单位:cm)

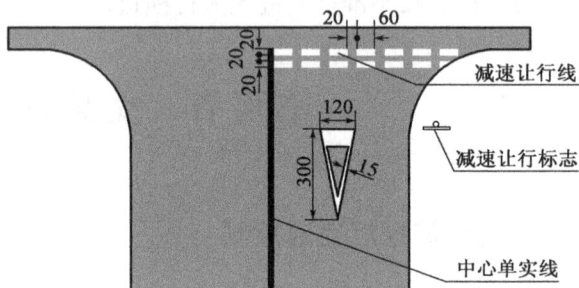

从城市交通的现代化管理来说,在这种路口应画有明显的交通标线,并设有让路交通标志。与此同时,还要改善这种交叉路口的视距条件,使支路上的车辆在进入交叉路口前能看清楚主路上的车辆,能估计可穿越间隔。这种让路控制方法对自行车甚至行人同样适用。

美国较少使用让路标志,原因是让路的含义比较模糊,一旦发生交通事故,责任不易裁决。"让"与"不让",是对能否通过交叉口的一种估计,当驾驶人疏忽时就容易发生事故。为了分清事故责任,美国伊利诺伊州在法律上作出明确规定:当发生事故时,让路控制与停车控制的责任是相同的。实践表明,该法律规定收到了较好的效果。

二、有信号灯交通控制

有信号灯交通控制又称为交通信号控制,或者信号控制。其工作原理为:以交通信号控制模型为基础,通过合理控制信号灯的灯色变化,配合道路交通渠化设计,从时间上分离或减少交通冲突,以达到减少交通拥挤与堵塞,保证道路通畅,避免交通事故发生等目的。交通信号控制模型是描述交通性能指标(延误时间、停车次数等)随着交通信号控制参数(信号相位、周期和绿信比等)、交通环境(车道饱和流量等)、交通流状况(交通流量、车队离散特性等)等因素变化的数学公式,是交通信号控制的理论基础,也是交通工程学研究的重要内容。

交通信号控制的内容主要包括两部分:一是确定信号相位方案;二是确定信号控制参数(如周期时长、绿信比等)。信号相位(或相位)是指同时获得通行权的一股或多股交通流所对应信号组的显示状态;信号相位方案则是指各个相位及其设置的有序集合。交叉口信号相位的设置需要根据每个交叉口的具体情况来分别考虑,一般情况下,相位数越少,整体交通延误会越小。相位方案确定以后,信号控制参数则是决定相位放行时长的控制指标。

交叉口信号控制效果的评价指标包括:延误时间,车辆通过交叉口的停止、起动及等待信号的次数,车辆排队长度等。延误时间是指车辆在没有信号和等待行列(包括加速、减速)的阻碍下行驶所需时间和实际行驶时间之差;停止、起动次数是指在被测区间行驶的过程中,由于信号而停止,之后再起动的次数;等待信号次数则是指通过路口时为止通行方向上相位的红灯次数;车辆排队长度是指滞留在交叉口(或某个地点)进口道的车队长度。

信号控制的详细内容将在第三章至第六章介绍。

第五节　交通信号灯的设置条件

一、设置交通信号灯的利弊分析

合理设置交通信号灯,对提高道路的通行能力、提升道路交通安全水平都有帮助。设有停车或让路标志的交叉口的交通量在接近其通行能力时,会因为车流通行不畅而大大增加车辆的停车次数与延误时间。这时,将设有停车标志的交叉口改为信号控制交叉口可能会有所缓解。如果交通量没有达到需要设置信号灯的程度,不合理地将停车标志交叉口改为信号控制交叉口,则结果可能适得其反。

这里以主路与次路相交路口的交通信号控制为例,对设置交通信号灯的利弊进行分析。如果次要道路上的车辆较多,此时合理地将停车/减速让路控制设置为交通信号控制,可以使主路与次路上的车辆连续紧凑地通过交叉口,从而减少次路上车辆的停车次数与延误时间。如果次路上的车辆很少,此时不合理地将停车/减速让路控制设置为交通信号控制,则会因少量的次路车辆而给主路车辆增加不必要的红灯时间,甚至容易在交通量较低的交叉口上(或交通量较低的时段内)诱发交通事故。

二、交通信号灯的设置依据

我国《道路交通信号灯设置与安装规范》(GB 14886—2016)分别对路口、路段、匝道处的交通信号灯设置条件进行了规定。下面以路口机动车信号灯设置条件为例,对相关规定进行介绍。

某城市交叉路口是否需要设置机动车交通信号灯,需要综合考虑路口类型、交通流量与交通事故条件等因素。对于城市道路主干路与主干路平交的路口、城市道路主干路与次干路平交的路口以及按照《城市道路交叉口规划规范》(GB 50647—2011)所规划设计的平A1 类、平 A2 类路口,应设置交通信号灯。交通流量条件主要考虑路口机动车高峰小时流量和任意连续 8h 机动车平均小时流量是否超过规定的数值,分别如表 2-9、表 2-10 所示,如超过则应当设置信号灯。对于 3 年内平均每年发生 5 次以上交通事故,从事故原因分析可知通过设置信号灯可避免发生事故的路口,以及 3 年内平均每年发生 1 次以上人员死亡交通事故的路口,也应设置交通信号灯。另外,当表 2-9、表 2-10 和交通事故条件中,有两个或两个以上条件占比达到 80% 时,路口应设置信号灯;对于畸形路口或多路交叉的路口,应进行合理交通渠化后设置信号灯;对于虽不具备道路和交通条件的,但在交通信号控制系统协调控制范围内,或因行人和非机动车通行易造成路口拥堵或交通事故的路口,也可设置信号灯。

路口机动车高峰小时流量   表 2-9

主要道路单向车道数 (条)	次要道路单向车道数 (条)	主要道路双向高峰小时流量 (pcu/h)	流量较大的次要道路单向 高峰小时流量(pcu/h)
1	1	750	300
		900	230
		1 200	140
1	≥2	750	400
		900	340
		1 200	220
≥2	1	900	340
		1 050	280
		1 400	160
≥2	≥2	900	420
		1 050	350
		1 400	200

注:1. 主要道路指两条相交道路中流量较大的道路。
　　2. 次要道路指两条相交道路中流量较小的道路。
　　3. 车道数以路口 50m 以上的渠化段或路段数计。
　　4. 在无专用非机动车道的进口,应将进入路口的非机动车流量折算成当量小汽车流量并统一考虑。
　　5. 在统计次要道路单向流量时,应取每一个流量统计时间段内两个进口的较大值累计。
　　6. pcu(Passenger Car Unit)指当量小汽车,换算系数见表 2-11、表 2-12。

路口任意连续 8h 机动车小时流量   表 2-10

主要道路单向车道数 (条)	次要道路单向车道数 (条)	主要道路双向任意连续 8h 平均小时流量(pcu/h)	流量较大的次要道路单向任意 连续 8h 平均小时流量(pcu/h)
1	1	750	75
		500	150
1	≥2	750	100
		500	200

主要道路单向车道数 （条）	次要道路单向车道数 （条）	主要道路双向任意连续8h 平均小时流量（pcu/h）	流量较大的次要道路单向任意 连续8h平均小时流量（pcu/h）
≥2	1	900	75
		600	150
≥2	≥2	900	100
		600	200

表2-9～表2-12中的数据来源于《道路交通信号灯设置与安装规范》（GB 14886—2016）。

当量小汽车换算系数表 表2-11

车 辆 类 型	换 算 系 数	车 辆 类 型	换 算 系 数
自行车	0.2	旅行车	1.2
两轮摩托	0.4	大客车或载质量小于9t的货车	2.0
三轮摩托或微型汽车	0.6	载质量9～15t货车	3.0
小客车或载质量小于3t的货车	1.0	铰接客或大平板拖挂货车	4.0

转弯车辆与直行车辆的换算系数 表2-12

行 驶 类 型	换 算 系 数	行 驶 类 型	换 算 系 数
直行	1.0	右转车（有干扰）	2.0
左转车（有干扰）	2.5	右转车（无干扰）	1.0
左转车（无干扰）	1.0		

关于路口非机动车信号灯的设置条件，主要考虑非机动车驾驶人在路口距停车线25m范围内是否可以清晰地视认出用于指导机动车通行的信号灯的显示状态，如果不能认出，就要设置非机动车信号灯。另外，对于机动车单行线上的路口、在与机动车交通流相对的进口应设置非机动车信号灯；当非机动车交通流与机动车交通流通行权冲突时，也可设置非机动车信号灯。关于路口人行横道信号灯的设置条件，需要考虑两点，其一是在采用信号控制的路口，已施画了人行横道标线的应设置人行横道信号灯；其二是当行人与机动车交通流通行权冲突时，可设置人行横道信号灯。

其他关于闪光警告信号灯、道口信号灯、路段上人行横道信号灯、车道信号灯以及匝道处信号灯的设置条件，限于篇幅此处不作介绍，读者可参阅《道路交通信号灯设置与安装规范》（GB 14886—2016）的相关规定。

技能训练

实训项目:路口设置交通信号控制的适用条件分析

一、学习目的

(1)结合已学过的交通工程规划、设计知识，以及本章所讲述的路口交通信号控制设置的相关依据,对路口设置交通信号控制的适用条件进行分析。

(2)能够查询道路交通控制的有关资料,熟悉道路交通信号控制设置的相关依据,能初步结合道路条件、交通条件对给定的城市路口是否需要设置交通信号控制系统进行分析。

二、学习资料

(1)大比例尺城市路口平面图。准备一些大比例尺的城市道路平面图,或者一些大比例尺的城市道路交叉口平面图(图2-16),作为本次实训教学的基本素材。

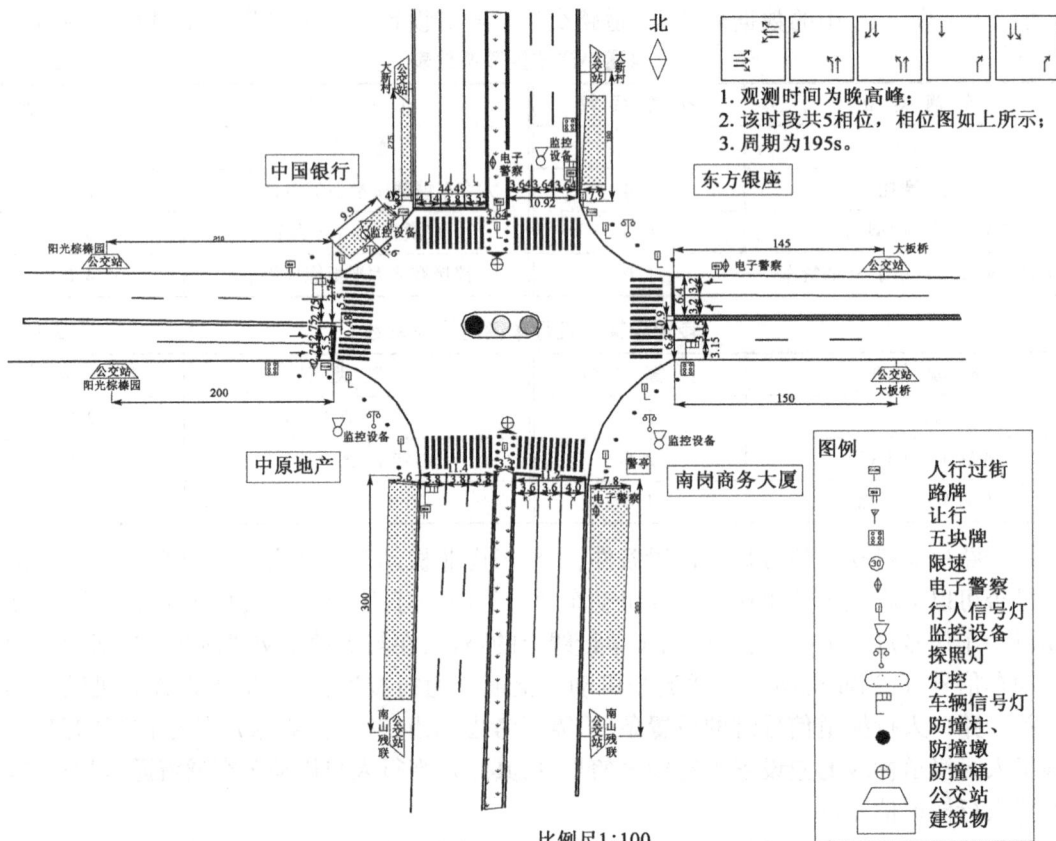

图2-16 某个城市道路交叉口平面示意图(尺寸单位:m)

(2)路口基础交通地理信息数据,以及路口的高峰小时交通分布图。

(3)城市路口设置交通信号灯的相关规范和标准,如《道路交通信号灯设置与安装规范》(GB 14886—2016)。

三、学习方法

1.教师讲解

根据《道路交通信号灯设置与安装规范》(GB 14886—2016)要求,一个路口是否设置交通信号控制系统,应该从道路条件、交通条件、事故条件或综合条件进行分析。对于本项目,可参

考以下内容进行分析:

1)路口交通渠化分析

(1)路口进口左转、直行、右转车道数及其宽度;

(2)路口地面交通标线及安全岛设置情况。

通过以上分析,了解路口的道路条件,为后面分析设置信号灯的依据奠定基础。

2)路口交通流量分析

(1)路口进、出口流量分布情况;

(2)路口进口左转、直行、右转交通流量分布情况;

(3)与相邻路口的流量分布关系。

通过以上分析,判别其是否符合城市道路交叉口设置信号灯的交通流量标准。

3)路口交通信号控制实施条件初步分析

(1)是否设置左转专用交通信号控制;

(2)是否设置右转专用交通信号控制;

(3)路口的行人与非机动车交通信号控制条件。

2.学生实训

(1)实训分组:本项目建议分组实训,每组2~3名学生。

(2)领取素材:以小组为单位领取实训素材。

(3)认知实训:以学生讨论为主,教师在此过程中根据学生的表现情况进行指导,重点引导学生掌握对交通行业标准与规范的查阅及分析能力。

①对大比例尺城市道路平面图(含路口)进行识读。以路口为例,记录路口类型、路口是否有渠化岛、是否二次过街等,然后将其记录在表格2-13中。

路 口 记 录 表　　　　　　　　　　表2-13

路口类型	路口是否有渠化岛		是否二次过街		车道数(条)		车道隔离设施		路口周边建筑	
	东口		东口		东进口	南进口	东口		东口	
	西口		西口		东出口	南出口	西口		西口	
	南口		南口		西进口	北进口	南口		南口	
	北口		北口		西出口	北出口	北口		北口	

注:1.以中央车道隔离线为起始,往两侧分别表示车道1、车道2、车道3、车道4、车道5等。

2.路口标志包括:禁令、警告、指向等交通标志设施。

3.路口标线包括:禁停、暂停、缓冲区等地面交通标线。

②根据给定的路口交通调查数据,以及调查得到的路口道路条件,结合本章所学知识,查阅《道路交通信号灯设置与安装规范》(GB 14886—2016),分析路口是否需要设置交通信号灯控制,初步分析如何设置左转、直行和右转信号控制。撰写"路口交通信号控制设置方案",格式如表2-14所示。

×××路口交通信号控制设置方案

表2-14

姓名:_____　　　学号:_____

一、背景
二、路口道路条件分析
三、路口交通条件分析
四、路口交通信号控制方案
五、结论

四、注意事项

运用所学交通工程知识,正确引用路口设置交通信号灯的相关规范和标准,对路口的交通组织情况进行分析。

五、学习要求

通过本项目的学习,要求每个小组提交一份路口交通信号控制设置的初步方案。

六、能力拓展

在本项目的基础上,深入了解城市路口交通设计的相关知识。

思考练习

1. 如何减少城市道路交叉口的交通冲突点?

2. 路口设置交通信号灯的基本条件是什么?

3. 如果箭头交通信号灯与无图案交通信号灯组合使用,可以达到哪些控制效果?

4. 影响路口交通信号灯控制效果的主要因素有哪些?

第**二**章 ▶▶▶

单个路口交通信号控制

单个路口交通信号控制即单点控制,是最经典的一种交通信号控制方式,同时也是实现干道控制和区域控制的基础。根据控制原理的不同,单点控制又可分为单点定时控制、单点感应控制与单点自适应控制三种类型。调查表明,单点控制方式目前在我国许多城市仍被广泛使用。前文对实施单点控制的道路交通基本条件进行了分析,本章将重点围绕单点定时控制和单点感应控制的工作原理与配时方法等内容进行介绍。

第一节 单个路口交通信号控制参数

一、时间参数

1. 控制步伐与步长

以某个交通信号灯控制的十字形交叉口为例,如图 3-1 所示。当进行信号控制时,该路口信号灯中的某些灯色(红、黄或绿色)将亮启,在某一时刻,各个方向各交通信号灯所组成的一组确定的灯色状态称为控制步伐(简称步伐或步),不同的灯色状态对应不同的控制步伐。步伐持续的时间称为步长。例如:信号机在 7:30 开机,此时,方向 1 和方向 3 左转绿箭头灯和红灯亮,方向 2 和方向 4 的红灯亮,所有人行红灯亮,其他灯均不亮,若该状态持续 30s,则称该种灯色状态为控制方案中的一步,其步长为 30s。一般来说,步长的变化单位为 1s,因此,其最小值为 1s。

2. 信号周期

信号周期(Cycle Length)是指信号灯色按设定

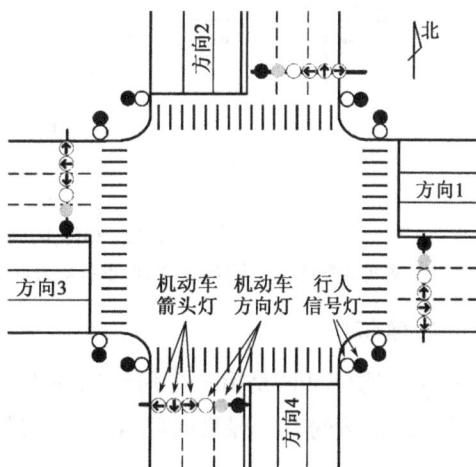

图 3-1 交通信号灯控制的十字交叉口

的相位顺序变化一周所需的时间,即一个循环内各控制步伐的步长之和,用 C 表示,单位为秒(s)。若一个循环有 n 步,各步步长分别为 $t_1,t_2,\cdots,t_n$,则:

$$C = t_1 + t_2 + \cdots + t_n \tag{3-1}$$

例如,在图 3-1 中,若一个循环由四步组成:

第一步:方向 1 和方向 3 绿灯亮,方向 2 和方向 4 红灯亮,步长为 30s;

第二步:方向 1 和方向 3 黄灯亮,方向 2 和方向 4 红灯亮,步长为 3s;

第三步:方向 1 和方向 3 红灯亮,方向 2 和方向 4 绿灯亮,步长为 35s;

第四步:方向 1 和方向 3 红灯亮,方向 2 和方向 4 黄灯亮,步长为 3s。

接下来又从第一步开始下一个循环,则周期为 $C = 30 + 3 + 35 + 3 = 71(s)$。

3. 信号相位

为了避免不同方向交通流之间的相互冲突,在时间上给各个方向的交通流分配相应的通行权,把在一个信号周期内同时获得通行权的一个或多个交通流的信号显示状态称为信号相位(Signal Phase),又称相位,简称相。一个交通信号控制方案在一个周期内有几个信号相位,则称该信号控制方案为几相位的信号控制,通常一个十字形路口采用 2 ~ 4 个信号相位。

信号相位采用相位图表示。图 3-2 所示为一个十字形交叉口交通信号控制四相位图,第 1 相位表示东西向机动车直行,东西向行人和非机动车通行;第 2 相位表示东西向机动车左转,东西向行人和非机动车通行;第 3 相位表示南北向机动车直行,南北向行人和非机动车通行;第 4 相位表示南北向机动车左转,东西向行人和非机动车直行。另外,该相位图还表示,所有右转交通流均不受信号灯控制。

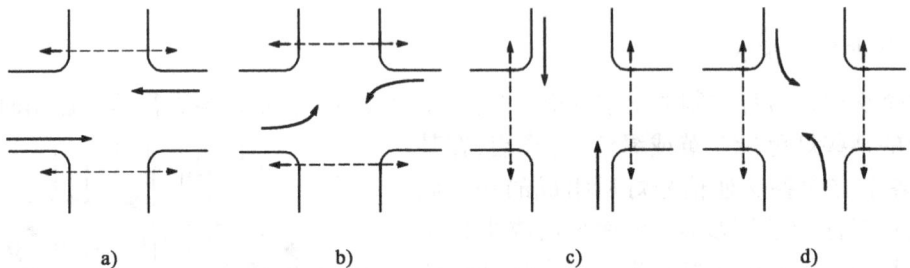

a)   b)   c)   d)

图 3-2 交通信号控制四相位图

a) 第 1 相位;b) 第 2 相位;c) 第 3 相位;d) 第 4 相位

注:实线箭头表示机动车运动方向,虚线箭头表示行人和非机动车运动方向。

4. 绿信比

绿信比(Split)是指一个信号周期内,各相位的有效绿灯时间与信号周期的比值。若设 g_{ei} 为第 i 相信号的有效绿灯时间,C 为信号周期长度,则第 i 相位的绿信比 λ_i 为:

$$\lambda_i = \frac{g_{ei}}{C} \tag{3-2}$$

某信号相位的有效绿灯时间是指将一个信号周期内,将该信号相位能够利用的通行时间折算为被理想利用时所对应的绿灯时长,如图3-3所示。式(3-2)中第 i 相信号的有效绿灯时间 g_{ei} 可按式(3-3)计算:

$$g_{ei} = g_i + Y_i - l_i \tag{3-3}$$

式中:g_i、Y_i、l_i——分别为第 i 相位信号的绿灯时间、黄灯时间和部分损失时间(s)。

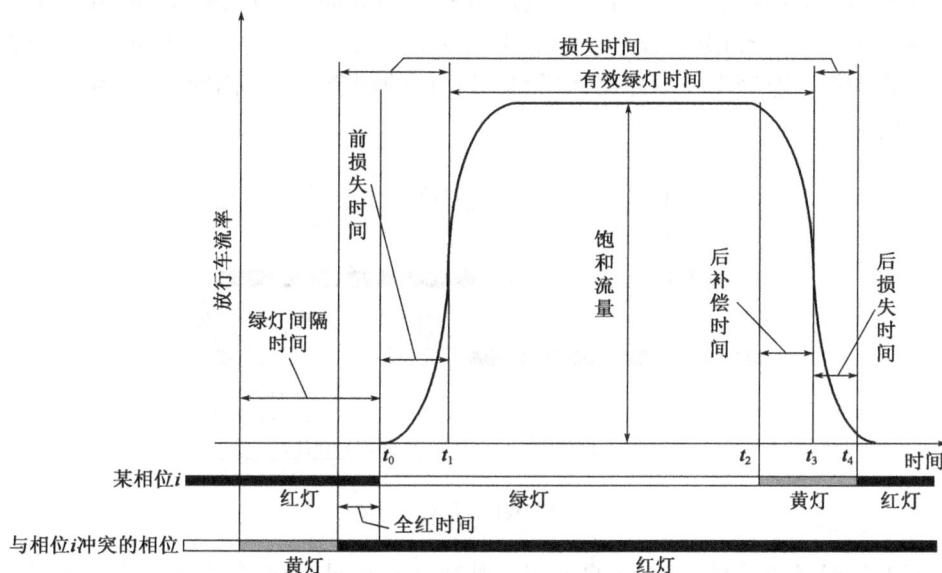

图3-3 交叉口某相位车流释放示意图

部分损失时间是指由于交通安全及车流运行特性等原因,在相位可以通行的时间段内没有交通流运行或折算出未被利用的时间,由前损失时间和后损失时间两部分组成。前损失时间是指绿灯初期,由于排队车辆需要起动加速、驶出率较低所造成的损失时间;后损失时间是指在绿灯结束时,黄灯期间停止线后部分车辆已不许越过停止线所造成的损失时间。由于黄灯期间已经越过停止线的车辆可以继续通行,直到这段时间里的车流量由大变小,逐渐下降为0,所以黄灯时间可以被看成两个部分,一部分为继续通行车辆的时间,通常被称为后补偿时间,另一部分就是后损失时间,故黄灯时间等于后补偿时间加后损失时间,这反映了黄灯所特有的过渡性与"两面性"特征。

5. 最短绿灯显示时间

最短绿灯显示时间是指对各信号相位规定的最短绿灯时间限值。规定最短绿灯显示时间主要是为了保证车辆行车安全。如果绿灯信号持续时间过短,停车线后面已经起动并正在加速的车辆会来不及制动或者使得驾驶人不得不在缺乏思想准备的情况下紧急制动,这都是相当危险的,很容易酿成交通事故。

在定时信号控制交叉口,需要根据历史交通量数据确定一个信号周期内可能到达的排队车辆数,从而决定最短绿灯显示时间的长短;在感应式信号控制交叉口,则需要根据停车线与车辆检测器之间可以容纳的车辆数来确定最短绿灯显示时间。

6. 绿灯间隔时间

绿灯间隔时间(Inter-green Time;Clearance Interval)即相位过渡时间,是指一个信号组绿灯时间结束至下一个信号组绿灯时间开始之间的时间,用 I 表示,如图3-3和图3-4所示。设置绿灯间隔时间主要是为了确保已通过停止线驶入路口的车辆均能在下一相位的首车到达冲突点之前安全通过冲突点,驶出交叉口。绿灯间隔时间通常表现为黄灯时间或黄灯时间加上全红时间。我国《道路交通信号灯设置与安装规范》(GB 14886—2016)规定,车辆信号灯设置的黄灯时长应为 $3\sim5s$。全红是指路口所有信号灯方向均显示红色,全红时间是为了保证相位切换时不同方向行驶车辆不发生冲突、清除交叉口内的剩余车辆。因此,有时也把绿灯间隔时间称为清场时间。

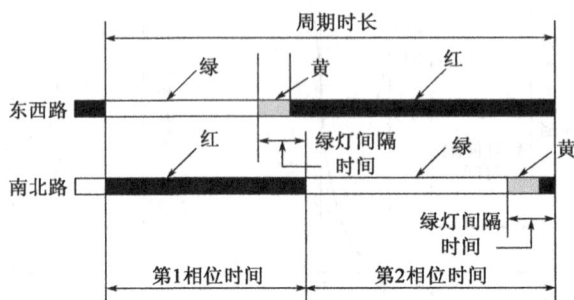

图 3-4 两相位信号配时图

在自行车流量较大的地点,由于自行车行驶速度比机动车慢,需要更长的绿灯间隔时间,以保证在其相位结束时离开停止线的自行车有足够的时间通过冲突点。在有行人信号的路口,确定绿灯间隔时间时,应注意在行人绿灯显示之前,需要有足够的时间让冲突交通流驶离人行横道。

7. 损失时间

损失时间是指由于交通安全及车流运行特性等原因,在整个相位时间段内不允许车辆通行及折算出未能被利用的时间,用 l 表示。损失时间等于绿灯显示时间与绿灯间隔时间之和减去有效绿灯时间,等于绿灯间隔时间与后补偿时间之差加上前损失时间,也等于部分损失时间与全红时间之和(图3-3),按式(3-4)计算:

$$l = t_G + I - t_{EG} = I - t_{BC} + t_{FL} = t_G + I - (t_G + t_Y - t_L) = t_L + t_R \tag{3-4}$$

式中:t_G——绿灯时间;

I——绿灯间隔时间;

t_{EG}——有效绿灯时间;

t_{BC}——后补偿时间;

t_{FL}——前损失时间;

t_Y——黄灯时间;

t_L——部分损失时间;

t_R——全红时间。

对于一个信号周期而言,总的损失时间是指所有关键车流在其信号相位中的损失时间之和。关键车流是指在各信号相位中交通需求量最大的那股车流,对整个交叉口通行能力和信号配时设计起决定作用。交叉口总的绿信比是指所有关键车流的绿信比之和。

二、交通流参数

1. 交通流量

交通流量即交通量(Traffic Volume),是指单位时间内通过道路某一截面的车辆或行人数量,一般用 q 表示。交通流率则是指通过道路某一截面的车辆或行人的当量小时流量(当量交通的换算系数如表 2-11、表 2-12 所示)。在我国城市道路交通中,混合交通是其主要特征之一,尤其在交叉口处,机动车、非机动车、行人混行,使得交通流量的变化比较复杂。尽管如此,在一定的统计时段内,交通流量的分布仍具有明显的规律性,比如一天内表现出高峰、平峰和低峰三个阶段,且每天呈现出周期性变化,同时工作日与工作日之间、非工作日与非工作日之间也都存在相似性。交通流量的这些分布特征,为交通控制方案的制订提供了基本依据。

2. 饱和流量

饱和流量(Saturation Flow)是指绿灯期间车辆连续通过信号控制交叉口进口车道的最大当量流率,即排队车辆在绿灯状态下,加速到正常行驶速度时,单位时间内通过停止线的稳定车辆数,用 S 表示,单位为 veh/单位绿灯时间。饱和流量受交叉口几何形状、渠化方式、信号配时及各流向交通冲突等情况影响,与配时信号的长短基本无关。具体而言,影响道路饱和流量大小的道路条件主要有车道宽度、车道坡度,影响道路饱和流量大小的车流状况主要有大车混入率、转弯车流的比率、车道的功能,影响道路饱和流量大小的配时方案主要指信号相位的设置情况。在实际计算中,一般将不足 1h 的饱和流量折算成小时饱和流率。饱和流量的计算见本章第四节"定时信号配时的基本方法"中"饱和流量计算"部分。

3. 通行能力

对于信号控制交叉口而言,其通行能力为交叉口各进口车道通行能力之和。进口车道通行能力(Approach Lane Capacity)Q 是指在一定信号控制条件下,车辆通过交叉口某进口车道停止线的最大当量流率,即饱和流量与绿信比之积,如式(3-5)所示。

$$Q = S \cdot \lambda = S \cdot \frac{g_e}{C} \tag{3-5}$$

式中:S——某进口车道的饱和流量(pcu/h);

λ——某车道所属信号相位的绿信比;

g_e——某车道所属信号相位的有效绿灯时长(s);

C——信号周期(s)。

交叉口各方向进口道的通行能力随其绿信比的变化而变化,是一个可调节的参数,具有十分重要的实际意义。加大交叉口某信号相位的绿信比也就是加大该信号相位所对应的放行车道的通行能力,使其在单位时间内能够通过更多数量的车辆。值得注意的是,某一信号相位绿信比的增加势必造成其他信号相位绿信比的下降,从而导致其他信号相位所对应的放行车道的通行能力相应下降。

4. 车道交通流量比

车道交通流量比(Flow Ratio)是指一定观测时间内,到达交叉口进口车道停止线的当量流率与该车道的饱和流量之比,用 y 表示。

$$y = \frac{q}{S} \tag{3-6}$$

车道交通流量比是一个几乎不受信号配时影响的交通参数,它在一定程度上反映了道路的拥挤状况,是进行信号配时设计的一个重要依据。

5. 饱和度

在一定观测时间内,到达交叉口进口车道停止线的当量流率与该进口车道通行能力之比称为饱和度,用 x 表示。

$$x = \frac{q}{Q} = \frac{q}{S \cdot \lambda} = \frac{q}{S} \cdot \frac{C}{g_e} = \frac{y}{\lambda} \tag{3-7}$$

从式(3-7)可以看出:①当进口车道具有足够的通行能力,即 $Q > q$ 时,其饱和度 $x < 1$;当通行能力不足,即 $Q \leq q$ 时,其饱和度 $x \geq 1$。兼顾到路口通行效率与绿灯时间利用率,通常在交叉口的实际设计工作中,为各条道路设置相应的可以接受的最大饱和度限值,又称为饱和度实用限值,用 x_p 表示。饱和度实用限值一般设置在 0.9 左右。实践表明,当饱和度保持在 0.8~0.9 时,交叉口可以获得较好的运行条件;当交叉口的饱和度接近 1 时,交叉口的实际通行条件将迅速恶化。②加大交叉口某信号相位的绿信比也就是降低该信号相位所对应的放行车道的饱和度。

第二节　定时信号配时方案的基本内容

定时信号配时方案是交叉口定时控制相位设置、相位序列设置、信号配时等的有序集合。对于单点信号控制而言,在制订信号配时方案时,不仅要考虑交叉口的交通流分布特征,还要充分考虑车道渠化、行人过街等影响因素。下面重点对定时信号配时方案所涉及的车道渠化设计、相位方案设计与基本控制参数计算方法进行介绍。

一、车道渠化方案设计

根据交通工程学原理,在设计道路交叉口的进口道时,应根据进口道各向车流的设计交通量确定各流向的车道数。在进口车道数较少的情况下,应避免为流量较小的右转(或左转)车流设置右转(或左转)专用车道,可采用直右(或直左)合用车道,以提高进口道的利用率。此外,由于车辆在交叉口的行驶速度较低,因此交叉口进口道的宽度可略小于路段上车道的宽度,一般情况下一条进口车道的宽度可取 3.0~3.25m,最小宽度可取 2.80m。

在设计交叉口出口道时,应注意与信号相位设计同时考虑,最好保证在同一相位中,进口道数目与出口道数目相匹配。在某一相位中,如果通行车流所对应的进口道车道数大于其出口道车道数,则可能引起交叉口内的车辆拥挤,降低交叉口的通行效率;如果通行车流所对应的进口道车道数远小于其出口道车道数,则某些车道的利用率将偏低,车道功能的划分明显缺乏合理性。关于信号控制交叉口车道渠化设计的详细内容详见第二章。

二、信号相位方案设计

信号相位方案指在一个信号周期内,安排若干种控制状态(每一种控制状态对某些方向的车辆或行人给予通行权),并合理地安排这些控制状态的显示次序。信号控制机按设定的相位方案,按序开放不同的信号显示,并依次对各车辆和行人给予通行权。

在信号控制交叉口,其每一种控制状态(一种通行权),即对各进口道不同方向所显示的不同灯色的组合,称为一个信号相位。这些信号相位及其顺序统称为相位(或相位方案),一般可分为两相位或多相位(三相位以上)。图3-5所示的两相位图是十字交叉口最基本的相位方案,这种相位方案适用于左转车流量较小的情况。然而,在信号交叉口的配时设计中,由于左转流量对交叉口运行的影响最大,在多数情况下,相位数、相位类型、相位次序等常常要依据左转流量的要求来确定。根据相位设置是否允许左转车流与其他车流发生冲突,可将相位分为允许冲突相位(许可相位)和保护转弯相位(保护相位或专用相位)两类,这种分类方法对于右转车流同样适用。例如,当左转车流量很大且有左转专用道时,可以把图3-5中的两相位变成三相位或者四相位,图3-6为具有左转相位的三相位方案图。

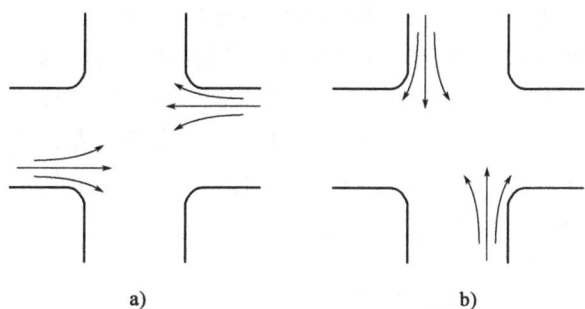

图3-5 两相位方案图
a)第1相位;b)第2相位

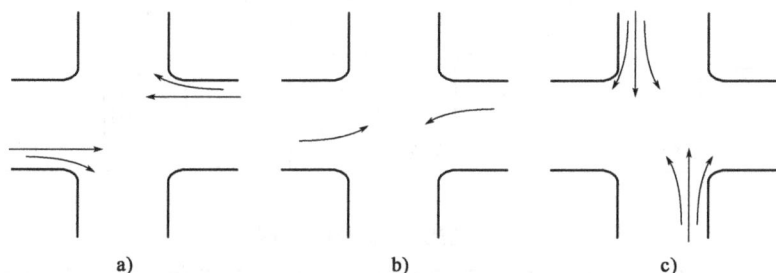

图3-6 具有左转相位的三相位方案图
a)第1相位;b)第2相位;c)第3相位

在信号相位设计中,左转车流对相位的划分起着非常重要的作用。对左转车流的考虑也是信号相位设计的重点和难点,设计时可以采用如下策略:当左转车辆较少时(左转车辆可以利用直行车辆之间的空当左转),不需要为左转车辆提供专用相位;当左转车辆较多时(左转车辆仅利用直行车辆之间的空当左转比较困难,容易引发车辆堵塞),需要为左转车辆提供专用相位(必须有左转专用车道);当单方向的左转车辆较多又不足以专设左转信号相位时,可以采用一种交通信号早断与迟启的设计方法,间接为左转车辆提供专用相位。归纳起来如表3-1所示。

左转车流车道相位设置表　　　　　　　　　　　　　　　　表3-1

车 辆 情 况	车 道 设 置	相 位 设 置
双向左转车辆较少	双向左直合用车道	无须左转专用相位
双向左转车辆较多	双向左转专用车道	左转专用相位
单向左转车辆较多	单向左转专用车道	信号早断或迟启

相位信号的早断是指将相位的绿灯时间划分为两个阶段:先放行与具有较大左转车流的方向相对的直行车流,再放行较大左转车流。相位信号的迟启是指将相位的绿灯时间划分为两个阶段,即先放行较大左转车流,再放行与具有较大左转车流的方向相对的直行车流。交通信号早断与迟启的使用条件为:

(1)单向左转车辆较多。

(2)增设双向左转专用车道、设置左转专用信号相位不划算。

(3)左转车辆不能利用对向直行车辆之间的空当全部驶离交叉口。

图3-7所示的信号相位设计方案就是一个信号早断的例子。该十字交叉口采用东—西、南—北两相位控制方式。在此,东进口左转车流量较大,西进口左转车流量较小,对于东—西相位而言,信号相位划分为两个阶段:先放行西进口的各向车流和东进口的直行、右转车流,然后禁止西进口的各向车流,只允许东进口的各向车流通行。

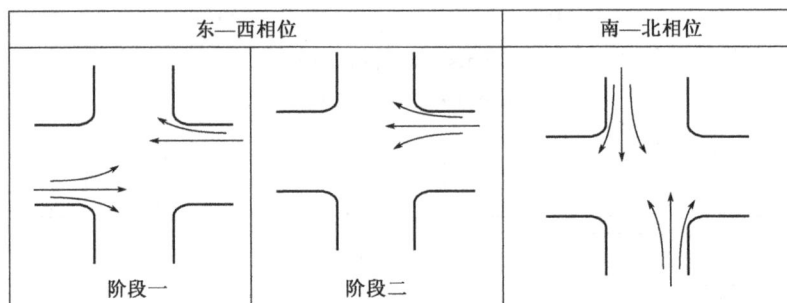

图3-7　信号早断相位设计方案

可以看出,交通信号的早断与迟启实质上就是一种包含搭接车流的信号相位设计方法。因此,东—西相位的关键车流既可能是东进口的直行、右转车流,也可能是由西进口车流与东进口的左转车流组合而成,根据其所要求的必要相位时间的对比结果而定。

现代交通信号控制机配合箭头灯具,仅对机动车就可以安排 8 个相位,如图 3-8 所示。若要加上为行人或自行车设置的专用相位,则配时方案的形式更多。根据交叉口交通流向与流量的特征,以及路口渠化的模式,可视需要设计合适的相位方案。

三、信号基本控制参数

定时信号配时技术的基本原理是:根据交叉口的道路条件及交叉口各进口道到达交通流的流向和流量特征,来确定定时信号的配时方案。定时信号配时的基本原理也是其他控制方式配时的基础。到目前为止,国际上用于定时信号配时的方法主要有英国的 TRRL 法(也称 Webster 法)、澳大利亚的 ARRB 法(阿克塞立克方法)以及美国的 HCM 法等,我国有"停止线法"和"冲突点法"等方法。随着研究的不断深入,定时信号配时方法也在进一步改进之中。本书主要介绍当前应用最普遍的 TRRL 法,即利用 F. 韦伯斯特-B. 柯布理论进行信号配时的基本方法。

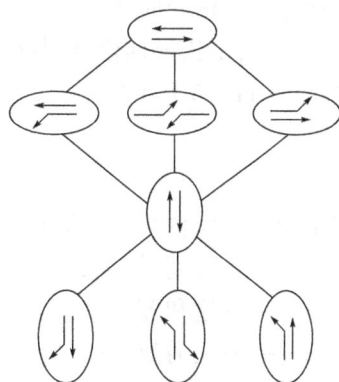

图 3-8 机动车信号控制的 8 个相位

在 F. 韦伯斯特-B. 柯布理论中,定时信号配时的基本控制参数有两个,即信号周期和绿灯时间。

1. 最短信号周期

交叉口的信号配时,应选用同一相位流量比中的最大值进行计算。就满足交叉口通行能力要求而言,在信号周期时长的选择上有一个最基本底线,假设采用最短信号周期 C_m 时,要求在一个周期内到达交叉口的车辆恰好全部被放行,即无停滞车辆,信号周期也无富余。因此,C_m 恰好等于一个周期内的损失时间之和加上全部到达车辆以饱和流量通过交叉口所需的时间,即:

$$C_m = L + \frac{q_1}{S_1}C_m + \frac{q_2}{S_2}C_m + \cdots + \frac{q_i}{S_i}C_m \tag{3-8}$$

式中:L——周期损失时间(s);

$\dfrac{q_i}{S_i}$——第 i 相位的最大流量比($i = 1, 2, \cdots, n$),其中,q_i、S_i 分别为第 i 相位的关键车流的流量与饱和流量。

式(3-8)经整理可得:

$$C_m = \frac{L}{1 - \sum\limits_{i=1}^{n}\dfrac{q_i}{S_i}} = \frac{L}{1 - \sum\limits_{i=1}^{n}y_i} = \frac{L}{1 - Y} \tag{3-9}$$

式中:Y——全部相位的最大交通流量比之和。

2. 最佳信号周期

由最短信号周期的定义可知,如果采用最短信号周期控制,则交叉口的饱和度 x 将保持为

1,随机延误时间将显著增加,控制效果很不理想;如果交叉口信号周期过长,均匀延误将会随之增长,控制效果也不尽如人意。故必然存在一个最佳信号周期时长,使得关键车流的平均延误最小。F. 韦伯斯特(F. Webster)经过理论推导,得到了以交叉口关键车流平均延误最小为目标的最佳信号周期计算公式,因而将之命名为韦氏最佳信号周期 C_0。

显然,韦氏最佳信号周期对应未饱和交通状态。由稳态理论可知,交叉口每辆车的平均延误 d 可用式(3-10)表示:

$$d = \frac{C(1-\lambda)^2}{2(1-\lambda x)} + \frac{x^2}{2q(1-x)} - 0.65\left(\frac{C}{q^2}\right)^{\frac{1}{3}} x^{(2+5\lambda)} \tag{3-10}$$

式中:d——每辆车的平均延误(s);

C——周期时长(s);

x——饱和度;

q——交通量(pcu/h);

λ——绿信比。

则交叉口的总延误为:$D = qd$。若要使总延误最小,则令:

$$\frac{\mathrm{d}}{\mathrm{d}C}(D) = 0$$

用近似解法,可得到定时信号(近似)韦氏最佳信号周期的简化公式为:

$$C_0 = \frac{1.5L + 5}{1 - Y} \tag{3-11}$$

其中:
$$L = \sum_i (l + I - A) \qquad Y = \sum \max[y_i, y_i', \cdots]$$

式中:L——每个周期的总损失时间(s);

l——起动损失时间(s);

I——绿灯间隔时间(s);

A——黄灯时间(s);

i——一个周期内的相位数;

Y——组成周期的全部信号相位的各个最大交通流量比 y 值之和。

信号周期是决定交通信号控制效果优劣的关键控制参数。若信号周期取得太短,则难以保证各个方向的车辆顺利通过路口,导致车辆在路口频繁停车,使路口的利用率下降;若信号周期取得太长,则会导致驾驶人等待时间过长,大大增加车辆的延误时间;同时,周期时长的选择还要考虑行人过街所需的最短时间。一般而言,对于交通量较小、相位数较少的小型路口,信号周期取值在90s左右。当信号周期时长超过120s后,路口通行能力提高缓慢,而延误却增长很快。

3. 有效绿灯时间与最佳绿信比

与信号周期的确定一样,在各相位之间,绿灯时间的分配也是以车辆延误最小为原则的。按照这个原则,绿信比应该与相位的交通流量比成正比,即:

$$\frac{g_1}{g_2} \approx \frac{y_1}{y_2} \tag{3-12}$$

式中:g_1、g_2——分别为第 1 和第 2 相位的有效绿灯时间;

y_1、y_2——分别为这两个相位的流量比。

式(3-12)可以进一步引申,用于多相位的交叉口,即:

$$\frac{g_i}{\sum_{i=1}^{n} g_i} = \frac{y_i}{\sum_{i=1}^{n} y_i} \quad \text{或} \quad \frac{g_i}{C_0 - L} = \frac{y_i}{Y} \tag{3-13}$$

由式(3-13)可以求出每一相位的绿灯时间:

$$g_i = \frac{y_i}{Y}(C_0 - L) \tag{3-14}$$

第三节 信号控制交叉口的交通效益评价指标

信号控制交叉口的交通效益评价指标一般包括通行能力、饱和度、行程时间、延误时间、停车次数、停车率及汽车油耗等。前面已经对通行能力、饱和度、行程时间等概念进行了介绍,下面重点介绍延误时间、停车次数及服务水平这三项信号控制交叉口的交通效益评价指标。

1. 延误时间

延误时间是指车辆在受阻情况下通过交叉口所需时间与正常行驶同样距离所需时间之差。对于信号控制交叉口而言,延误时间主要是车辆的控制延误时间。由于单位时间内到达交叉口的车辆是随机变化的,因此,每个信号周期内总有部分车辆在通过交叉口时,行驶速度受到影响而产生控制延误。图 3-9 描述了某辆车在通过停止线前后一段时间内的行驶距离-时间曲线。

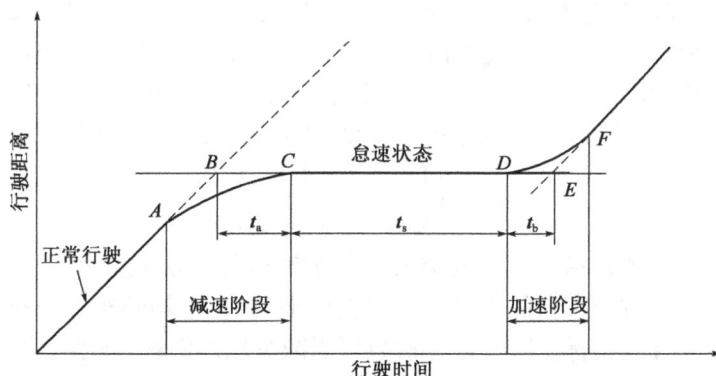

图 3-9 交叉口受阻车辆的行驶距离-时间图示

图 3-9 中,车辆通过交叉口处于完全停车(怠速状态)的时间即停车延误为 t_s,车辆在减速阶段的延误为 t_a,车辆在加速阶段的延误为 t_b,一般将减速与加速阶段的延误合称为车辆通过交叉口的减速-加速延误,记为 $t_h = t_a + t_b$。车辆通过交叉口的总控制延误时间是指所有通过交叉口的车辆的控制延误时间之和,用 D 表示,主要由停车延误和减速-加速延误构成。车辆通过交叉口的平均控制延误时间则是指通过交叉口的车辆控制延误时间的平均值,是评价交叉口运行效果和衡量交叉口服务水平的重要指标,用 d 表示。平均控制延误时间的计算,在

理论上是一个相当复杂的问题,具体计算方法见本章第四节。

2. 停车次数

停车次数是指车辆在通过交叉口时受信号控制影响而停车的次数,即车辆在受阻情况下的停车程度,用 h 表示。值得注意的是,并非所有受阻车辆受到交叉口信号阻滞时都会完全停顿下来,有部分车辆可能在车速尚未降到 0 之前又加速至原正常行驶车速而驶离交叉口。因此,车辆在受阻情况下的停车可分为完全停车与不完全停车两种。

图 3-10 表示了 3 种不同的车辆受阻行驶情况。对于情况 a),车辆的行驶速度降为 0 后,车辆经过一段时间的停止等待,再加速通过路口;对于情况 b),车辆的行驶速度刚降为 0,又立即加速通过路口;对于情况 c),车辆的行驶速度未降为 0,就又加速通过路口。一般将 a)、b) 两种情况称为一次完全停车,将情况 c) 称为一次不完全停车。

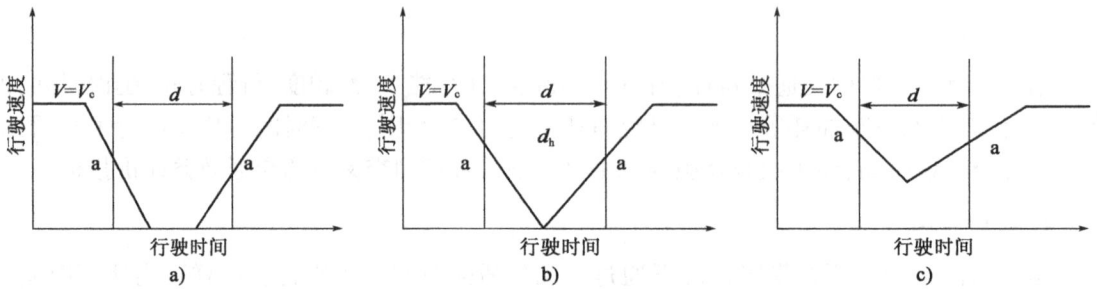

图 3-10 完全停车与不完全停车

注:图中 a 表示车辆处于减速或加速状态;d 表示车辆通过信号控制交叉口的平均延误时间;d_h 表示一次完全停车的延误时间。

从图 3-10 可以看出,判断受阻车辆是否构成一次完全停车可以通过比较车辆的延误时间 t_d 与平均车辆一次完全停车所对应的"减速-加速延误时间"t_{dh} 的大小确定,即只要满足 $t_d \geqslant t_{dh}$,受阻车辆就构成一次完全停车。对于 $t_d < t_{dh}$ 的情况,虽然受阻车辆可能没有完全停顿下来,但由于车辆也受到了一定程度的阻滞,构成了一次不完全停车,故应将其折算为"一定程度"的停车,折算系数为 t_d/t_{dh}。因此,车辆延误时间与停车次数之间的相关关系可以用式(3-15)表示:

$$h = \begin{cases} 1 & (t_d \geqslant t_{dh}) \\ t_d t_{dh} & (t_d < t_{dh}) \end{cases} \tag{3-15}$$

交叉口总的停车次数是指所有通过交叉口的车辆的停车次数之和,用 H 表示;交叉口的平均停车次数则是指通过交叉口的车辆的停车次数平均值,平均停车次数也是一个衡量信号控制效果好坏的重要性能指标。减少停车次数可以减少燃油消耗、减小车辆轮胎和机械磨损、减轻汽车尾气污染、降低驾驶人和乘客的不舒适程度,同时确保交叉口的行车安全。

值得注意的是,对于一辆车而言,其延误时间越短,则停车次数越少;而对于一个交叉口而言,总的延误时间越短,其总的停车次数未必越少。这完全是由式(3-15)所决定的。因此,交叉口的平均延误时间与交叉口的平均停车次数之间既存在一定的关联性,也存在一定的差异性,可以将其作为两个相对独立的性能指标来评价交通信号控制系统运行的优劣。

3. 服务水平

服务水平是指驾驶人和乘客对道路交通运行所要求达到的服务质量标准。考查服务水平的因素主要有:①表征车辆行驶受阻情况的延误时间与停车次数;②车辆的行驶速度与行程速度;③车辆行驶的自由度;④行车的安全性;⑤行车的舒适性与方便性;⑥行车方面的经济性。其中,交叉口平均控制延误时间的大小与交叉口服务水平的高低关系最为密切。

美国《道路通行能力手册》(HCM2000)将服务水平划分为 A、B、C、D、E、F 共 6 个等级,并给出了信号交叉口的服务水平与每车平均控制延误的对应数值,如表 3-2 所示。

交叉口的服务水平与每车平均控制延误关系对照表 表 3-2

服 务 水 平	每车平均控制延误 (s)	服 务 水 平	每车平均控制延误 (s)
A	≤10	D	35 ~ 55
B	10 ~ 20	E	56 ~ 80
C	20 ~ 35	F	>80

我国《城市道路工程设计规范》(2016 版)(CJJ 37—2012)中给出了已建信号交叉口的服务水平评价指标,如表 3-3 所示。

信号交叉口服务水平分级 表 3-3

指　　标	服 务 水 平			
	一级	二级	三级	四级
控制延误(s/veh)	<30	30 ~ 50	50 ~ 60	>60
负荷度 V/C	<0.6	0.6 ~ 0.8	0.8 ~ 0.9	>0.9
排队长度(m)	<30	30 ~ 80	80 ~ 100	>100

第四节　定时信号配时的基本方法

一、定时信号配时设计流程

1. 定时信号配时的基本思路

定时控制方案设计的基本内容是确定优化的信号相位方案和信号配时的基本参数。信号相位方案是指在一个信号周期内安排了若干种控制状态,并合理地安排了这些控制状态的信号显示次序。优化的信号配时基本参数包括交通信号周期时长、各相位信号绿信比等。定时控制方案既要保证能在实际应用中取得良好效果,又必须考虑各种实际条件的约束。在对交叉口进行定时控制方案设计时,存在两种基本的设计思路:

(1)先对定时控制的各项信号配时参数进行优化,再根据实际约束条件与服务水平要求进行校核,如果不符合约束条件与服务水平要求,则需要对配时参数甚至是交叉口车道渠化与交通信号相位方案进行相应的优化调整。

(2)先列出各项实际约束条件,再结合这些约束条件进行各项参数的寻优。

前一种思路得出的最终结果可能并非最优,但其计算方法简便;后一种思路得出的结果更加科学,但寻优过程较为复杂,适合应用计算机软件进行计算。

考虑到只对单个交叉口定时控制方案设计原理进行阐述,下面以前一种思路为例,介绍定时控制方案的设计流程。

2. 定时信号配时的设计流程

图 3-11 给出了定时信号配时设计流程。首先,需要通过深入调查,分析交叉口交通流向流量分布规律及特征,研判交叉口交通运行状态,制订信号控制策略和计划。然后,根据交通流量流向情况,划分信号控制时段,确定具体的单点信号控制方式。其次,结合各进口车道功能设计、交叉口渠化方案及交通流分布特征,设计控制时段对应的相位相序方案。最后,确定信号配时参数,包括信号相位损失时间、各类车道的饱和流量以及最大设计流量比总和 Y。如果 $Y \leqslant 0.9$,则计算最佳信号周期时间,如果 $Y > 0.9$,则返回重新设计各车道功能、交通渠化方案及相位相序方案,然后重新计算 Y,直到满足 $Y \leqslant 0.9$ 为止。确定最佳信号周期后,再计算总的有效绿灯时间、各相有效绿灯时间、各相显示绿灯时间,通过判别各显示绿灯时间是否满足最短绿灯时间,决定是否进入下一步设计环节;如果不满足,则需要重新确定绿灯间隔时间和损失时间,并由此重新计算绿灯显示时间,直到满足要求为止;如果满足,则计算延误,据此判别是否满足相应的服务水平,如果达不到要求,需要返回对车道功能、渠化方案和相位方案进行重新设计,如果达到要求,可输出定时控制方案的全部参数及信号配时图。

在定时控制方案设计过程中,需要不断对信号控制方案进行修改和完善。例如,当最大流量比总和 Y 较大时,说明进口道车道数目太少,通行能力无法满足实际流量的需求,此时需要考虑增加进口道车道数目,并重新划分车道功能($y = q/S$,Y 较大说明 S 较小,难以满足实际流量的需求)。实际上,设计流程图 3-11 中对 $Y \leqslant 0.9$ 的限制等效于对各向车流提出了饱和度 $x_i < 0.9$ 的要求,这可以在具体设计过程中进行验证。

二、确定信号相位方案

信号相位方案需要以交叉口特征及其交通流运行状况为基础,在综合考虑交通流运行效率、交叉口交通安全以及交通参与者交通心理等因素后进行确定。

1. 信号相位的确定原则

信号相位方案设计虽然不拘泥于某些定式,但可以参考以下原则:

(1)信号相位必须与进口车道渠化(即车道功能划分)同时设计。例如,当进口道较宽、左转车辆较多,需设左转专用相位时,应当设置左转专用车道;当进口道较窄、无左转专用车道时,则不能设置左转专用相位。

(2)有左转专用车道且平均每个信号周期内有 3 辆以上的左转车辆到达,或该方向左转车辆在 1 年内引发事故次数超过 6 起时,宜设置左转专用相位。

(3)在同一信号相位中,各相关进口道左转车每周期平均到达量相近时,宜采用双向左转专用相位(对向左转车流一起放行);否则宜采用单向左转专用相位(对向左转车流分别放行)。

(4)当信号相位中出现不均衡车流时,可以通过合理设置搭接车流(相当于设置交通信号的早断与迟启),最大限度地提高交叉口的运行效率。

确定多段式信号配时的时段划分

确定配时时段内各进口道各流向的设计交通量

确定各进口道车道渠化方案 ← 确定信号相位方案

估算各相各类车道的设计饱和流量

各类车道设计交通量

确定各相各类车道设计流量比

计算各相最大设计流量比总和 Y

确定绿灯间隔时间

确定信号总损失时间

否 $Y \leqslant 0.9?$

是

计算最佳信号周期时间

计算总有效绿灯时间

计算各相有效绿灯时间

计算各相绿信比及显示绿灯时间

各显示绿灯时间
满足最短绿灯时间? 否

是

计算延误时间

服务水平
满足要求? 否

是

画出信号配时图

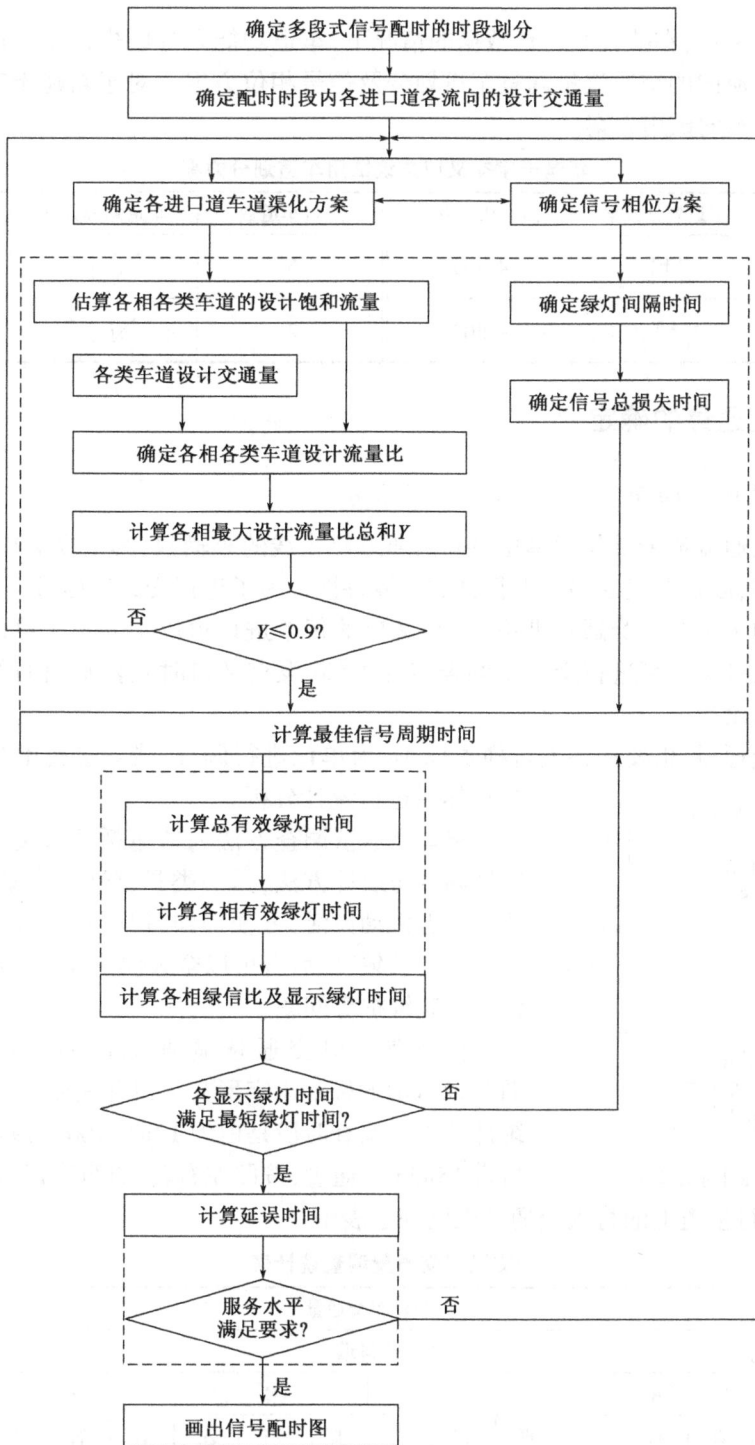

图 3-11 定时控制方案设计流程

2. 新建交叉口信号相位方案的确定

对于新建交叉口，在缺乏交通量数据的情况下，车道功能划分应先采用试用方案，然后根据通车后实际各流向的交通流量调整车道划分及信号相位方案。对于新建十字交叉口，建议先选取表3-4所示的试用方案。

新建十字交叉口建议试用车道划分方案 表3-4

进口车道数	车道划分方案	信号相位方案	进口车道数	车道划分方案	信号相位方案
5	⤸↑↑↑↓	4相位	3	⤸↑↓	4相位
4	⤸↑↑↓	4相位	2	↓↓	2相位

三、设计交通量的确定

1. 交叉口交通量调查

交叉口的交通流量主要是指单位时间内通过停止线的车辆数，其主要取决于交叉口上游的驶入交通流量，以及车流在路段上行驶的离散特性。为了进行交叉口信号控制设计，首先要对机动车进行白天12h的交通量调查，对交叉口的每个进口道以15min为单位，按左右转弯车、直行车，以及各类车型进行交通量调查与推算（新设交叉口时），然后进行统计分析，目的是确定交通需求量。

对于行人交通量，也要在各人行横道以1h为单位进行调查，或者进行推算（新设交叉口时），然后进行统计分析。

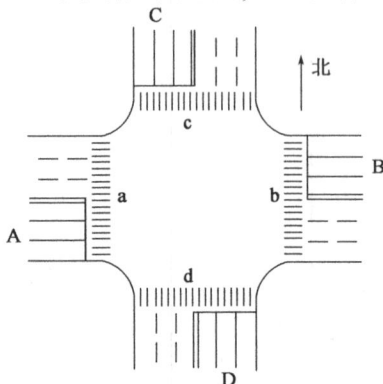

图3-12 标准十字形交叉口

路口交通量调查方法大致包括两大类：一类是人工交通量调查与统计方法，另一类是交通量自动调查与统计方法。前者机动灵活，方便操作，但劳动强度大，对调查人员的素质要求较高；后者可以全天候24h不间断工作，但涉及设备安装维护等问题。

作为交叉口交通量调查统计的示例，表3-5是在图3-12所示的标准十字形交叉口开展交通量调查后得到的统计结果。调查时段是白天12h（7:00~19:00），调查各进口道15min交通量，按照左右转、直行车以及不同车辆类型进行统计，各人行横道上的行人交通量也已列于表中。

交叉口交通量调查统计表 表3-5

时段	车种	机动车交通量											行人交通量			
		进口道											行人过道			
		A			B			C			D					
		直	右	左	直	右	左	直	右	左	直	右	左	a	b	c	d
7:00~ 7:15	大型车	5	0	1	13	1	2	15		2	8		0	43	51	31	29
	其他	37	4	7	126	8	14	175		18	69		5				

续上表

时段	车种	机动车交通量												行人交通量			
		进口道												行人过道			
		A			B			C			D			a	b	c	d
		直	右	左	直	右	左	直	右	左	直	右	左				
7:15 ~ 7:30	大型车	8	1	2	28	1	2	29		5	12		2	56	49	24	25
	其他	72	7	12	247	13	27	284		31	105		13				
7:30 ~ 7:45	大型车	14	1	1	33	2	4	34		6	15		1	42	46	35	37
	其他	101	6	10	299	21	31	352		34	129		11				

2. 设计交通量的计算

调查发现,绝大部分交叉口一天中的交通量基本上按时间段规律变化。根据交通量的变化情况,可大致划分成以下几个时段:早低峰时段、早高峰时段、午低峰时段、午高峰时段、晚低峰时段、晚高峰时段和一般平峰时段等。为使信号配时能适应各个时段的不同交通量,提高交叉口的通行效率,各时段的信号配时方案应按所对应的设计交通量分别优化计算确定。

已选定时段的设计交通量,须按该时段内交叉口各进口道的不同流向分别确定,其计算公式如下:

$$q_{d_{mn}} = 4 \times Q_{15_{mn}} \tag{3-16}$$

式中:$q_{d_{mn}}$——配时时段中,进口道 m、流向 n 的设计交通量(pcu/h);

$Q_{15_{mn}}$——配时时段中,进口道 m、流向 n 的高峰小时中最高 15min 的流率(pcu/15min)。

无最高 15min 流率的实测数据时,可以按式(3-17)估算:

$$q_{d_{mn}} = \frac{Q_{mn}}{PHF_{mn}} \tag{3-17}$$

式中:Q_{mn}——配时时段中,进口道 m、流向 n 的高峰小时交通量(pcu/h);

PHF_{mn}——配时时段中,进口道 m、流向 n 的高峰小时系数,主要进口道可取 0.75,次要进口道可取 0.8。

四、饱和流量计算

饱和流量是交通信号配时的重要参数之一。如前所述,饱和流量是指在一次连续的绿灯信号时间内,进口道上一列连续车队能通过进口道停止线的最大流量,单位是 pcu/绿灯时间,用 S 表示。一般是先观测或计算(对于新建交叉口)得到基本饱和流量,然后结合道路交通条件对基本饱和流量进行校正。20 世纪 50 年代,英国 F. 韦伯斯特(F. Webster)针对饱和流量做了大量试验研究工作。根据他的研究结果可知,对于饱和流量影响最大的因素是车道宽度。饱和流量与车道宽度 W 存在如下线性关系:

$$S = 525W \tag{3-18}$$

20 世纪 80 年代,英国运输与道路研究所 TRRL 的金伯(R. Kimber)和他的同事进行了一系列试验,提出了一个计算饱和流量的非线性公式:

$$S = 196W^2 - 979W + 2\,964 \qquad (3\text{-}19)$$

国内学者在北京进行过交通观测试验,提出了一个计算直行车道饱和流量的非线性公式:

$$S = 241W^2 - 1\,564W + 3\,990 \qquad (3\text{-}20)$$

饱和流量值应尽量通过现场实地观测求得,但在某些情况下,尤其是在设计一个新的交叉口时,由于无法使用实测的方法求得饱和流量值,此时可以使用上述公式或图表来近似求取道路的饱和流量值。常用的计算方法有韦伯斯特法、阿克塞立克法、折算系数法、停止线法、冲突点法等。

下面就交叉口进口道经车道划分并渠化以后的情况,给出交叉口进口道饱和流量的计算方法,即采用实测平均基本饱和流量乘以各影响因素校正系数的方法进行估算。

$$S_f = S_{bi} \times f(F_i) \qquad (3\text{-}21)$$

式中: S_f ——进口车道的估算饱和流量(pcu/h);

S_{bi} ——第 i 条进口车道的基本饱和流量(pcu/h), i 取 T、L 或 R,分别表示相应的直行、左转和右转,下同;

$f(F_i)$ ——各类进口车道的校正系数。

由于进口道饱和流量随进口道车道数及渠化方案而异,所以必须分别计算各进口车道的饱和流量,然后再把各条车道的饱和流量累计成进口道的饱和流量。

1. 基本饱和流量

各类进口车道各有其专用相位的基本饱和流量 S_{bi},可采用表 3-6 中的数值。

各类进口车道的基本饱和流量(单位:pcu/h)   表 3-6

车 道	S_{bi}
直行车道	1 400 ~ 2 000,平均 1 650
右转车道	1 550
左转车道	1 300 ~ 1 800,平均 1 550

注:进口车道宽度为 3.0~3.5m。

2. 各类车道通用校正系数

1)车道宽度校正

车道宽度校正系数的计算如下:

$$f_W = \begin{cases} 0.4(W-0.5) & (2.7 \leqslant W \leqslant 3.0) \\ 1 & (3.0 < W \leqslant 3.5) \\ 0.05(W+16.5) & (W > 3.5) \end{cases} \qquad (3\text{-}22)$$

式中: f_W ——车道宽度校正系数;

W ——车道宽度(m)。

2)坡度及大车校正

坡度及大车校正系数的计算如下:

$$f_g = 1 - (G + HV) \tag{3-23}$$

式中：f_g——坡度及大车校正系数；

G——道路纵坡，下坡时取 0；

HV——大车率，这里 HV 不大于 0.5。

3. 直行车道饱和流量

直行车流受同相位绿灯初期左转自行车的影响时，对直行车道设计饱和流量除需做通用校正外，还需做自行车影响校正。自行车影响校正系数可按式(3-24)计算：

$$f_b = \begin{cases} 1 - \dfrac{1 + \sqrt{b_L}}{g_e} & \text{（无左转专用相位）} \\ 1 & \text{（有左转专用相位）} \end{cases} \tag{3-24}$$

式中：f_b——自行车影响校正系数；

b_L——绿灯初期左转自行车数(veh/周期)；

g_e——有效绿灯时间(s)，无信号配时数据时，可按式(3-25)粗略估算：

$$g_e = \frac{G_e}{i} \tag{3-25}$$

G_e——总有效绿灯时间(s)；

i——周期内的相位数。

直行车道饱和流量：

$$S_T = S_{bT} \times f_W \times f_g \times f_b \tag{3-26}$$

式中：S_T——直行车道饱和流量(pcu/h)；

S_{bT}——直行车道基本饱和流量(pcu/h)，见表3-6。

4. 左转专用车道饱和流量

1)有专用相位时

$$S_L = S_{bL} \times f_W \times f_g \tag{3-27}$$

式中：S_L——有专用相位时左转专用车道的饱和流量(pcu/h)；

S_{bL}——有专用相位时左转专用车道的基本饱和流量(pcu/h)，见表3-6。

2)无专用相位时

$$S_L' = S_{bL} \times f_W \times f_g \times f_L \tag{3-28}$$

其中，f_L可按式(3-29)计算：

$$f_L = \exp\left(-0.001\xi \frac{q_{T0}}{\lambda}\right) - 0.1 \tag{3-29}$$

式中：S_L'——无专用相位时左转专用车道的饱和流量(pcu/h)；

f_L——左转校正系数；

ξ——对向直行车道数的影响系数，见表3-7；

q_{T0}——对向直行车流量(pcu/h)；

λ——绿信比，缺信号配时数据时，可按式(3-30)粗略估算：

$$\lambda = \frac{G_e}{iC} \tag{3-30}$$

C——信号周期(s)。

对向直行车道数的影响系数 ξ

表3-7

对向直行车道数	1	2	3	4
ξ	1.0	0.625	0.51	0.44

5. 右转专用车道饱和流量

1) 有专用相位时

$$S_R = S_{bR} \times f_W \times f_g \times f_r \tag{3-31}$$

式中:S_R——有专用相位时右转专用车道的饱和流量(pcu/h);

S_{bR}——有专用相位时右转专用车道的基本饱和流量(pcu/h),见表3-6;

f_r——转弯半径校正系数,按式(3-32)计算:

$$f_r = \begin{cases} 1 & (r > 15\text{m}) \\ 0.5 + r/30 & (r \leqslant 15\text{m}) \end{cases} \tag{3-32}$$

r——转弯半径(m)。

2) 无专用相位时

$$S'_R = S_{bR} \times f_W \times f_g \times f_r \times f_{pb} \tag{3-33}$$

式中:S'_R——无专用相位时右转专用车道的饱和流量(pcu/h);

f_{pb}——行人或自行车影响校正系数,按式(3-34)计算:

$$f_{pb} = \min[f_p, f'_b] \tag{3-34}$$

(1) 行人影响校正系数 f_p:

$$f_p = \frac{(1 - p_f)g_p + (g_{eR} - g_p)}{C} \tag{3-35}$$

式中:p_f——右转绿灯时间中,因过街行人干扰,右转车通行降低率;

g_p——过街行人消耗的绿灯时间(s);

g_{eR}——右转相位有效绿灯时间(s);

C——信号周期(s)。

如果按式(3-35)计算有困难时,建议按表3-8取 f_p 值。

行人影响校正系数 f_p

表3-8

周期(s)	行人少(≤20 人/周期)			行人多(>20 人/周期)		
	$p_f = 0.15$			$p_f = 0.7$		
	g_{eR}/C			g_{eR}/C		
	0.4	0.5	0.6	0.4	0.5	0.6
60	0.88	0.88	0.87	0.45	0.42	0.40
90	0.87	0.87	0.86	0.40	0.38	0.36
120	0.87	0.86	0.86	0.37	0.36	0.35

（2）自行车影响校正系数 f'_b：

$$f'_b = 1 - \frac{t_T}{g_i} \qquad (3\text{-}36)$$

式中：g_i——该相位显示绿灯时长（s）；

　　t_T——直行自行车绿灯初期驶出停止线所占用的时间（s），可按式（3-37）计算：

$$t_T = \left(\frac{b_{TS}}{S_{TS}} + \frac{b_{TD}}{S_{TD}} \right) \frac{3\,600}{W_b} \qquad (3\text{-}37)$$

　　b_{TS}——红灯期到达并停在停止线前排队的直行自行车的交通量（veh/周期）；

　　b_{TD}——绿灯期到达并接在排队自行车队后直接连续驶出停止线的直行自行车的交通量（veh/周期）；

　　S_{TS}——红灯期到达排队的自行车绿灯初期驶出停止线的饱和流量，建议取 3 600veh/（m·h）；

　　S_{TD}——绿灯期到达直接驶出停止线的自行车的饱和流量，建议取 1 600veh/（m·h）；

　　W_b——自行车道宽度（m）。

交通量应采用实测数据，无实测数据时，可用简化方式估算 t_T，如式（3-38）所示：

$$t_T = \frac{3\,600(1 - \lambda)b_T}{S_{TS}W_b} \qquad (3\text{-}38)$$

式中：b_T——直行自行车每周期的平均交通量（veh/周期）。

6. 直左合用车道饱和流量

$$S_{TL} = S_T \times f_{TL} \qquad (3\text{-}39)$$

式中：f_{TL}——直左合流校正系数，用下式表示：

$$f_{TL} = \frac{q_T + q_L}{q'_T} \qquad (3\text{-}40)$$

$$q'_T = K_L q_L + q_T \qquad (3\text{-}41)$$

$$K_L = \frac{S_T}{S'_L} \qquad (3\text{-}42)$$

　　S_{TL}——直左合用车道饱和流量（pcu/h）；

　　q_T——合用车道中直行车交通量（pcu/h）；

　　q_L——合用车道中左转车交通量（pcu/h）；

　　q'_T——合用车道的直行车当量（pcu/h）；

　　K_L——合用车道的左转系数；

　　S_T——直行车道的饱和流量（pcu/h）；

　　S'_L——无专用相位时左转专用车道的饱和流量（pcu/h）。

7. 直右合用车道饱和流量

$$S_{TR} = S_T \times f_{TR} \qquad (3\text{-}43)$$

式中：S_{TR}——直右合用车道饱和流量（pcu/h）；

　　f_{TR}——直右合流校正系数，用下式表示：

$$f_{TR} = \frac{q_R + q_T}{q'_T} \qquad (3-44)$$

$$q'_T = K_R q_R + q_T \qquad (3-45)$$

$$K_R = \frac{S_T}{S'_R} \qquad (3-46)$$

q_T——合用车道中直行车交通量（pcu/h）；

q_R——合用车道中右转车交通量（pcu/h）；

q'_T——合用车道的直行车当量（pcu/h）；

K_R——合用车道的右转系数；

S'_R——无专用相位时右转专用车道的饱和流量（pcu/h）。

8. 直左右合用车道饱和流量

（1）普通相位兼有行人影响时，取第6和第7条计算结果中的较小值。

（2）有单向左转相位或单向交通时，参照第3条进行计算。

9. 左右合用车道饱和流量（三岔交叉口）

$$S_{LR} = S_L \times f_{LR} \qquad (3-47)$$

式中：S_{LR}——左右合用车道饱和流量（pcu/h）；

f_{LR}——左右合流校正系数，用下式表示：

$$f_{LR} = \frac{q_L + q_R}{q'_L} \qquad (3-48)$$

$$q'_L = K'_R q_R + q_L \qquad (3-49)$$

$$K'_R = \frac{S_L}{S'_R} \qquad (3-50)$$

q_L——合用车道中左转车交通量（pcu/h）；

q_R——合用车道中右转车交通量（pcu/h）；

q'_L——合用车道的左转车当量（pcu/h）；

K'_R——合用车道的右转系数。

10. 短车道饱和流量校正

当进口车道实际可供排队长度（L_q）小于要求排队长度（L_r）时，进口车道属于短车道，须做短车道饱和流量校正。

$$L_r = \frac{S_f g_e L_{pcu}}{3\,600} \qquad (3-51)$$

式中：S_f——经各类校正后的饱和流量（pcu/h）；

g_e——有效绿灯时长（s）；

L_{pcu}——排队中一辆小汽车的平均占位长度，一般取6m。

1）左转专用与右转专用车道短车道校正系数

专用车道本身的校正系数：

$$f_x = u_L + \eta(1 - u_L) \tag{3-52}$$

专用车道相邻车道的校正系数：

$$f_s = u_L + (1 - \eta)(1 - u_L) \tag{3-53}$$

$$u_L = \frac{L_q}{L_r} \tag{3-54}$$

式中：η——使用专用车道的车辆比率；

u_L——进口车道实际可供排队长度与要求排队长度之比。

2）合用车道短车道校正系数

直左合用车道短车道校正系数：

$$f_{TLs} = f_x \times f_{TL} \tag{3-55}$$

直右合用车道短车道校正系数：

$$f_{TRs} = f_x \times f_{TR} \tag{3-56}$$

五、配时参数计算

1. 最佳周期

采用韦氏最佳信号周期公式：

$$C_0 = \frac{1.5L + 5}{1 - Y} \tag{3-57}$$

式中：L——信号总损失时间（s）；

Y——流量比总和。

周期时长宜取 $40 \sim 180$s，高峰期间不宜大于 120s。流量比总和按式（3-58）计算：

$$Y = \sum_{i=1}^{i} \max\left[y_i, y_i' \cdots\right] = \sum_{i=1}^{i} \max\left[\left(\frac{q_d}{S_d}\right)_i, \left(\frac{q_d}{S_d}\right)_i' \cdots\right] \quad (Y \leqslant 0.9) \tag{3-58}$$

式中：Y——组成周期的全部信号相位的各个最大流量比之和；

i——1 个周期内的相位数；

y_i——第 i 相位的流量比；

q_d——设计交通量（pcu/h）；

S_d——设计饱和流量（pcu/h）。

当计算的 Y 值大于 0.9 时，须改进进口道设计或（和）信号相位方案，重新设计。

2. 信号总损失时间

$$L = \sum_k (L_s + I - A)_k \tag{3-59}$$

式中：L_s——部分损失时间（s），应实测，当无实测数据时可取 3s；

I——绿灯间隔时间（s）；

A——黄灯时长（s），至少取 3s；

k——1 个周期内的绿灯间隔数。

3. 绿灯间隔时间

本章第一节对绿灯间隔时间进行了说明，下面给出一个计算绿灯间隔时间的参考公式：

$$I = \frac{z}{u_a} + t_s \qquad (3\text{-}60)$$

式中:z——停止线到冲突点距离(m);

u_a——车辆在进口道上的行驶车速(m/s);

t_s——车辆制动时间(s)。

当计算得到的绿灯间隔时间 $I < 3s$ 时,配以黄灯时间 3s;当 $I > 3s$ 时,其中 3s 配的黄灯,其余时间配的全红。

4. 总的有效绿灯时间

每周期的总有效绿灯时间可按式(3-61)计算:

$$G_e = C_0 - L \qquad (3\text{-}61)$$

式中:G_e——总的有效绿灯时间(s);

C_0——最佳信号周期(s);

L——信号总损失时间(s)。

5. 各相位的有效绿灯时间

$$g_{ei} = G_e \frac{\max[y_i, y_i' \cdots]}{Y} \qquad (3\text{-}62)$$

式中:g_{ei}——相位 i 的有效绿灯时间(s);

y_i——相位 i 的某流向交通流量比;

Y——最大流量比总和。

6. 各相位的绿信比

$$\lambda_i = \frac{g_{ei}}{C_0} \qquad (3\text{-}63)$$

式中:λ_i——相位 i 的绿信比;

g_{ei}——相位 i 的有效绿灯时间(s);

C_0——最佳信号周期(s)。

7. 各相位的显示绿灯时间

$$g_i = g_{ei} - A_i + l_i \qquad (3\text{-}64)$$

式中:g_i——相位 i 的显示绿灯时间(s);

A_i——相位 i 的黄灯时长(s);

l_i——相位 i 的部分损失时间(s)。

8. 最短绿灯时间

$$g_{\min} = 7 + \frac{L_p}{v_p} - I \qquad (3\text{-}65)$$

式中:$g_{\min}$——最短绿灯时间(s);

L_p——行人过街通道长度(m);

v_p——行人过街步速(m/s),取 1.0m/s;

I——绿灯间隔时间(s)。

计算的显示绿灯时间小于相应的最短绿灯时间时,应延长计算周期时长(以满足最短绿灯时间为度),重新计算。

六、性能参数计算

1. 信号交叉口通行能力

通行能力能够表征道路交通设施处理交通的能力。其通用的定义是指在道路交通设施中,在要考察的地点或断面上,单位时间内能够通过的最多交通单元(车辆数和行人数)。信号控制交叉口的通行能力是指交叉口各进口车道通行能力之和,一般以标准车当量(pcu)进行计算。进口车道通行能力是指在一定信号控制条件下,车辆通过交叉口某进口车道停止线的最大当量流率,即饱和流量与绿信比之积。一条进口道的通行能力一般可表示为:

$$CAP = \sum_i CAP_i = \sum_i S_i \lambda_i = \sum_i S_i \left(\frac{g_e}{C}\right)_i \tag{3-66}$$

式中:CAP_i——第 i 条进口车道的通行能力(pcu/h);

S_i——第 i 条进口车道的饱和流量(pcu/h);

λ_i——车道所属第 i 相位的绿信比;

g_e——第 i 相位的有效绿灯时间(s);

C——信号周期(s)。

按车道进行分类,路口通行能力又可以分为:直行车道通行能力、左转专用车道通行能力、右转专用车道通行能力、直左合用车道通行能力、直右合用车道通行能力、直左右合用车道通行能力、左右合用车道通行能力。

1)直行车道通行能力

$$CAP_T = \lambda S_T \tag{3-67}$$

式中:CAP_T——直行车道的通行能力(pcu/h);

S_T——直行车道的饱和流量(pcu/h)。

2)左转专用车道通行能力

有左转专用相位的车道通行能力:

$$CAP_L = \lambda S_L \tag{3-68}$$

无左转专用相位的车道通行能力:

$$CAP_L = \lambda S_L' \tag{3-69}$$

3)右转专用车道通行能力

有右转专用相位的车道通行能力:

$$CAP_R = \frac{g_{eR}}{C} S_R \tag{3-70}$$

无右转专用相位的车道通行能力:

$$CAP_R = \frac{g_{eR}}{C} S_R' \tag{3-71}$$

4)直左合用车道通行能力

$$CAP_{TL} = \lambda S_{TL} \qquad (3-72)$$

当高峰15min内每信号周期左转车平均流量达2辆时,宜设置左转专用车道;增设左转专用车道有困难时,宜采用单向左转相位。此时,直左合用车道通行能力可按直行车道通行能力计算。

5)直右合用车道通行能力

$$CAP_{TR} = \lambda S_{TR} \qquad (3-73)$$

6)直左右合用车道通行能力

普通相位兼有行人影响时的直左右合用车道通行能力为:$CAP_{TLR} = \min[CAP_{TL}, CAP_{TR}]$,其只适用于左转车交通量每周期平均不超过1辆的情况。有单向左转相位或单向交通时,直左右合用车道通行能力可按直行车道通行能力计算。

7)左右合用车道通行能力(三岔交叉口)

$$CAP_{LR} = \lambda S_{LR} \qquad (3-74)$$

2. 总饱和度与类饱和度

1)总饱和度

在路口信号控制评价过程中,为了兼顾路口通行效率与绿灯时间利用率,通常在交叉口的实际设计工作中考虑整个交叉口的总饱和度。交叉口的总饱和度是指饱和程度最高的相位所达到的饱和度值,而并非各相位饱和度之和,用 X 表示。对于某一确定的信号周期,当调节各个信号相位的绿信比使得各股关键车流具有相等的饱和度时,交叉口的总饱和度将达到最小值,此时式(3-75)成立。

$$X = x_1 = \frac{y_1}{\lambda_1} = x_2 = \frac{y_2}{\lambda_2} = \cdots = x_n = \frac{y_n}{\lambda_n} = \frac{\sum_{i=1}^{n} y_i}{\sum_{j=1}^{n} \lambda_j} = \frac{Y}{\frac{C-L}{C}} \qquad (3-75)$$

式中,$x_1, x_2, \cdots, x_n$ 分别表示各关键车流的饱和度。从交叉口总饱和度的定义可以推知,如果交叉口总的绿信比小于交叉口的总交通流量比,则说明该交叉口的总饱和度必将大于1,不具备足够的通行能力。

2)类饱和度

为了更有效地进行交通信号配时参数的调整,澳大利亚 SCATS 交通信号控制系统提出了"类饱和度"的概念。一个信号周期或信号周期内的一支车流的类饱和度计算如下:

$$x_t = \frac{g_t}{G_t} \qquad (3-76)$$

式中:x_t——类饱和度;

g_t——车辆占用的绿灯时间(s);

G_t——可供车辆通行的全部绿灯时间(s),其定义为:$G_t = g_t + t_0 - nt$,式中 t_0 为无车通过的绿灯时间(s),n 为空当个数,t 为车辆正常通过时,两车之间必不可少的一个空当时间(s)。

SCATS 系统认为:传统的饱和度通常与车辆尺寸(最终折算为标准车当量,pcu)和车头时距有关,对于混合交通流来说,各种不同尺寸的车辆到达检测器所在位置的次序又是随机的,因此必须采用一种与车身尺寸无直接关系的参数来反映实时交通负荷情况。类饱和度可在一定程度上摆脱车辆尺寸及车头时距对信号配时的影响,能更客观地反映真实的交通需求。

3. 信号交叉口服务水平

信号交叉口设计与交通信号配时的服务水平,可根据计算的平均信号控制延误来确定。用作交叉口服务水平评价指标的延误是 15min 分析期间的每车平均延误数值。

信号交叉口延误是反映车辆在信号交叉口上受阻、行驶时间损失的评价指标。延误的影响因素众多,涉及交叉口几何设计与信号配时的各个方面。因此,延误是一个能够综合反映交叉口的几何设计与信号配时优劣的评价指标。

1)延误的估算方法

延误是一个影响因素十分复杂的指标,其理论计算所得结果难以精确符合实际情况,所以应采用现场观测的延误数值作为评价依据,特别是对原有交叉口进行评价分析,或作改善效果的前后对比分析,且有条件进行现场观测时,须用现场观测数据。对设计交叉口的不同设计方案作比较分析且无法现场观测时,才用估算方法。

需对交叉口各进口道分别估算各车道的每车平均延误;进口道每车平均延误为进口道中各车道延误的加权平均值;整个交叉口的每车平均延误是各进口道延误的加权平均值。

(1)各车道延误

各车道延误可用式(3-77)估算:

$$d = d_1 + d_2 + d_3 \tag{3-77}$$

式中:d——各车道每车平均延误(s/pcu);

d_1——均匀延误,即车辆均匀到达所产生的延误(s/pcu);

d_2——随机附加延误,即车辆随机到达并引起超饱和周期所产生的附加延误(s/pcu);

d_3——初始排队附加延误,即在延误分析期初,因留下的积余车辆的初始排队使后续车辆产生的附加延误(s/pcu)。

①设计交叉口。对于设计交叉口,因为要满足设计服务水平的要求,不应出现在分析期初留有初始排队的情况,即不应出现有初始排队附加延误,则设计交叉口时各车道延误可用下式计算:

$$d = d_1 + d_2 \tag{3-78}$$

$$d_1 = 0.5C \frac{(1-\lambda)^2}{1 - \min[1, x]\lambda} \tag{3-79}$$

$$d_2 = 900T \left[(x-1) + \sqrt{(x-1)^2 + \frac{8ex}{\text{CAP} \cdot T}} \right] \tag{3-80}$$

式中:C——周期时长(s);

λ——所计算车道的绿信比;

x——所计算车道的饱和度;

CAP——所计算车道的通行能力(pcu/h);

T——分析时段的持续时长(h),取 0.25h(15min);

e——单个交叉口的信号控制类型校正系数,定时信号取 $e=0.5$;感应信号,e 随饱和度与绿灯延长时间而变,当绿灯延长时间为 2~5s 时,建议的平均 e 值见表3-9。

建议 e 值　　　　　　　　　　　　　　　　　　　表 3-9

x	e	平 均 值	x	e	平 均 值
≤0.5	0.04~0.23	0.13	0.8	0.32~0.39	0.35
0.6	0.13~0.28	0.20	0.9	0.41~0.45	0.43
0.7	0.22~0.34	0.28	>1.0	0.5	0.5

②现有交叉口。对现有交叉口作延误评估时,应考虑初始排队的延误,即按式(3-80)计算。

其中对于 d_1,可按式(3-81)计算。

$$d_1 = d_s \frac{t_u}{T} + f_a d_u \frac{T - t_u}{T} \tag{3-81}$$

$$d_s = 0.5C(1 - \lambda) \tag{3-82}$$

$$d_u = 0.5C \frac{(1 - \lambda)^2}{1 - \min[1, x]\lambda} \tag{3-83}$$

$$t_u = \min\left\{T, \frac{Q_b}{\text{CAP}[1 - \min(1, x)]}\right\} \tag{3-84}$$

$$f_a = \frac{1 - P}{1 - \lambda} \tag{3-85}$$

式中:d_s——饱和延误(s/pcu);

　　d_u——不饱和延误(s/pcu);

　　t_u——在分析期 T 中积余车辆的持续时间(h);

　　Q_b——分析期初始积余车辆数,需实测;

　　f_a——绿灯期车流到达率校正系数;

　　P——绿灯期到达车辆占整周期到达量之比,可实地观测。

对于 d_2,可用式(3-80)计算,即:

$$d_2 = 900T\left[(x - 1) + \sqrt{(x - 1)^2 + \frac{8ex}{\text{CAP} \cdot T}}\right]$$

对于 d_3,其随式(3-84)算得的在分析期 T 中积余车辆的持续时间 t_u 而定,可按式(3-86)计算。

$$d_3 = \begin{cases} 3\,600 \dfrac{Q_b}{\text{CAP}} - 1\,800T[1 - \min(1, x)] & (t_u = T) \\[2ex] 1\,800 \dfrac{Q_b t_u}{T \cdot \text{CAP}} & (t_u < T) \end{cases} \tag{3-86}$$

(2)各进口道的平均延误

按该进口道中各车道延误的加权平均数估算:

$$d_m = \frac{\sum\limits_{i=1}^{n} d_i q_i}{\sum\limits_{i=1}^{n} q_i} \quad\quad\quad (3-87)$$

式中:d_m——进口道 m 的平均延误(s/pcu);

d_i——进口道 m 中第 i 车道的平均延误(s/pcu);

q_i——进口道 m 中第 i 车道的小时交通量换算为其中高峰 15min 的交通流率(veh/15min)。

(3)整个交叉口每辆车的平均信控延误

按该交叉口中各进口道的平均延误的加权数估算:

$$d = \frac{\sum\limits_{m=1}^{A} d_m q_m}{\sum\limits_{m=1}^{A} q_m} \quad\quad\quad (3-88)$$

式中:d——交叉口每车的平均延误(s/pcu);

q_m——进口道 m 的高峰 15min 交通流率(veh/15min);

A——交叉口进口量数。

2)服务水平评估

每车平均延误数值与信号交叉口服务水平的对应关系如表3-2所示。

新建、改建交叉口设计服务水平宜取 B 级,治理交叉口宜取 C 级。服务水平不合格时,需改变各进口道设计或/和信号相位方案,重新设计。

七、路口信号配时算例

1. 算例一

一个两相位信号控制路口,各进口交通量和饱和流量如表3-10所示。

信号交叉口流量数据 表3-10

项 目	北 进 口	南 进 口	东 进 口	西 进 口
交通量 q(pcu/h)	620	720	390	440
饱和流量 S(pcu/h)	2 400	2 400	1 000	1 000
流量比 y_i	0.26	0.30	0.39	0.44
最大流量比 y_{max}	0.30		0.44	
相位划分 n	第 1 相位		第 2 相位	

已知:绿灯间隔时间为7s,黄灯时间为3s,部分损失时间为3s。试计算路口配时。

解:(1)各进口道流量比 y_i 和各相位最大流量比 y_{max} 列入表3-10。

(2)计算每周期总损失时间。

$$L = \sum_{i=1}^{n} (l_i + I_i - A_i) \quad\quad\quad (3-89)$$

根据题中已知条件:部分损失时间 $l = 3$s,绿灯间隔时间 $I = 7$s,黄灯时间 $A = 3$s,相位数 $n = 2$,代入式(3-89)得到:$L = 14$s。

(3)计算最佳周期时间。

$$C_0 = \frac{1.5L+5}{1-Y} \qquad (3-90)$$

其中,L 已由上步求出,Y 值由下式计算:

$$Y = \sum_{i=1}^{n} \max(y_i, y_i' \cdots) = 0.74$$

代入公式(3-90),得到:$C_0 = 100\text{s}$。

(4)求周期有效绿灯时间。

$$G_e = C_0 - L = 100 - 14 = 86(\text{s})$$

(5)求相位有效绿灯时间。

第1相位(南北)有效绿灯时间:

$$g_{e1} = G_e \times \frac{\max(y_1, y_1')}{Y} = 86 \times \frac{0.30}{0.74} = 35(\text{s})$$

第2相位(东西)有效绿灯时间:

$$g_{e2} = G_e \times \frac{\max(y_2, y_2')}{Y} = 86 \times \frac{0.44}{0.74} = 51(\text{s})$$

(6)求各相位显示绿灯时间。

第1相位:

$$g_1 = g_{e1} - A_1 + L_1 = 35 - 3 + 3 = 35(\text{s})$$

第2相位:

$$g_2 = g_{e2} - A_2 + L_2 = 51 - 3 + 3 = 51(\text{s})$$

(7)求各相位清路口四面全红时间。

$$r_{i1} = I_{i1} - A_{i1} = 7 - 3 = 4(\text{s})$$
$$r_{i2} = I_{i2} - A_{i2} = 7 - 3 = 4(\text{s})$$

则该路口该时段的配时方案如表 3-11 所示。

计算得到的信号配时方案表 表 3-11

配时内容相位划分	第1相位	第2相位
显示绿灯时间(s)	35	51
黄灯时间(s)	3	3
四面全红时间(s)	4	4
合计时间(s)	42	58
周期时间(s)	100	

经验算,该方案满足行人过街安全所需的最短绿灯时间的要求,所以可以接受。

2. 算例二

已知一新建交叉口为主干道与主干道相交的十字形交叉口,道路条件满足规划要求,自行车道宽5.5m,有关交叉口的基本交通条件为:

(1)根据预测,通车时交叉口各流向高峰时段高峰小时交通流流率 Q_{mn}(直行车大车率:东西进口道4%,南北进口道2%;左、右转大车率为0)、最高15min流率换算的小时交通量 q_{mn}

（PHF 取 0.75）如表 3-12 所示。

交叉口各流向流量 表 3-12

进 道 口		Q_{mn}(pcu/h)	大车率（%）	q_{mn}(pcu/h)
西进口	直行	555	4	740
	左转	124	0	166
	右转	64	0	86
	总计	743		992
东进口	直行	574	4	766
	左转	187	0	250
	右转	120	0	160
	总计	881		1 176
北进口	直行	486	2	648
	左转	46	0	62
	右转	58	0	78
	总计	590		788
南进口	直行	570	2	760
	左转	64	0	86
	右转	61	0	82
	总计	695		928

（2）预测高峰时段高峰小时自行车交通量 Q_{bmn}（估计左转率：北进口为 25%，其他进口为 10%；右转率均为 15%），最高 15min 交通量的平均流率如表 3-13 所示。

自行车交通量和最高 15min 交通量的平均流率 表 3-13

进 道 口	Q_{bmn}（veh/h）	平均流率（veh/min）	进 道 口	Q_{bmn}（veh/h）	平均流率（veh/min）
西进口	1 260	28	东进口	1 350	30
北进口	900	20	南进口	1 215	27

（3）估计各向行人流量为 600 人/h。

问：根据所提供的资料和数据以及本章前述的有关方法对该交叉口进行信号配时设计。

解：方案设计与配时计算。

（1）第一次试算。

根据机动车流量，初步划分进口车道功能如图 3-13 所示，设采用三相位方案，即东西左转专用相位、东西基本相位、南北基本相位，如图 3-14 所示。设初始信号周期 C_0 为 60s，按前述公式计算得到相关参数列于附表 1～附表 3（见本章末，第 89～98 页）。其中，总损失时间 $L=9s$，总有效绿灯时间即为 $G_e=60-9=51s$，东西向左转相位的最大流量比为 0.275，东西向直行相位的最大流量比为 0.307，南北向的最大流量比为 0.610，故总流量比 $Y=1.192$，出现了 $Y>1$ 的情况，说明进口车道还太少，通行能力无法满足实际流量的需求，需要重新设计车道数及车道功能。

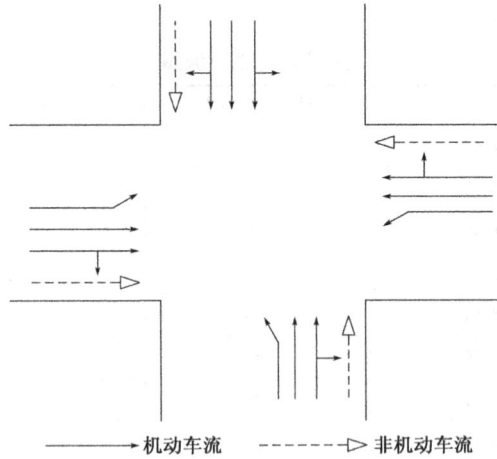

——→ 机动车流 ------→ 非机动车流

图 3-13 第一次试算进口车道功能划分

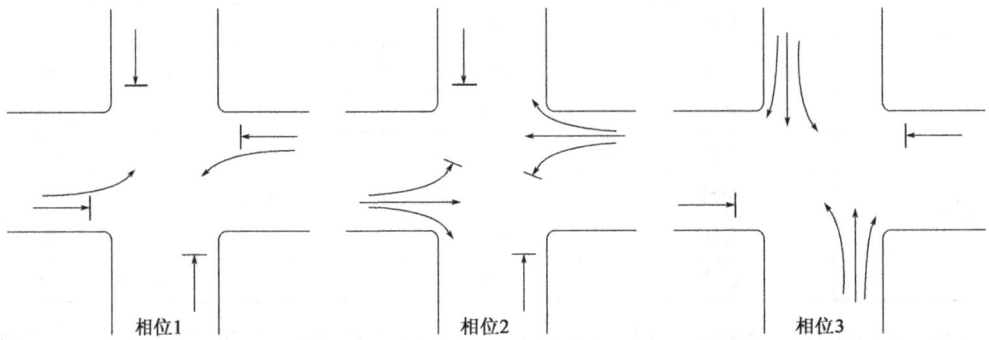

相位1 相位2 相位3

图 3-14 第一次试算初定相位图

（2）第二次试算。

分析第一次试算的过程,发现使 Y 超过 0.9 的主要问题在于北进口的直左车道的流量比偏大。如果能使该车道的流量比下降,则可能使 Y 不超出 0.9。所以,增加进口车道,重新划分车道功能,如图 3-15 所示。

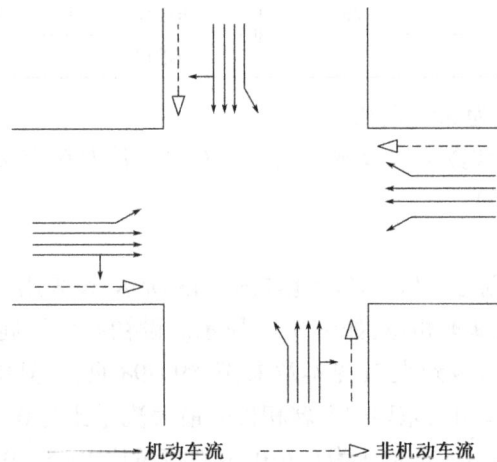

——→ 机动车流 ------→ 非机动车流

图 3-15 第二次试算进口车道功能划分

与第一次试算相同,信号相位仍为 3 相位,周期 C_0 为 60s,按前述公式计算得到相关参数列于附表 4~附表 6。其中,东西向左转相位的最大流量比为 0.180,东西向直行相位的最大流量比为 0.242,南北向的最大流量比为 0.263,故总流量比 $Y = 0.685 < 1$,总损失时间 $L = 9s$,计算得到 $C_0 = 27s$。由此可知,计算周期时长偏小,各方向的绿灯时间难以满足行人过街所需的最短时间,需要增加周期时长。

(3)第三次试算。

按最短绿灯时间的要求,将周期时长 C_0 定为 60s,保持第二次试算中的设计方案,仍按前述公式重新计算有关信号配时参数,结果列于附表 7~附表 9。由表可知,除东向左转饱和度为 0.81、直行饱和度为 0.76 外,其他流向饱和度均小于 0.7。有关延误及服务水平的估算结果列于附表 10。由表可知,交叉口延误为 17.4s/pcu,达到 B 级服务水平,符合各项要求。

确定方案:将第三次试算结果作为该交叉口进口车道的渠化与配时设计方案。

第五节　感应控制的原理与方法

上节所讲述的定时信号控制的特点是,配时方案一经确定,所设定的参数在整个信号运行时段内是固定不变的,显然这不能适应交通流的随机变化特点。为了使信号控制能够根据交叉口实际交通状况做出反应,感应式信号控制方式应运而生。实践表明,感应控制的通行效率比定时控制的高,可使车辆停车次数减少 6%~30%。

根据实施方案的不同,感应控制又可分为半感应控制和全感应控制两种。本节将重点对这两种感应控制方式的工作原理及工作流程进行介绍。

一、感应信号控制原理

感应控制是根据车辆检测器检测到的车辆到达状况,使路口各个方向的信号显示时间适应交通需求的一种控制方式。感应控制对车辆随机到达的适应性较好,可使车辆在停止线前尽可能少地停车,从而达到交通畅通的效果。

感应控制的基本工作原理如图 3-16 所示。当某一相位启亮绿灯时,信号控制器内预设有一个"初期绿灯时间" g_i,到初期绿灯结束时,如在一个预置的时间间隔内(这个时间间隔称之为"单位绿灯延长时间" g_0),无后续车辆到达时,即可更换相位。这个初期绿灯时间 g_i 加上单位绿灯延长时间 g_0 就是最短绿灯时间 g_{min}。如检测器检测到有后续车辆到达,则每测得一辆车,绿灯就延长一个预置的单位绿灯延长时间,即只要在这个预置的时间间隔内,车辆中断,即换相;若连续有车,则绿灯连续延长。绿灯一直延长到一个预置的"极限延长时间" g_{max} 时,即使检测到后面仍有来车,也中断该相位的通车权。实际绿灯时间 g 应大于最短绿灯时间 g_{min} 且小于绿灯极限延长时间 g_{max}。

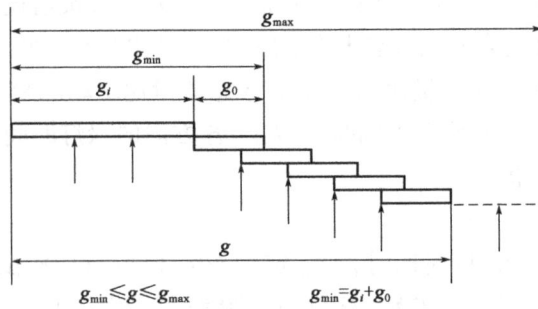

图 3-16 感应信号控制工作原理示意图

二、感应信号控制参数

1. 初期绿灯时间

给每个相位初期预先设置一段绿灯时间 g_i。无论本相位或其他相位是否有车，必须保证对本相位放完这段绿灯时间。因大部分检测器都属于"点式"检测器（2m×2m方形线圈检测器实际上也是"点式"检测器），所以这段时间的长短决定于检测器的位置以及检测器到停止线之间可停放的车辆数。设置初期绿灯时间时应考虑以下几个因素：

（1）保证停在检测器和停止线之间的车辆全部驶出停止线所需的最短时间。初期绿灯时间应等于最短绿灯时间减去一段单位绿灯延长时间。

（2）保证行人安全过街所需的时间。

（3）在我国，还需考虑保证红灯时停在停止线前的非机动车安全过街所需的时间。

停止车辆间的平均车头距离为6m时，美国推荐的随检测器位置而定的初期绿灯时间 g_i 列于表3-14中。

随检测器位置而定的初期绿灯时间   表3-14

检测器与停止线间距(m)	0~12	13~18	19~24	25~30	31~36
初期绿灯时间(s)	8	10	12	14	16

使用长环形线圈检测器或一串小环形检测器时，所需的初期绿灯时间有所不同。如检测器终端就在停止线上，初期绿灯时间可尽量接近于零。有些控制机把这段时间预置为零，而有些控制机预置了一段最短时间，如果检测器终端在停止线之前，则按这段提前的距离用上述"点式"检测器一样的方法确定初期绿灯时间。

2. 单位绿灯延长时间

单位绿灯延长时间是初期绿灯时间结束后，在一定时间间隔内，测得有后续车辆到达时所延长的绿灯时间。如果在这段时间内没有测得来车，即被判为交通中断而可结束绿灯。因此，单位绿灯延长时间 g_0 也是判断车流是否中断的一个参数。单位绿灯延长时间对于感应信号控制的效率起决定性的作用。确定单位绿灯延长时间时，应考虑以下几个因素：

（1）单位绿灯延长时间的长短必须能使车辆从检测器驶出停止线，当使用"点式"检测器且其位置离停止线较远时，这点特别重要。

（2）单位绿灯延长时间的恰当长度,应尽可能不产生绿灯时间损失。由于只要检测到的车辆间隔短于这个绿灯延长时间,绿灯总保留在这个相位上,为了提高通车效率,这段时间应按实际需要定得尽可能短,使单位绿灯延长时间尽可能只满足实际交通所需的长度,而不应等待不紧跟的车辆通过绿灯。

（3）在确定单位绿灯延长时间时,必须注意被检测的车道数。由于在一个相位上的所有单个检测器通常都是连在一起的,因此,控制机所接收到的车辆间隔远比实际的车辆间隔要小得多。

3. 最短绿灯时间

最短绿灯时间 g_{min} 是任一信号相位放行车辆的最短时间。为保证初期绿灯时间结束时后续又到达的车辆能够安全通过,需要再预置一个"单位绿灯延长时间",因此,最短绿灯时间实际上是初期绿灯时间与单位绿灯延长时间之和。

实际情况表明,因为初期绿灯时间已经保证了在检测器和停止线之间的所有车辆能够通过交叉口,如果初期绿灯时间结束时后续没有车辆到达,其后再预置一单位绿灯延长时间就会造成时间的浪费,因此,国外已经有将最短绿灯时间设置为小于初期绿灯时间与单位绿灯延长时间之和的做法,即在初期绿灯时间还没有结束时就开始单位绿灯延长时间,这样做的好处是既能够保证行车安全,又不浪费时间。但是,究竟在初期绿灯时间结束前多久开始单位绿灯延长时间,尚待研究。

4. 绿灯极限延长时间

为了保持最佳绿信比而对各相位规定绿灯时间的延长限度即为绿灯极限延长时间 g_{max}。信号到达绿灯极限延长时间时,强制结束绿灯并改换相位。但这时控制机会记住最后一辆车因时间不够而未能通过停止线,并将以最快的可能时间返回绿灯。绿灯极限延长时间,实际上就是按定时信号周期时长及绿信比分配到各个相位的绿灯时间,绿灯极限时间一般定为30～60s。有些感应控制机每个相位有两个绿灯极限时间,较长的一个在高峰时段大流量时使用。

绿灯极限延长时间确定后,会使在此之后紧接的后续车辆突然遇到黄灯而被迫紧急制动。改进的感应信号对绿灯极限延长时间作了改进,采用可变绿灯极限时间,如果绿灯极限时间末尾的流量超过一个预置的临界值时,可使绿灯再延长;而这个预置临界值是在不断提高的,直到测得流量小于临界值时,结束绿灯并换相。

正确配时的感应信号(绿灯延长时间适当短时)在运行中不应经常出现绿灯极限时间,除非交叉口交通量超载。当交叉口超载而各相位经常出现绿灯极限时间时,感应控制机实际上是在按定时信号机操作。这时应根据交通需求,按定时信号确定最佳周期时长,而不该按感应信号的控制方式用任意变动的周期时长。

三、半感应控制

半感应控制适用于主路与次路车流量相差较大,且次路车流量波动明显的路口。半感应控制根据车辆检测器的埋设位置不同又可以分为次路检测半感应控制和主路检测半感应控制两种。

1．次路检测半感应控制

这种半感应控制方式检测器埋设在次路上，平时主路上总是绿灯，当次路上检测到有车辆到达时，判断主路最小绿灯时间是否结束，如果是则立即改变相位，次路变为绿灯，当后继无车时，相位返回给主路；否则，判别次路是否到达最长绿灯时间，如果到达则强制改换相位，主路变为绿灯。次路检测半感应控制的运行流程如图 3-17 所示。

次路检测半感应控制实质上是次路优先，只要次路有车辆到达就会打断主路车流，因此其主要用于某些有特殊需要的地方，如消防队、医院等重要出入口处。此外，这种控制方式特别不利于次路上非机动车辆的通行，因为当次路机动车很少时，次路非机动车往往需要等待很长时间，等到有机动车到达时，才能随之通过交叉口。

2．主路检测半感应控制

这种半感应控制方式检测器埋设在主路上，平时主路上总是绿灯。当一段时间内主路上没有检测到车辆到达且主路绿灯达到最长时间时，这时才变换相位让次路车辆通过；当主路上检测到有车辆到达，且次路绿灯已达到最短时间时，相位将返回给主路信号，主路绿灯启亮。主路通行的信号相位称为感应相，次路通行的信号相位称为非感应相。主路通行绿灯时间由主路上车辆的到达情况决定。主路检测半感应控制可以避免主路车流被次路车辆打断，且有利于次路上非机动车辆的通行。主路检测半感应控制的运行流程如图 3-18 所示。

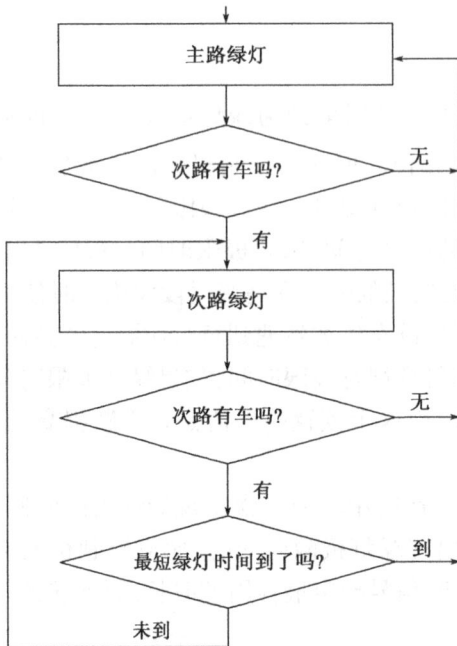

图 3-17　次路检测半感应控制运行流程图

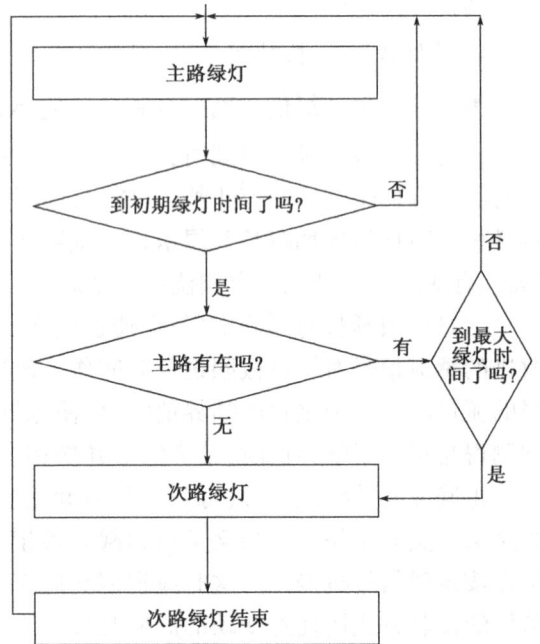

图 3-18　主路检测半感应控制运行流程图

四、全感应控制

所有进口车道上都设置检测器的感应控制称为全感应控制。其适用于相交道路等级相当、交通量相仿且变化较大的交叉口。全感应控制方式很多，大致可分为基本全感应控制和特殊感应控制。

1. 基本全感应控制

这种感应控制的控制机工作原理是:当交叉口没有机动车到达时,信号机以定周期方式按最小周期运行。当某一方向来车时,则对来车方向亮绿灯;之后按感应信号的基本工作原理运行。其运行流程如图 3-19 所示。

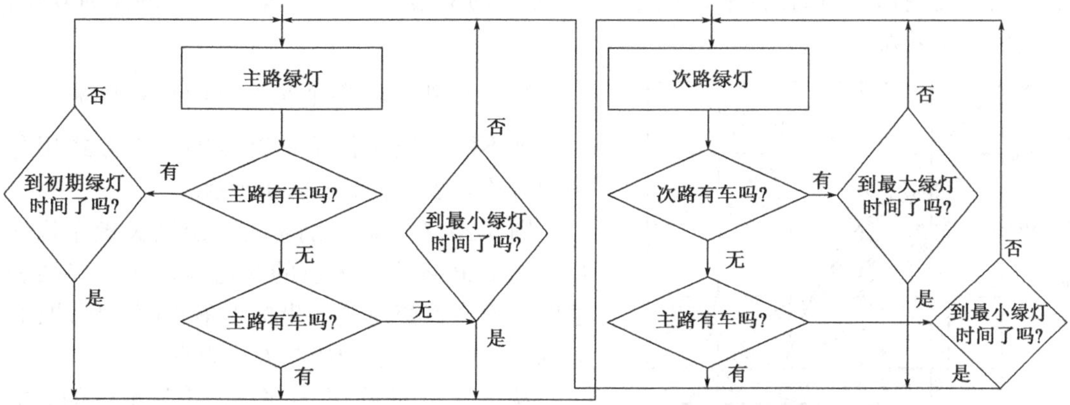

图 3-19 基本全感应控制运行流程图

2. 特殊感应控制

特殊感应控制,可在一般感应控制基础上,按特殊需要增加特殊的感应装置,执行特殊需要的感应控制功能。其平时仍可按通常的交通需求执行一般的感应控制,一旦接到特殊感应信息时,立刻执行特殊的控制功能。如公共交通优先感应控制,消防、警卫等特种车辆优先感应控制等。

五、优化感应控制

感应控制有随交通需求的变化而改变信号相位与时间的优点,在交通需求随机变化较大的交叉口,感应控制对交通变化的适应性比定时信号要优越。但按现行感应控制的工作原理,感应控制的绿灯时间总是不能被充分利用的,特别是绿灯延长时间。

运用面控制系统中对信号配时进行优化的原理来改进感应控制,就产生了优化感应控制。有一种优化感应控制,其原理可简单表达为:在交叉口的每一进口道上设两个检测器,比如一个在停止线前 40m,一个在停止线前 100m。开始给每个相位配以足够的绿灯时间,把 40m 处检测器到停止线间的车辆先放行完;车辆在两个检测器之间行驶的这一时间间隔,用来检测何时产生饱和交通流;最后用一个优化程序,把这一相位延长绿灯时间能得到的交通效益和另一相位车辆因延长红灯所得到的损失加以比较,确定换相时间,从而降低感应控制中的绿灯损失时间,提高交通效益。

六、定时信号与感应信号的选择

关于在何种条件下选择最适用的信号控制方式,美国国家公路合作研究组织(National

Cooperative Highway Research Program,简称 NCHRP)作过一项专题研究,其目标是确定在单个交叉口上选择最适用的交通信号控制方式。

1.选用合适控制方式的意义

研究结果表明:凡能降低交叉口车辆停车与延误的控制方式,也能降低油耗和污染。该研究同时发现,各种不同的控制方式之间用于设备、安装、运行和维护的年度费用的差别显著小于交通效益的差别。因此,能降低延误和减少停车的交通控制方式,既有较好的交通效益,又有较高的经济效益。

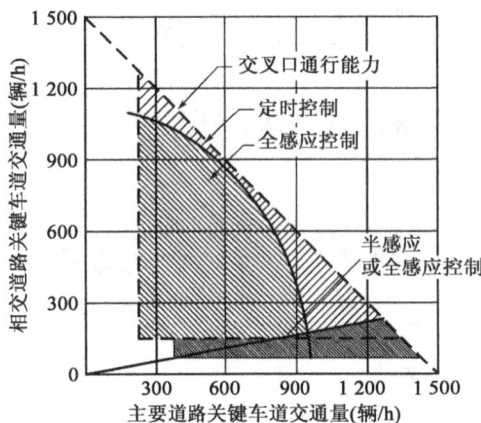

图3-20　定时控制或感应控制选用图

2.对郊外道路单个交叉口的研究结果

把不同交通条件下最有效的控制方式用分块图的方法来表达,如图 3-20 所示。

图3-20 的两轴分别是主要道路关键车道交通量和相交道路关键车道的交通量。交叉口两相交道路关键车道交通量的坐标点落在哪一图块内,即以选用该图块所示的控制方式为宜。

从图 3-20 可见,没有半感应控制最优的独立图块;用全感应控制最为有效的图块最大;定时控制只在接近交叉口通行能力的图块上才有其优越性。

图3-20 的示例不适用于城市道路交叉口,对于城市道路交叉口,该图只能作为参考,且尚需对城市交通条件下的适用范围进行类似研究。

3.各类信号控制的优点

通常各类信号控制都具有其优点。一般来说,可根据需要设置信号控制地点的具体要求,并对照各种控制方式的优点与适用性,选定适用的控制方式。

1)定时控制的优点

(1)定时控制,因信号启动时间可取得一致,有利于与相邻交通信号的协调效果,特别是要连接几个相邻交通信号或一个信号网络系统的情况下。

(2)定时控制的正常工作,不必通过检测器对车辆的检测,因此不存在路边停车及其他因素影响车辆检测的缺点。

(3)定时控制比感应控制更适用于有大量、均匀行人通行的地方。

(4)定时信号设施价格低于感应信号,且安装、维护方便。

2)感应控制的优点

(1)在交通量变化大且不规则、难于用定时控制处置的交叉口,以及在必须降低对主要干道干扰的交叉口上,用感应控制效益更大。

(2)不适宜用联动定时系统的交叉口,宜用感应控制。

(3)感应控制特别适用于交通只在一天的部分时间里需要信号控制的地方。

(4)感应控制在交通量压力不大的交叉口有其优越性,不致使主要道路交通产生不必要的延误。

（5）感应控制在有几个流向的交通量时有时无或多变的复杂交叉口，可得到最大效益。

（6）半感应信号通常适用于主次道路相交、只在次路有车辆和行人时才中断主路车流的交叉口。

第六节　定时控制与感应控制相结合的混合策略

定时控制工作稳定可靠，便于协调相邻路口的交通信号，适用于车流量规律变化、车流量较大（甚至接近饱和状态）的情况，但存在灵活性差、不适用于交通流迅速变化的缺点；感应控制实时性好、适应性强，适用于车流量变化大而不规则、主次干道车流量相差较大、需要降低对主干道干扰的情况，但也具有协调性差、不易实现联机控制、不适用于大流量控制的缺点。采用混合控制策略将定时控制与感应控制有机地结合起来，可以互相取长补短，获得良好的实时控制效果。

有人以分块图的形式对城市郊外道路交叉口在不同交通流状况下最有效的控制策略进行了研究，如图 3-21 所示（某路口二相位控制策略选取参考图）。实际上，该控制策略选取参考图同样适用于城市路口信号控制的研究，并为混合控制策略的实现提供了保障。采用混合控制策略，首先必须根据每个路口的具体特性，绘制出相应的控制策略选取参考图；然后根据控制策略选取参考图，确定控制方式切换条件即控制策略切换线；最后信号控制机依据车辆检测器实时采集到的路口各相位交通流数据，利用反映路口特性的控制策略选取参考图与控制策略切换线，通过信号控制机的运算、处理、判断，进行控制策略的实时选择，从而达到提高路口信号控制灵活性与增强路口实际通行能力的目的。例如，通过信号控制机对检测数据的处理，当检测到各相位交通流量较小（图 3-21 中的区域①）或交通流量较大但分布很不均衡（图 3-21 中的区域②）或前后时间段内某一方向的交通流量波动变化较大时，信号控制机将采用感应控制策略；当检测到各相位交通流量较大且分布较为均衡（图 3-21 中的区域③）或交通流量较大且基本稳定时，信号控制机将采用定时控制策略。

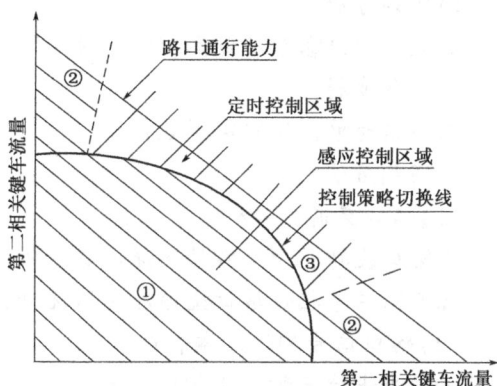

图 3-21　二相位信号控制策略选取参考图

图 3-21 中区域①代表交通流量较小的情况，适宜于采取全感应控制；区域②代表交通流量较大，但二相分布很不均衡的情况，此时随机影响较大，适宜于采取半感应控制；区域③代表交通流量较大，且二相分布较为均衡的情况，适宜于采取定时控制。

技能训练

实训项目1:路口定时信号控制相位方案设计

一、学习目的

(1)结合路口交通渠化、车道宽度及交通量分布情况,以及与上、下游路口的关系,确定信号相位数、相位类型和相位次序。

(2)会根据路口基础信息及路口交通流量数据,分析路口各向交通冲突,制订多种路口信号相位方案并进行比选。

二、学习条件

城市干道路口平面图(至少有3个相邻路口),路口基础交通地理信息数据,以及路口的高峰小时交通分布图;城市路口设置交通信号灯的相关标准和规范,如《道路交通信号灯设置与安装规范》(GB 14886—2016)。

三、学习方法

1. 教师讲解

结合实训素材,同时结合本章所讲知识点,对本次实训的主要内容、实训要求进行必要的讲解。重点讲解路口各进口关键车流的确定方法,以及据此设计相位方案所需注意的问题。

2. 学生实训

1)实训分组

本次实训内容涉及观察、分析、讨论等环节,建议分组实训,2~3人一组。

2)领取素材

以小组为单位领取实训素材。

3)实训方法

(1)路口交通流分析。

①路口左转、直行、右转交通流量分析。

②不同信号相位路口交通冲突情况分析。

(2)路口信号相位方案制订。

①初步设计三种信号相位方案。

②利用路口各流向流量数据,使用 Excel 软件计算每种相位方案总的交通流量比,判断是否满足 $Y \leq 0.9$,如果不满足,则该相位方案不合理;如果满足,表明该相位方案基本可行。

③利用绘图软件绘制满足条件的信号相位图,并对相位设置思路进行说明。

四、注意事项

(1)需要有较完整的路口信息和路口交通调查数据。

(2)进行信号相位方案设计,需要充分考虑路口的交通组织情况,尤其是左转交通流的影响。

五、学习要求

提交路口信号相位图(AutoCAD 格式或 Visio 格式)和相位设置思路文字说明(Word 格式)。

六、能力拓展

进一步熟练学习使用 Excel、AutoCAD 和 Visio 软件。

实训项目2：编制路口定时信号控制配时方案表

一、学习目的

(1)熟悉路口信号控制配时流程,根据路口交通基础信息、路口交通量调查数据和信号相位设计方案(相位数、相位类型、相序),对路口定时信号控制参数(周期、绿信比和显示绿灯时间、延误时间)进行计算,编制路口定时信号控制方案表。

(2)会计算路口定时信号控制参数,编制路口定时信号控制方案表。

二、学习条件

城市干道路口平面图(至少有5个相邻路口),路口基础交通地理信息数据,以及路口的高峰小时交通分布图;城市路口设置交通信号灯的相关标准和规范,如《道路交通信号灯设置与安装规范》(GB 14886—2016)。

三、学习方法

1. 教师讲解

结合实训素材,同时结合本章所讲知识点,对本次实训的主要内容、实训要求进行必要的讲解。指导学生严格按照配时设计的工作流程进行设计,如路口道路交通条件分析,设计相位方案,计算流量比,进行路口渠化,判别指标,设计步伐,计算绿灯显示时间等。

2. 学生实训

1)实训分组

本次实训内容涉及分析、讨论等环节,建议分组实训,2~3 人一组。

2)领取素材

以小组为单位领取实训素材。

3)实训方法

(1)设计并绘制信号相位图。

(2)设计控制步伐。

(3)计算各进口道各相位最大流量比 y_{max},以及最大流量比之和 Y。

$$Y = \sum_{i=1}^{n} \max(y_i, y_i' \cdots)$$

(4)计算每周期总损失时间。

$$L = \sum_{i=1}^{n} (l_i + I_i - A_i)$$

(5)计算最佳周期时间。

$$C_0 = \frac{1.5L + 5}{1 - Y}$$

(6)计算周期有效绿灯时间。

$$G_e = C_0 - L$$

(7)计算相位有效绿灯时间。

第 i 相位的有效绿灯时间:

$$g_{ei} = G_e \times \frac{\max(y_i, y_i')}{Y}$$

(8)计算各相位显示绿灯时间。

第 i 相位的显示绿灯时间:

$$g_i = g_{ei} - A_i + L_i$$

(9)计算各相位清路口四面全红时间。

$$r_i = I_i - A_i$$

(10)利用 Excel 软件,结合前面设计的步伐顺序,编制路口定时信号控制配时方案,见表 3-15。

某路口标准二相位信号控制配时方案表(示例) 表 3-15

输出	接灯	1	2	3	4	5	6	7	8	9	10
PR	1PR	1	1	1	1	1				1	1
PG	1PG						1	2	2		
R	1AR				1	1	1	1	1	1	1
Y	1AY				1						
G	1AG	1	1	2							
L											
S											
E											
PR	2PR	1	1	1	1	1				1	1
PG	2PG						1	2	2		
R	2AR				1	1	1	1	1	1	1
Y	2AY				1						
G	2AG	1	1	2							
L											
S											
E											
PR	3PR				1	1	1	1	1	1	1
PG	3PG	1	2	2							
R	3AR	1	1	1	1	1					1
Y	3AY									1	
G	3AG						1	1	2		
L											

续上表

输出	接灯	1	2	3	4	5	6	7	8	9	10
S											
E											
PR	4PR				1	1	1	1	1	1	1
PG	4PG	1	2	2							
R	4AR	1	1	1	1	1					1
Y	4AY									1	
G	4AG						1	1	2		
L											
S											
E											
步长时间		15	03	03	02	02	10	03	03	02	02

说明:
0 表示灯灭
1 表示灯亮
2 表示灯闪

注:灯色配置说明:PR-行人红灯;PG-行人绿灯;AR-机动车红灯;AY-机动车黄灯;AG-机动车绿灯;AL-机动车左转箭头灯;AS-机动车直行箭头灯;AE-机动车右转箭头灯。

四、注意事项

各相位最大设计流量比总和不大于0.9;信号配时满足最短绿灯时间要求和服务水平要求。

五、学习要求

提交十字路口定时控制配时方案表(Excel格式)。

六、能力拓展

在本项目的基础上,考虑交通信号的早断与迟启,对路口机动车、行人和非机动车的信号控制参数进行计算,绘制路口机动车、行人和非机动车的信号控制方案表。

实训项目3:基于MCS51单片机的路口定时控制试验

一、学习目的

(1)进一步理解路口信号控制配时流程、定时控制的工作原理,运用交通电子控制基础知识进行试验。

(2)会设计基于MCS51单片机的路口定时控制试验电路,基于Keil编辑器,运用汇编语言或C语言开发路口定时信号控制器,实现多相位路口定时信号灯控制功能。

二、学习条件

MCS51 单片机、面包板、LED 灯、晶振、电阻、电容、开关电源及辅助设备,MCS51 单片机开发板及配套开发软件。

三、学习方法

1. 教师讲解

结合实训素材以及电工电子技术的相关知识点,对本次实训的主要内容、实训要求进行必要的讲解。根据学生的实际情况,可以有针对性地结合 MCS51 单片机开发进行指导,如电路设计、元器件准备、绘制电路原理图、C 语言等。

2. 学生实训

1)实训分组

本次实训内容涉及分析、讨论等环节,建议分组实训,2 ~ 3 人一组。

2)领取素材

以小组为单位领取实训素材。

3)实训方法

(1)电路设计。

本电路图 3-22 所示,P1、P2 口控制东南西北 4 个进口的机动车指示灯,红灯、绿灯、黄灯各 4 个。每个指示灯均为低电平亮,高电平灭。

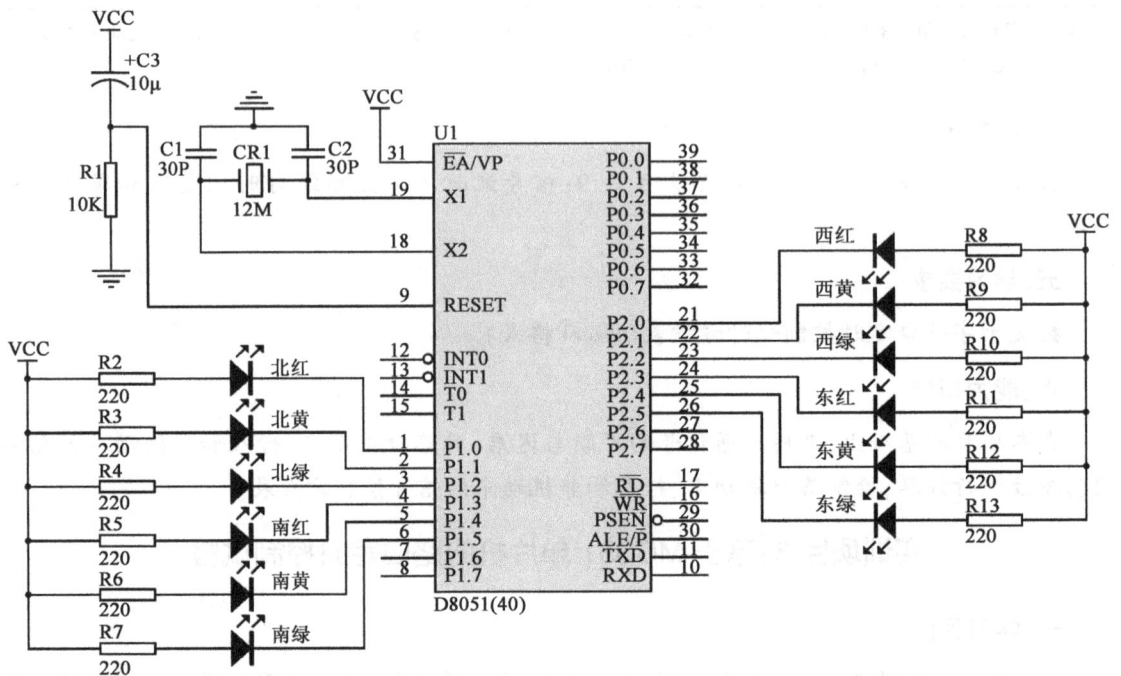

图 3-22　硬件连接图

(2)相位设计。

按标准的 4 相位进行设计,如图 3-23 所示。信号配时如图 3-24 所示。

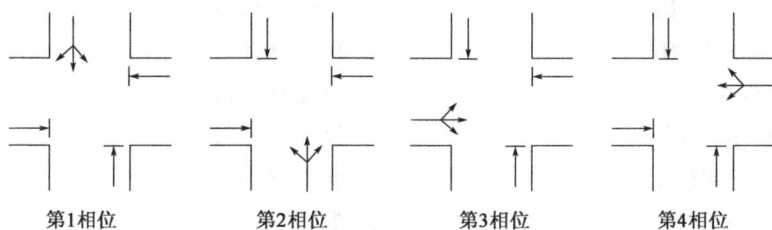

图 3-23　相位图

图 3-24　信号配时图

注:数字为持续时间,单位为秒(s)。

(3)材料准备(表 3-16)。

电子材料　　　　　　　　　　　　　　　　　　　　　　表 3-16

元　件	型　号	说　明
U1	D8051(40)	单片机
R1	10K	电阻
R2 ~ R21	220	
LED	红、黄、绿	LED 灯
CR1	12M	晶振
C3	10μ	电解电容
C1、C2	30P	陶瓷电容

(4)开发调试

参考程序:

```
#include"reg51.h"
#define FOSC        11059200              //晶振频率
#define T_50MS 65536 – FOSC*5/1200        //50ms 的初值
#define TH_50MS T_50MS/256                //50ms 初值高八位
#define TL_50MS T_50MS%256                //50ms 初值低八位
sbit north_red    = P1^0;                 //北进口红灯
sbit north_yellow = P1^1;                 //北进口黄灯
sbit north_green  = P1^2;                 //北进口绿灯
sbit south_red    = P1^3;                 //南进口红灯
sbit south_yellow = P1^4;                 //南进口黄灯
```

```c
sbit south_green = P1^5;          //南进口绿灯
sbit west_red    = P2^0;          //西进口红灯
sbit west_yellow = P2^1;          //西进口黄灯
sbit west_green  = P2^2;          //西进口绿灯
sbit east_red    = P2^3;          //东进口红灯
sbit east_yellow = P2^4;          //东进口黄灯
sbit east_green  = P2^5;          //东进口绿灯
void delay_n_second(unsigned char n)   //延时 n 秒子程序
{
    unsigned char i,j;
    for(i = 0;i < n;i ++ )
    {
        for(j = 0;j < 20;j ++ )
        {
        TH0 = TH_50MS;
        TL0 = TL_50MS;
        TR0 = 1;
        while(TF0 == 0);
        TF0 = 0;
        TR0 = 0;
            }
            }
        }
void light_set(   unsigned char n_r,   unsigned char n_y,
        unsigned char n_g,   unsigned char s_r,
        unsigned char s_y,   unsigned char s_g,
        unsigned char w_r,   unsigned char w_y,
        unsigned char w_g,   unsigned char e_r,
        unsigned char e_y,   unsigned char e_g
        )                          //信号灯状态设置子程序
{
north_red       = n_r;
north_yellow    = n_y;
north_green     = n_g;
south_red       = s_r;
south_yellow    = s_y;
south_green     = s_g;
west_red        = w_r;
```

```
west_yellow    = w_y;
west_green     = w_g;
east_red       = e_r;
east_yellow    = e_y;
east_green     = e_g;
}
void main( )
{
    TMOD = 0x01;
    while(1)
    {
    light_set(0,1,1,0,1,1,0,1,1,0,1,1);
    delay_n_second(2);                    //步伐1
    light_set(1,1,0,0,1,1,0,1,1,0,1,1);
    delay_n_second(18);                   //步伐2
    light_set(1,0,1,0,1,1,0,1,1,0,1,1);
    delay_n_second(3);                    //步伐3
    light_set(0,1,1,0,1,1,0,1,1,0,1,1);
    delay_n_second(2);                    //步伐4
    light_set(0,1,1,1,1,0,0,1,1,0,1,1);
    delay_n_second(12);                   //步伐5
    light_set(0,1,1,1,0,1,0,1,1,0,1,1);
    delay_n_second(3);                    //步伐6
    light_set(0,1,1,0,1,1,0,1,1,0,1,1);
    delay_n_second(2);                    //步伐7
    light_set(0,1,1,0,1,1,1,1,0,0,1,1);
    delay_n_second(24);                   //步伐8
    light_set(0,1,1,0,1,1,1,0,1,0,1,1);
    delay_n_second(3);                    //步伐9
    light_set(0,1,1,0,1,1,0,1,1,0,1,1);
    delay_n_second(2);                    //步伐10
    light_set(0,1,1,0,1,1,0,1,1,1,1,0);
    delay_n_second(24);                   //步伐11
    light_set(0,1,1,0,1,1,0,1,1,1,0,1);
    delay_n_second(3);                    //步伐12
    }
}
```

四、注意事项

(1)电子元件应经比选后采购,电路应进行独立设计与开发,用电应确保安全操作。

(2)单片机的20号脚接地,40号脚接电源,硬件连接图中未体现出来,不要漏了连接。

(3)12M晶振CR1尽可能靠近单片机对应引脚焊接。

(4)电解电容有正负极之分,注意C3不要反接,否则会爆炸。

(5)发光二极管有正负极之分,不要反接。

(6)电阻,电容C2、C3,无正负极。

五、学习要求

提交一套调试成功的交通信号定时控制器,提交一份开发报告(附程序源代码)。

六、能力拓展

在本项目的基础上,考虑增加交通信号的早断与迟启,以及对路口机动车、行人和非机动车的综合信号控制试验。

实训项目4:基于MCS51单片机的路口感应控制试验

一、学习目的

(1)进一步理解路口信号控制配时流程、定时控制与感应控制的工作原理,运用交通电子控制基础知识进行试验。

(2)会设计基于MCS51单片机的路口感应控制试验电路,基于Keil编辑器,运用汇编语言或C语言开发路口感应控制器,实现多相位路口感应信号灯控制功能。

二、学习条件

MCS51单片机、面包板、LED灯、晶振、电阻、电容、开关电源及辅助设备,MCS51单片机开发板及配套开发软件。

三、学习方法

1.教师讲解

结合实训素材,同时结合交通控制信号灯配时的相关知识点,特别是半感应控制与全感应控制的工作流程,需要学生深入理解和掌握,在此基础上,结合MCS51单片机开发进行指导,对本次实训的主要内容、实训要求进行必要的讲解。

2.学生实训

1)实训分组

本次实训内容涉及分析、讨论等环节,建议分组实训,2~3人一组。

2)领取素材

以小组为单位领取实训素材。

3)实训方法

(1)电路设计。

设计电路如图3-25所示,单片机管脚定义及所需元器件与上一个实训项目相同,在此不再赘述。

84

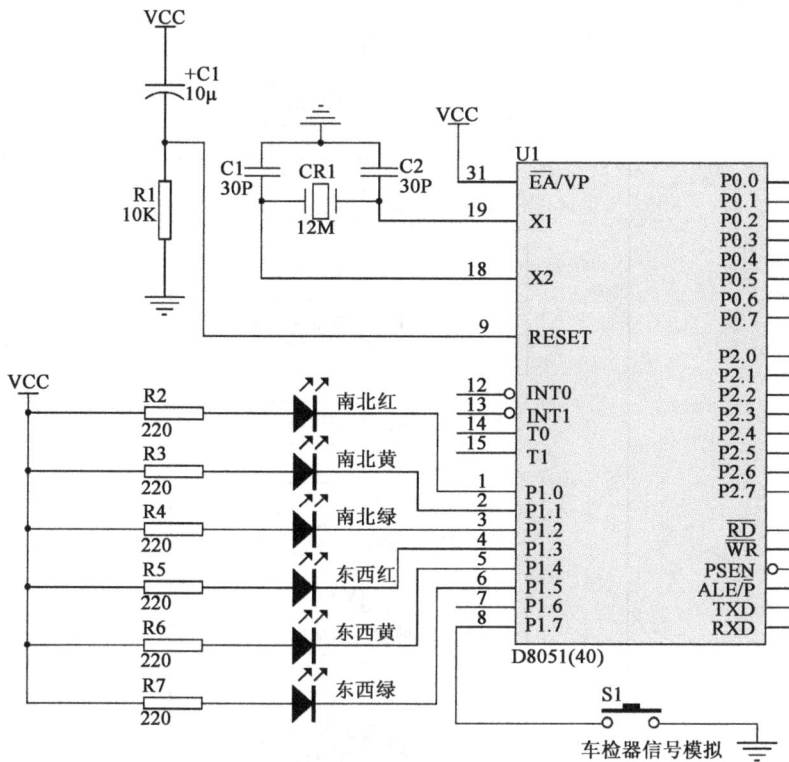

图 3-25 模拟试验电路图

（2）算法设计。

设：南北为主干道，东西为次干道，采用两相位控制方案，车流检测器安装在次干道上，采用半感应控制方式，控制流程如图 3-26 所示。预设最小绿灯时间为 10s，东西最大绿灯时间为 20s，全红时间为 2s，黄灯时间为 3s。

（3）开发调试

参考程序：

```
#include" reg51. h"
#define FOSC        11059200            //晶振频率
#define T_50MS      65536 - FOSC * 5/1200  //50ms 的初值
#define TH_50MS     T_50MS/256          //50ms 初值高八位
#define TL_50MS     T_50MS%256          //50ms 初值低八位
sbit ns_r    = P1^0 ;                   //南北进口红灯
sbit ns_y    = P1^1 ;                   //南北进口黄灯
sbit ns_g    = P1^2 ;                   //南北进口绿灯
sbit we_r    = P1^3 ;                   //东西进口红灯
sbit we_y    = P1^4 ;                   //东西进口黄灯
sbit we_g    = P1^5 ;                   //东西进口绿灯
```

85

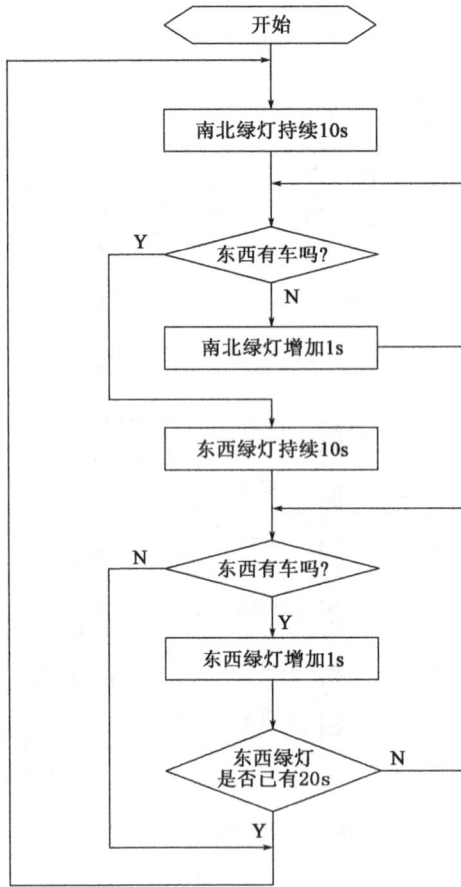

图 3-26 半感应控制流程图

```
sbit car_in    = P1^7;                      // 车流检测模拟开关
void delay_n_second( unsigned char n )      // 延时 n 秒子程序
{
    unsigned char i,j;
    for( i = 0;i < n;i + + )
    {
        for( j = 0;j < 20;j + + )
        {
            TH0 = TH_50MS;
            TL0 = TL_50MS;
            TR0 = 1;
            while( TF0 = = 0);
            TF0 = 0;
            TR0 = 0;
            }
```

```
            }
}
void light_set(   unsignedcharnsr,   unsignedcharnsy,
          unsignedcharnsg,   unsignedcharwer,
          unsignedcharwey,   unsignedcharweg
          )        //信号灯状态设置子程序
{
  ns_r   = nsr;
  ns_y   = nsy;
  ns_g   = nsg;
  we_r   = wer;
  we_y   = wey;
  we_g   = weg;
}
voidmain( )
{
  unsignedchartimer;
  TMOD = 0x01;
  while(1)
  {
      light_set(0,1,1,0,1,1);                //全红
      delay_n_second(2);                     //全红2s
      light_set(1,1,0,0,1,1);                //南北绿
      delay_n_second(10);                    //最短绿灯时间10s
      while(car_in = =1)                     //次路无车则每次增加绿灯显示时间1s
      {
              delay_n_second(1);
      }
      //次路有车,开始切换
      light_set(1,0,1,0,1,1);                //南北黄
      delay_n_second(3);                     //黄灯2s
      light_set(0,1,1,0,1,1);                //全红
      delay_n_second(2);                     //全红2s
      light_set(0,1,1,1,1,0);                //东西绿
      delay_n_second(10);                    //最短绿灯时间10s
      timer = 10;                            //时间计算,初始化为10s
      while(car_in = =0)                     //次路有车则每次增加绿灯显示时间1s
      {
```

87

```
        delay_n_second(1);
        timer + +;
        if(timer = =20)                    //次路最大绿灯时间为20s
        {
        break;
        }
    }
                                           //次路绿灯停止,开始切换到主路
    light_set(0,1,1,1,0,1);                //东西黄
    delay_n_second(3);
    }
}
```

四、注意事项

(1)电子元件应经比选后采购,电路应进行独立设计与开发,用电应确保安全操作。

(2)单片机的20号脚接地,40号脚接电源,硬件连接图中未体现出来,不要漏了连接。

(3)12M 晶振 CR1 尽可能靠近单片机对应引脚焊接。

(4)电解电容有正负极之分,C3 不要反接,否则会爆炸。

(5)发光二极管有正负极之分,不要反接。

(6)电阻,电容 C2、C3,无正负极。

五、学习要求

提交一套调试成功的交通信号感应控制器,提交一份开发报告(附程序源代码)。

六、能力拓展

在本项目的基础上,考虑增加交通信号的早断与迟启,以及对路口机动车、行人和非机动车的综合信号控制试验。

思考练习

1.绘图并解释信号周期、绿信比、绿灯间隔时间、信号损失时间等参数的含义。

2.解释通行能力、饱和流量、饱和度、服务水平等基本概念的含义。

3.简述交叉口定时信号配时的基本原理和操作流程。

4.简述半感应控制和全感应控制的基本原理,并分析两种控制方式的适用条件。

交通信号配时设计计算表　　　　附表 1

交叉口　　　　初始周期时长 60s　　　　计算周期时长

进口道	车道	车道数	设计交通量 q_{dmn} (pcu/h)			每周转弯车数	车道渠化方案	设计饱和流量 S_d	流量比 q_d/S_d	最大流量比	流量比总和 Y	总损失时间 L	周期时长 C_0	总有效绿灯时间 C_e	有效绿灯时间 g_e	绿信比 λ	显示绿灯时间 g	最短绿灯时间 g_{min}
			Q_{mn} (pcu/h)	PHF	Q_{dmn} 或 PHF $=4 \times q_{15mn}$													
西	左				166	3	1	1550	0.107									
	直左																	
	直				740		1	1584	0.275	0.275								
	直右						1	1512	0.259									
	右				86													
东	左				250	4	1	1550	0.161									
	直左																	
	直				766		1	1584	0.307	0.307	1.192	9						
	直右						1	1461	0.301									
	右				160													
北	左				62	1	1	416	0.610	0.610								
	直左				648		1	1342	0.210									
	直						1	1353	0.188									
	直右																	
	右				78													
南	左				86	1	1	327	0.263									
	直左																	
	直				760		1	1391	0.319									
	直右						1	1371	0.291									
	右				82													

注：表中 q_{dmn} 表示配时时段中，进口道 m 流向 n 的设计交通量（pcu/h）；Q_{mn} 表示配时时段中，进口道 m 流向 n 的高峰小时交通量（pcu/h）；PHF 表示配时时段中，进口道 m，进口道 m 流向 n 流量 15min 交通流率（pcu/15min）。0.8；Q_{15mn} 表示配时时段中，进口道 m 流向 n 的高峰 15min 交通流率（pcu/15min）。流向 n 的高峰小时系数，主要进口道可取 0.75，次要进口道可取 0.8；Q_{15mn} 表示配时时段中，进口道 m 流向 n 的高峰 15min 交通流率。

附表2

饱和流量校正系数表

初始周期时长 60s 计算周期时长

| 进口道 | 车道 | 车道数 | 车道宽度校正 | | 坡度大车校正 | | 直行车道自行车校正 | | | | | 左转校正 | | | | 转弯校正 | | 右转校正 行人或自行车干扰校正 | 直左校正 | | | | 直右校正 | | | | 左右校正（三岔路）| | |
			W	f_W	$G+HV$	f_g	B	β	g_e	b_L	f_b	ξ	q_T	λ	f_L	γ	J_λ	J_{pb}	q_T	q_L	K_L	f_{TL}	q_T	q_R	K_R	f_{TR}	q_L	q_R	K_R	f_{LR}
西	左	1	3	1																										
	直左		3																											
	直	1	3	1	0.04	0.96																								
	直右	1	3			1										>15	1	0.84					305	86	1.22	0.96				
	右	1	3	1		1																								
东	左	1	3	1																										
	直左		3																											
	直	1	3	1	0.04	0.96																								
	直右	1	3			1										>15	1	0.83					279	160	1.23	0.92				
	右	1	3	1		1																								
北	左	1	3	1								0.625	760	0.283	0.09															
	直左	1	3	1															192	62	1	0.10／0.31								
	直	1	3	1	0.02	0.98	20	0.25	17	3.58	0.83																			
	直右	1	3			1										>15	1	0.89					176	78	0.97	1.01				
	右	1	3	1		1																								
南	左	1	3	1								0.51	648	0.283	0.21															
	直左		3																											
	直	1	3	1	0.02	0.98	27	0.10	17	1.94	0.86																			
	直右	1	3			1										>15	1	0.84					317	82	1.07	0.99				
	右	1	3	1		1																								

附表 3

饱和流量与通行能力计算表

交叉口 ____　初始周期时长 60s　计算周期时长 ____

进口道	车道	车道数	基本饱和流量 S_b	车道宽度校正 f_w	坡度大车校正 f_g	自行车校正 f_b	左转校正 f_L	右转校正 转弯校正 f_r	右转校正 行人或自行车干扰 f_{pb}	直左校正 f_{TL}	直右校正 f_{TR}	左右校正 f_{LR}	校正饱和流量 S_d	绿信比 λ	通行能力 CAP	饱和度 x	直左右车道通行能力	左右合用车道
西	左	1	1550	1	1								1550					
	直左																	
	直	1	1650	1	0.96								1584					
	直右	1	1584	1	1						0.96		1512					
	右	1	1550	1	1			1	0.84				1302					
东	左	1	1550	1	1								1550					
	直左																	
	直	1	1650	1	0.96								1584					
	直右	1	1584	1	1								1461					
	右	1	1550	1	1			1	0.83				1287					
北	左	1	1550	1	1		0.09						135					
	直左	1	1342	1	1					0.31			416					
	直	1	1650	1	0.98	0.83							1342					
	直右	1	1342	1	1						1.01		1353					
	右	1	1550	1	1			1	0.89				1380					
南	左	1	1550	1	1		0.21						327					
	直左																	
	直	1	1650	1	0.98	0.86							1391					
	直右	1	1391	1	1						0.99		1371					
	右	1	1550	1	1			1	0.84				1302					

附表4

交通信号配时设计计算表

计算周期时长

交叉口　　　　初始周期时长 60s

进口道	车道	车道数	Q_{mn}(pcu/h)	PHF	Q_{mn}/PHF或$4\times q_{15mn}$	每周转弯车数	车道渠化方案	设计饱和流量 S_d	流量比 q_d/S_d	最大流量比	流量比总和 Y	总损失时间 L	周期时长 C_0	总有效绿灯时间 G_e	有效绿灯时间 g_e	绿信比 λ	显示绿灯时间 g	最短绿灯时间 g_{min}
西 左					166	3	1	1550	0.107									
直左																		
直					740		2	1584	0.180	0.180					4		4	
直右							1	1477	0.173									
右					86													
东 左					250	4	1	1550	0.161									
直左																		
直					766		2	1584	0.242	0.242	0.685	9	27	18	7		7	18
直右							1	1287	0.124									
右					160													
北 左					62	1	1	239	0.260									
直左																		
直					648		2	1342	0.186						7		7	18
直右							1	1353	0.166									
右					78													
南 左					86	1	1	327	0.263	0.263								
直左																		
直					760		2	1391	0.209									
直右							1	1361	0.192									
右					82													

注：表中 q_{dmn} 表示配时时段中，进口道 m 流向 n 的设计交通量（pcu/h）；Q_{mn} 表示配时时段中，进口道 m 流向 n 的高峰小时交通量（pcu/h）；PHF 表示配时时段中，进口道 m 流向 n 的高峰小时系数，次要进口道可取 0.75，主要进口道可取 0.8；q_{15mn} 表示配时时段中，进口道 m 流向 n 的高峰 15min 交通流率（pcu/15min）。

附表 5

饱和流量校正系数表

初始周期时长 60s 计算周期时长

进口道	车道	车道数	车道宽度校正 W / f_w	坡度大车校正 G+HV / J_g	直行车道自行车校正 B	β	g_e	b_L	f_b	左转校正 ξ	q_T	λ	f_L	右转校正 γ	J_γ	J_{pb}	直左校正 q_T	q_L	K_T	f_{TL}	直右校正 q_T	q_R	K_R	f_{TR}	左右校正(三叉路) q_L	q_R	K_R	f_{LR}
西	左	1	1																									
	直左																											
	直	2		0.96																								
	直右	1													1	0.84					170	86	1.22	0.93				
	右	1	1	1																								
东	左	1	1																									
	直左									0.51	760	0.283	0.15		1	0.83												
	直	2		0.96																								
	直右	1	1																									
	右	1	1	1																								
北	左	1	1							0.51	648	0.283	0.21		1	0.89												
	直左																											
	直	2	1	0.98	20	0.25	17	3.58	0.83																			
	直右	1	1																		174	78	0.97	1.01				
	右	1	1	1																								
南	左																											
	直左																											
	直	2	1	0.98	27	0.10	17	1.94	0.86																			
	直右	1	1												1	0.84					180	82	1.07	0.98				
	右	1	1	1																								

附表6

饱和流量与通行能力计算表

初始周期时长 60s　　计算周期时长　　　　　

进口道	车道	车道数	基本饱和流量 S_b	车道宽度校正 f_W	坡度大车校正 f_g	自行车校正 f_b	左转校正 f_L	右转校正 转弯校正 f_r	右转校正 行人或自行车干扰 f_{pb}	直左校正 f_{TL}	直右校正 f_{TR}	左右校正 f_{LR}	校正饱和流量 S_d	绿信比 λ	通行能力 CAP	饱和度 x	直左右车道通行能力	左右合用车道通行能力
西	左	1	1550	1	1								1550					
	直左																	
	直	2	1650	1	0.96								1584					
	直右		1584	1							0.93		1477					
	右	1	1550	1	1			1	0.84				1302					
东	左	1	1550	1	1								1550					
	直左																	
	直	2	1650	1	0.96								1584					
	直右																	
	右	1	1550	1	1			1	0.83				1287					
北	左	1	1550	1	1		0.15						239					
	直左																	
	直	2	1650	1	0.98	0.83							1342					
	直右		1342	1							1.01		1353					
	右	1	1550	1	1			1	0.89				1380					
南	左	1	1550	1	1		0.21						327					
	直左																	
	直	2	1650	1	0.98	0.86							1391					
	直右		1391	1							0.98		1362					
	右	1	1550	1	1			1	0.84				1302					

交通信号配时设计计算表

附表 7

交叉口 _____ 初始周期时长 60s
计算周期时长 _____

进口道	车道数（车道）	设计交通量 q_{dmn}（pcu/h）			每周转弯车数	车道渠化方案	设计饱和流量	流量比 q_d/S_d	最大流量比	流量比总和 Y	总损失时间 L	周期时长 C_0	总有效绿灯时间 C_e	有效绿灯时间 g_e	绿信比 λ	显示绿灯时间 g	最短绿灯时间 g_{min}
		Q_{mn}（pcu/h）	PHF	$\dfrac{Q_{mn}}{PHF}$ 或 $4\times q_{15mn}$													
西	左					1											
	直左																
	直					2			0.161					12	0.20	12	
	直右					1											
	右																
东	左					1											
	直左																
	直					2			0.242					19	0.317	19	18
	直右					1											
	右																
北	左					1											
	直左																
	直					2			0.263					20	0.333	20	18
	直右					1											
	右																
南	左					1											
	直左																
	直					2											
	直右					1											
	右																

注：表中 q_{dmn} 表示配时时段中，进口道 m 流向 n 的设计交通量（pcu/h）；Q 表示配时时段中，进口道 m 流向 n 的设计交通量（pcu/h）；Q_{mn} 表示配时时段中，进口道 m 流向 n 的高峰小时交通量（pcu/h）；PHF 表示配时时段中，进口道 m 流向 n 流向 n 的高峰小时系数，主要进口道可取 0.8，次要进口道可取 0.75；Q_{15mn} 表示配时时段中，进口道 m 流向 n 流向 n 的高峰 15min 交通流率（pcu/15min）。

附表8

饱和流量校正系数表

初始周期时长60s　　计算周期时长

交叉口进口道	车道	车道数	车道宽度校正 W	f_w	坡度大车校正 G+HV	J_g	直行车道自行车校正 B	β	g_c	b_L	f_b	左转校正 ξ	q_T	λ	f_L	右转校正 转弯校正 γ	J_γ	行人或自行车干扰校正 J_pb	直左校正 q_T	q_L	K_L	f_TL	直右校正 q_T	q_R	K_R	f_TR	左右校正(三岔路) q_L	q_R	K_R	f_LR
西	左	1																												
	直左	2		1		0.96																								
	直	1		1		1																								
	直右	1		1		1																170	86	1.19	0.94				
	右	1		1												1		0.86												
东	左	1		1																										
	直左	2		1		0.96																								
	直	1		1		1																								
	直右	1		1																										
	右	1		1												1		0.85												
北	左	1		1		1						0.51	760	0.333	0.21															
	直左	1		1																										
	直	2		1		0.98	20	0.25	20	3.33	0.86																			
	直右	1		1		1																174	78	1.01	1.00				
	右	1		1		1										1		0.89												
南	左	1		1		1						0.51	648	0.333	0.27															
	直左	1		1																										
	直	2		1		0.98	27	0.10	20	1.8	0.88																			
	直右	1		1		1																180	82	1.04	0.99				
	右	1		1		1										1		0.88												

附表9

饱和流量与通行能力计算表

交叉口 ＿＿＿ 初始周期时长 60s 计算周期时长 ＿＿＿

进口道	车道	车道数	基本饱和流量 S_b	车道宽度校正 f_w	坡度大车校正 f_g	自行车校正 f_b	左转校正 f_L	右转校正 转弯校正 f_r	右转校正 行人或自行车干扰 f_{pb}	直左校正 f_{TL}	直右校正 f_{TR}	左右校正 f_{LR}	校正饱和流量 S_d	绿信比 λ	通行能力 CAP	饱和度 x	直左右车道通行能力	左右合用车道
西	左	1	1550	1	1								1550	0.20	310	0.54		
	直左																	
	直	2	1650	1	0.96								1584	0.317	502	0.57		
	直右	1	1584	1	1						0.94		1490	0.317	472	0.54		
	右	1	1550	1	1			1	0.86				1333					
东	左	1	1550	1	1								1550	0.20	310	0.81		
	直左																	
	直	2	1650	1	0.96								1584	0.317	502	0.76		
	直右																	
	右	1	1550	1	1			1	0.85	0.31			1318	1	1318	0.12		
北	左	1	1550	1	1		0.21						329	0.333	109	0.57		
	直左																	
	直	2	1650	1	0.98	0.86							1391	0.333	463	0.54		
	直右	1	1391	1	1						1.00		1387	0.333	462	0.49		
	右	1	1550	1	1			1	0.89				1380					
南	左	1	1550	1	1		0.27						420	0.333	140	0.61		
	直左																	
	直	2	1650	1	0.98	0.88							1423	0.333	473	0.61		
	直右	1	1423	1	1						0.99		1403	0.333	467	0.56		
	右	1	1550	1	1			1	0.88				1364					

97

附表 10

延误及服务水平估算表

交叉口进口道	车道	车道数	周期时间 C	绿信比 λ	饱和度 x	均匀延误 d_1	通行能力 CAP	控制类型校正 e	随机附加延误 d_2	车道信控延误 d_i	车道高峰15min流率 q_i	进口道信控延误 d_A	进口道高峰15min流率 q_A	交叉口信控延误 d_I	服务水平
西	左	1		0.20	0.54	21.5	310	0.5	0.4	21.9		18.1		17.4	B
	直左														
	直	2		0.317	0.57	17.1	502	0.5	0.3	17.4					
	直右	1		0.317	0.54	16.9	472	0.5	0.3	17.2					
	右														
东	左	1		0.20	0.81	22.9	310	0.5	1.5	24.4		17.7			
	直左														
	直	2		0.317	0.76	18.5	502	0.5	0.7	19.2					
	直右														
	右	1		1	0.12	0	1318	0.5	0	0					
北	左	1		0.333	0.57	16.5	109	0.5	1.3	17.8		16.5			
	直左														
	直	2		0.333	0.54	16.3	463	0.5	0.3	16.6					
	直右	1		0.333	0.49	15.9	462	0.5	0.2	16.2					
	右														
南	左	1		0.333	0.61	16.8	140	0.5	1.3	18.1		17.1			
	直左														
	直	2		0.333	0.61	16.8	473	0.5	0.4	17.2					
	直右	1		0.333	0.56	16.4	467	0.5	0.3	16.7					
	右														

第四章

▶▶▶

干道交通信号协调控制

把一条干道上的一批相邻交叉口连接起来加以协调控制,使得在干道上按照规定速度行驶的车辆能够有机会一路绿灯通过干道交叉口,这就是干道信号协调控制系统,简称干线控制或线控,这种控制模式又被形象地称为"绿波控制"。本章在介绍干道信号协调控制基本知识的基础上,重点对干道信号协调控制的配时方法进行介绍。

第一节 干道信号协调控制的基本知识

一、周期

为使各交叉口的交通信号取得协调,干道各交叉口的周期时长必须相等。为此,必须先按单点定时信号配时方法,根据系统中各交叉口的渠化及交通流向、流量,计算出各交叉口所需周期时长,然后从中选出最大的周期作为该线控系统的系统周期时长(也称公共周期时长),同时,取周期最大的交叉口为干道上的关键交叉口。在实际的干道信号协调控制系统中,存在一些交通量较小的交叉口,其实际需要周期时长接近于系统周期时长的一半,这时可以把这些交叉口的周期时长定为系统周期时长的一半,这样的交叉口叫作双周期交叉口。实施双周期交叉口是为了增加车队通过带宽度和减少延误时间(尤其是次要道路)。由于双周期交叉口的周期时长仅为系统周期时长的一半,车队常常在这样的交叉口被截断成两部分,可能破坏协调控制效果(绿波效果)。一般来说,当对某些交叉口实施双周期线控方案优于其他方案时才作此选择。

二、绿信比

在干道信号协调控制系统中,各个交叉口信号的绿信比是根据各交叉口各方向的交通流量比来确定的(确定方法参见本书第三章第一节),因此,各交叉口信号的绿信比不一定相同。在进行干道信号协调控制系统设计时,为了增加绿波带的宽度,需要对绿信比进行调整。

三、相位差

相位差又称为时差或绿时差,通常用 O 来表示,有绝对相位差和相对相位差之分。

1. 绝对相位差

绝对相位差是指干道各个交叉口协调方向的信号绿灯(红灯)的起点或终点相对于干道某一个交叉口(一般为关键交叉口)协调方向的信号绿灯(红灯)的起点或终点的时间之差。如图 4-1 所示,干道中 A 为关键交叉口,C 交叉口相对于 A 交叉口的相位差 O_C 即为绝对相位差。

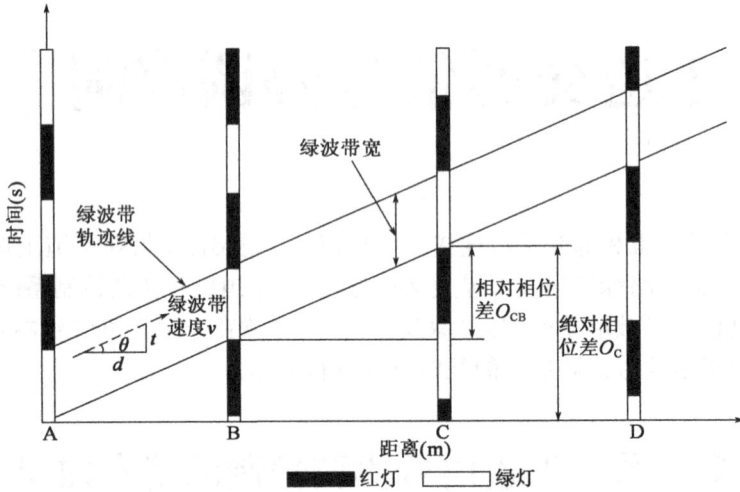

图 4-1 干道绿波控制系统的时间-距离图

2. 相对相位差

相对相位差是指相邻两信号的绿灯或红灯的起点或终点之间的时间之差。相对相位差等于两个交叉口绝对相位差之差,例如图 4-1 中的 O_{CB} 为 C 交叉口相对于 B 交叉口的相位差,即相对相位差。

以红灯终点为标准的时差与以绿灯终点为标准的时差是相等的,一般多用于确定线控系统中绿波带的信号时差;以红灯起点或绿灯起点为标准的时差,一般多用于面控系统中信号时差的确定;各信号的绿信比相等时,不同标准点的时差都相等,一般多用绿灯起点或终点作为绿波控制的时差标准点,故多称其为绿时差。

为了使车辆尽可能顺利地通过干道信号协调控制系统,必须使相邻信号间的绿时差同车辆在其间的行程时间相适应,所以时差是干道信号协调控制系统实现绿波控制的关键参数。

四、时间-距离图

干道信号协调控制系统的配时方案通常用时间-距离图(亦称时距图)来描述,如图 4-1 所示。时距图一般在二维坐标中绘制,横轴表示干道路口间距(m),纵轴表示信号运行时间(s)。时距图可以直观地显示干道信号协调控制的效果,比如通过带、通过带速度和通过带宽度等。

(1)通过带:又称绿波带(图 4-1),是在干道信号协调控制系统的时间-距离图上,画两条平行的车辆行驶轨迹线,并尽可能使两条轨迹线分别靠近各交叉口该信号绿灯时间的起点和终点,则两条轨迹线之间的时间范围称为通过带。无论在哪个交叉口,只要车辆在通过带内的时刻到达,并以通过带速度行驶,就可以顺利地通过各个交叉口。

(2)通过带宽度:又称为绿波带宽度,简称带宽。上述两条平行轨迹纵坐标之差即为绿波带宽度,它表示可供车辆使用以通过交叉口的时间。

(3)通过带速度:又称为绿波带速度,简称带速,即车辆行驶轨迹的斜率,它表示沿交通干道可以顺利通过各交叉口的车辆的平均行驶速度。

第二节 干道信号协调控制方式及发展

一、定时式干道信号协调控制

定时式干道信号协调控制是指所用控制配时方案是根据一天时间内的交通流的变化规律预先确定好的。根据协调的范围不同,定时式干道信号协调控制又分为单向干道信号协调控制方式和双向干道信号协调控制方式两种。

1. 单向干道信号协调控制

单向干道信号协调控制是指以单方向交通流为优化对象的线控方式。单向干道信号协调控制常用于单向交通、变向交通或两个方向交通量相差悬殊的道路,因其只需顾及单方向的交通信号协调,所以相位差很容易确定。相邻各交叉口间的相位差(即相对相位差)可按式(4-1)确定:

$$O = \mod\left(\frac{s}{v}, C\right) \tag{4-1}$$

式中:O——相邻交叉口的相位差(s);

　　s——相邻交叉口停车线间的距离(m);

　　v——线控系统中车辆可连续通行的车速(m/s);

　　C——公共周期时长(s)。

2. 双向干道信号协调控制

双向干道信号协调控制在各交叉口间距相等时比较容易实现,且当信号间车辆行驶时间正好是线控系统周期时长的一半的整数倍时,可获得理想效果。双向干道信号协调控制系统中,各信号间的协调方式主要有以下三种。

1)同步式干道信号协调控制

在同步式干道信号协调控制系统中,连接在一个系统中的全部信号,在同一时刻对干道信号协调相位车流显示相同的灯色。当车辆在相邻交叉口间的行驶时间等于信号周期时长的整数倍时,即相邻交叉口的间距 s 符合式(4-2)时,这些交叉口正好可以组成同步式干道信号协调控制,车辆可连续地通过相邻交叉口。

$$s = nvC \tag{4-2}$$

式中:n——正整数;

其余符号意义同前。

当相邻交叉口间距相当短,而且沿干道方向的交通量远大于相交道路的交通量时,可将相邻交叉口看作一个交叉口,采用同一个配时方案,绿灯启亮时刻也相同,组成一个同步式信号协调控制系统,改善干道的车辆通行。当干道流量特别大,高峰小时交通量接近通行能力,下游交叉口红灯车辆排队有可能延长到上游交叉口时,将这些交叉口组成同步式信号协调系统,可避免多米诺现象的发生。

当然,这种系统本身在使用条件上也有很大的局限性,而且由于前方信号显示均为绿灯,驾驶人常常加速赶绿灯信号,降低了交通的安全性。

2)交互式干道信号协调控制

交互式干道信号协调控制系统与上述系统恰好相反,即在交互式干道信号协调控制系统中,连接在一个系统中的相邻交叉口干道协调相位的信号灯在同一时刻显示相反的灯色。当车辆在相邻交叉口间的行驶时间等于系统周期时长一半的奇数倍时,即相邻交叉口的间距符合式(4-3)时,采用交互式干道信号协调控制。

$$s = \frac{mvC}{2} \tag{4-3}$$

式中:m——奇数;

其余符号意义同前。

3)续进式干道信号协调控制

续进式干道信号协调控制系统,根据道路上的要求车速与交叉口的间距,确定合适的相位差,用以协调干道各相邻交叉口绿灯的启亮时刻,使在上游交叉口绿灯启亮后驶出的车辆以适当的车速行驶,可正好在下游交叉口绿灯期间到达,如此,进入该控制系统的车辆可连续通过若干个交叉口。续进式干道信号协调控制可分为以下几种类型。

(1)简单续进式干道信号协调控制系统。

简单续进式干道信号协调控制系统只使用一个公共周期时长和一套配时方案,使得沿干道行驶的车队可在各交叉口之间的路段上以设计车速连续通行。该系统存在一些弊端,如在为干道信号系统确定配时方案时,往往会遇到交通流变化的问题,一个给定的配时方案只能适应特定的交通条件,当这些条件发生变化时,这个配时方案就不再适用。

(2)多方案续进式干道信号协调控制系统。

多方案续进式干道信号协调控制系统是简单续进式干道信号协调控制系统的改进系统,可对应不同的交通条件给出不同的协调方案,以适应交通流的变化。交通流发生变化的可能性有两类:

①单个路口的交通流发生变化。系统中的一个或几个信号点上交通量可能增加或减少,这些变化能改变所需的周期时长或绿信比。

②交通流方向发生变化。在双向运行的干线上,驶入交通量和驶出交通量可能变化,变化的可能有如下三种:

a.驶入交通量大于驶出交通量。此时,可对驶入方向的交通提供较多通车时间的配时方案。

b.驶入交通量大体上等于驶出交通量。此时,驶入和驶出交通流采用相同的配时方案。

c.驶出交通量大于驶入交通量。此时,要求配时方案有利于驶出的交通流。

一般控制系统至少可提供3种配时方案,即上午高峰、非高峰、下午高峰。

二、感应式干道信号协调控制

在干道上交通量相当小的情况下,为确保干道少量车辆的连续通行,而维持线控系统,这时所产生的总延误很可能比单点信号控制还大。为避免这一问题,在线控系统中使用感应式信号控制机,相应配以车辆检测器,从而构成了感应式干道信号协调控制系统。

感应式干道信号协调控制系统中,当检测器测得交通量增加时,开动主控制机,使之全面执行线控系统的控制;而在交通量降低时,各交叉口的信号机各自按独立状态操作,使线控系统既能得到良好的连续通车效果,又能保持适应各个交叉口的交通变化。

1. 半感应式线控系统

在线控系统中采用半感应信号机,并用线控系统的基本配时方案来控制这些半感应信号机,从而构成了半感应式线控系统。采用该系统时,在每个交叉口的次要街道上安装车辆检测器,当检测到有车辆到达时,允许次要街道在不影响主要街道车辆通行的前提下,可得到基本配时方案内的部分绿灯时间,并根据车辆检测结果,尽快结束次要街道的绿灯;当次要街道上没有车辆到达时,绿灯将一直分配给干道方向的车辆。

2. 全感应式线控系统

采用全感应信号机的线控系统被称为全感应式线控系统。一般情况下,采用该系统时,各交叉口可按正常的单点全感应方式操作。在系统某个交叉口前的干道上测得有车队存在时,上游交叉口的信号机即通知下游邻近的信号控制机,下游的信号控制机协调单元即强令正在执行的相交街道或对向左转相位及时结束,让干道上的车队到达时能够顺利通过交叉口。

三、计算机式干道信号协调控制

传统的线控系统在制订协调方案时多采用人工方法,该方法十分繁杂,工作效率低,难免发生人为错误,因此将计算机全面用于线控系统,可解决人工难以实现的许多控制方案。根据协调模式的不同,计算机式干道信号协调控制又分为"脱机"和"联机"两种方法。

1. 脱机干道信号协调控制

脱机干道信号协调控制是一种按某优化原则编制的计算机软件来编制线控系统信号配时方案的方法。通过计算机确定配时方案后,把这些配时方案设置到干道各交叉口的信号控制机当中,各信号控制机定时按设定的配时方案控制各信号灯运转。下面介绍两种线控系统配时方案计算软件。

1)MAXBAND

该软件是根据美国麻省理工学院的 John D. C. Little 教授建立的混合整数规划模型开发的。MAXBAND 对给定周期时长、绿信比、信号间距和连续通行车速的线控系统,优化信号时差,以获得系统的最宽通过带。

MAXBAND 需要输入的数据包括:可接受的周期长度、可选用的相位次序、绿时长度、路段长度、路口间的基本空间关系、通过带速度、交通量、通行能力和转向车流情况；其输出数据包括：最佳周期时长、通过带宽、选定的相位次序、绿信比、相位差、推进时间和通过带速度。

MAXBAND 把周期时长处理成在一规定范围内的连续变量，设计车速也可在规定范围内变化，各交叉口的最佳相位次序是从预定的相位组中自动选定的。

它还可以根据不同的交通条件，提供不同的最佳带宽：双向车队时长（以车辆行驶时间为单位）相等，则对各行驶方向提供相等的最大带宽；双向带宽之和大于双向车队时长之和，则各向带宽按车队时长之比分配；双向带宽之和小于双向车队时长之和，则先满足较大车队时长一方的带宽，然后以尽可能宽的带宽安排给较小车队时长的方向。

2）PASSER Ⅱ

PASSER Ⅱ也是一个优化线控系统通过带宽的软件，它还可以分析线控系统中各种多相位次序的信号配时。

该软件由得克萨斯运输研究所（Texas Transportation Institute）开发。该软件将 W.D. Brooks 的"相互影响算法"和 John D. C. Little 教授的"不等宽优化模型"相结合，可以处理多相位配时的线控系统。

PASSER Ⅱ首先确定各交叉口的最优"交通需求/通行能力"比，并以此来确定各个信号的绿信比，然后改变各试算周期时长、相位、相位差，以确定通过带宽的最佳信号配时方案。

PASSER Ⅱ需要输入的数据包括：各交叉口各流向的交通量、饱和流率、交叉口间距及其间的平均车速、排队清空时间、可选的相位次序及各交叉口所需的最小绿灯时间。其输出数据包括：最佳周期时长、相位时长、相序、相位差、推进带宽、带宽的有效性和可达性、平均推进速度、交叉口的服务水平、饱和度、停车次数、延误、燃油消耗及时距图。

2. 联机干道信号协调控制

联机方法中，不仅线控系统的配时方案由计算机软件算得，而且软件所需要的输入数据（主要是交通信息）由计算机从车辆检测器中直接取得，线控系统信号灯的运转也由计算机进行控制，所以称为"联机控制"。

联机控制系统按控制方式来划分，可分为配时方案形成式和配时方案选择式两类。配时方案形成式主要用于信号网络控制系统中。配时方案选择式控制系统的基本方法是：用线控系统计算软件，根据不同的交通状况，计算出几套配时方案，把这些对应于不同交通状况的配时方案都移植到控制计算机或配有计算机的信号控制机（主控机）中；设置在路上的车辆检测器测得路上的实际交通数据后，把这些信息传送到信号控制器或计算机进行数据处理，并按处理结果选择最接近于测得的交通数据所适用的配时方案，定出信号控制参数，信号控制机即按这些控制参数指挥信号灯运行。

第三节　干道信号协调控制系统的连接方式

为使线控系统各信号灯在灯色显示时间上能按系统配时方案取得协调，必须把设定在系统各控制机中的配时方案用一定的方式将干道各交叉口的信号控制机连接起来。曾经使用过的连接方式有多种,按连接是否需用通信网络,可归纳为无缆连接和有缆连接两类。

一、无缆连接

无缆连接是指在线控系统中,线控系统各信号控制机配时方案间的连接不采用有线或无线通信网络作为信息传输的介质。

1. 靠同步电动机或电源频率连接

从第一个控制机开始,按先后次序逐一把各控制机的配时方案由人工根据各控制机间的计算时差设置到信号控制机中。设定的各控制机间的时差关系靠控制机中的同步电动机或电源的频率来保持。这是线控系统各信号控制机间在时间上取得协调的一种最简单的连接方式。该方式设施简单,安装维护费用低。但这种连接方式无法在各控制机中设置分时段的不同配时方案,仅能用于只有一种配时方案的系统,而且当有信号失调或电源频率不稳定时,很容易导致整个系统失调。

2. 用时基协调器连接

时基协调器是一种十分精确的数字计时和控制设施。使用时基协调器将各控制机的配时方案连接起来,实现各控制机间在时间上的协调。系统中每个控制机的机箱内都需装一个时基协调器,保持系统中各交叉口之间的正确时差关系。

时基协调器本身也需与当地电源连接,在供电发生问题时,自备电池可使它继续保持精确的时间。时基协调器可执行每天各时段和每周各天的不同配时方案,所以可用在多时段配时的线控系统中。采用时基协调器的连接方式时,无需使用电缆。在配时方案有改变时,须由人工到现场逐一对各控制机进行调整。

二、有缆连接

有缆连接是指在线控系统中,线控系统各信号控制机配时方案间使用无线网络或电缆作为信息传输介质进行连接。根据控制模式的不同,有缆连接又分为用主控制机的干线协调控制系统和逐机传递式干线协调控制系统两类。

1. 用主控制机的干线协调控制系统

在用定时信号控制机的线控系统中,设一台主控制机每周期发送一个同步脉冲信号,通过电缆传输给各下位机,时差被预先设定在各下位机内,所有各下位机均在各自的时差点上转换周期,因此可保持各控制机间正确的时差关系。这是一类使用十分广泛的干道信号协调控制系统,其特点是主控制机每个周期都自动地对其各下位机进行时间协调。

这种系统可执行多时段的配时方案,配时方案的数目视各下位机而定。在主控机中可设置一个由定时时钟操纵的配时方案的转换点,当时间达到这一转换点时,主控机发出一个转换信号,指定系统中各下位机同时相应地改变配时方案。

这种系统的一种改进方式是把主控制机改为一台同信号控制机完全分开的系统协调机,这台系统协调机并不控制某个交叉口的信号灯,而只是用来发送同步脉冲信号和配时方案的改变指令。这台系统协调机,不必一定安装在某个交叉口上,它可安装在交通工程师的办公室、信号维修站或其他合适的地点。

2. 逐机传递式干线协调控制系统

在逐机传递式系统内,各控制机中设有时差控制设施,对各控制机分别预先设定各机的配时方案及时差,用电缆将系统中各控制机逐一连接。开始运转时,当第一个交叉口绿灯启亮时,发一个信号传给下一个交叉口的控制机;第二个控制机接到信号后,按先置的时差推迟若干秒改亮绿灯,再按预置显示绿灯时间改变灯色,并发一个信号传给下一个交叉口的控制机;依此类推,把信号逐个传递到最后一个控制机。第一个交叉口绿灯再启亮时,信号仍按次逐个传递一遍,以保持各控制机间的时差关系。

第四节 干道信号协调控制的配时设计与相位差计算

一、干道信号协调控制的配时设计

1. 数据准备

在确定干道信号协调控制系统的配时方案之前,必须调查收集必要的道路交通数据。

(1)干道资料

对整个控制区范围内的路网结构要进行较详细的数据调查,包括交叉口数目、交叉口之间的距离(通常计算上下游两条停止线间的距离)、车道划分及每条车道的宽度、路口渠化情况以及每条进口道的饱和流量等。

(2)干线交通状况

干线交通状况包括干道各交叉口的每一进口方向车辆的到达率、转弯车流的流量及流向、行人过街交通量、路段上车辆的行驶速度、车辆延误时间及交通量波动情况、干道上交通管理规则(限速、限制转弯、是否限制停车等)等。

(3)干线交叉口的相位、相序安排等

根据上述调查数据,特别是交叉口间距及交通量数据,确定干道上交叉口纳入线控的范围。把交叉口间距过长和交通量相差悬殊、影响信号协调效果的交叉口,排除在线控制系统之外,或纳入另一相宜的系统内。再用这些数据计算纳入线控系统范围内的各信号所需的配时,确定几种配时方案备用。

2. 配时步骤

1)计算线控系统的公共周期

分别根据干道交叉口的各自交通信息,利用单点配时方法确定各交叉口的周期,选其中最大者作为公共周期(系统周期),即:

$$C_m = \max(C_1, C_2, \cdots, C_j) \tag{4-4}$$

式中:C_m——线控系统公共周期(s);

C_j——线控系统中交叉口 j 的周期(s)。

通过式(4-4)所确定的公共周期只是线控系统配时试算的基础。

2)计算线控系统中各交叉口的绿灯时间

干道信号协调控制下,计算绿信比时,关键交叉口绿信比的计算方法与单点优化绿信比的计算方法相同,非关键交叉口的算法不同,要根据关键交叉口进行调整。具体步骤如下:

(1)确定线控系统中协调相位的最小绿灯时间。

协调相位即协调方向的相位。各交叉口协调相位所必须保持的最小绿灯时间就是关键交叉口协调相位的显示绿灯时间。

$$g_m = g_{me} - I_m + l \tag{4-5}$$

$$g_{me} = (C_m - L_m) \cdot \frac{\max[y_m, y'_m]}{Y_m} \tag{4-6}$$

式中: g_m——关键交叉口协调相位的显示绿灯时间(s);

g_{me}——关键交叉口协调相位的有效绿灯时间(s);

I_m——关键交叉口绿灯间隔时间(s);

l——起动损失时间(s);

C_m——公共周期时长(s);

L_m——关键交叉口总损失时间(s);

y_m、y'_m——关键交叉口协调相位双向的流量比;

Y_m——关键交叉口最大流量比之和。

(2)确定非关键交叉口非协调相位最小绿灯时间。

非关键交叉口非协调相位交通饱和度在满足实用限值 x_p(一般取 $x_p = 0.9$)时,有等式 $C_m \cdot q_n = S_n \cdot g_{en} \cdot x_p$,则非关键交叉口非协调相位最小绿灯时间(即显示绿灯时间)的实用值为:

$$g_{en} = \frac{C_m \cdot q_n}{S_n \cdot x_p} = \frac{C_m \cdot y_n}{x_p} \tag{4-7}$$

式中: g_{en}——非关键交叉口非协调相位中第 n 相的最小绿灯时间(s);

C_m——公共周期时长(s);

q_n——非关键交叉口非协调相位第 n 相中关键车流的流量(pcu/h);

S_n——非关键交叉口非协调相位第 n 相中关键车流的饱和流量(pcu/h);

x_p——非关键交叉口非协调相位的饱和度实用值;

y_n——非关键交叉口非协调相位第 n 相关键车流的流量比。

(3)确定非关键交叉口协调相位的有效绿灯时间。

干道绿波控制子区内的非关键交叉口,其周期时长采用子区的公共周期,协调相位的绿灯时间不应短于关键交叉口协调相位的绿灯时间。为满足这一要求,非协调相位的最小绿灯时间按式(4-7)确定以后,富余的有效绿灯时间全部调剂给协调相位,以便形成最大绿波带。

非关键交叉口协调相位的有效绿灯时间可按式(4-8)计算:

$$g_E = C_m - L - \sum_{n=1}^{k} g_{en} \tag{4-8}$$

式中:g_E——非关键交叉口协调相位的有效绿灯时间(s);

　　　k——非关键交叉口非协调相位的相位总数;

其余符号意义同前。

(4)计算各交叉口各个相位的绿灯显示时间。

通过以上三个步骤已经求出了各交叉口各个相位的有效绿灯时间,接着可以用第三章第三节的"各相位的显示绿灯时间"计算公式求出各相位的绿灯显示时间。

3)计算相位差

计算相位差是进行干道绿波控制的关键技术,它直接影响系统的控制效果。本节后面将对其计算方法进行详细介绍。

4)绘制时间-距离图

在以上工作的基础上,完成干道绿波控制系统的时间-距离图绘制工作,如图4-1所示。

3. 效果评价

干道信号绿波控制的配时方案在实施之初,应实地验证方案的效果。在实施之后,还应定期到实地验证,即检测车辆平均延误、排队长度等交通评价指标。若发现效果不够理想,应根据实际情况重新调整控制方案。

二、干道信号绿波控制相位差基本计算方法

线控系统的相位差优化通常采用两种设计思路:最大绿波带法和最小延误法。下面重点介绍以最大绿波带为优化目标的相位差优化方法。

1. 图解法

图解法是确定线控系统相位差的一种传统方法,其基本思路是:通过几何作图的方法,利用反映车流运动的时间-距离图,初步建立交互式或同步式协调系统,然后再对通过带速度和周期时长进行反复调整,从而确定相位差,最终获得一条理想的绿波带。

下面以一个例子来说明图解法设计相位差的具体步骤。如图4-2所示,连续五个交叉口(A、B、C、D、E)被纳入一个线控系统,根据调整系统通过带速度宜在36km/h左右,相应的系统周期时长暂定为60s。图中横坐标反映各个信号交叉口间的距离,纵坐标反映车流前进的时间过程。各竖线上的粗线段表示红灯时段,如A交叉口竖线AA'上的1~2、3~4、5~6段,细线表示绿灯时段。选定第一个交叉口A的信号作为基准信号,其绿灯时间起始位置为0。在设计前,首先要准备的资料包括:干道各交叉口道路的几何线形、交叉口的间距、交通流运行规则、交通流量及其变化规律以及平均车速等。

(1)从A点引一条斜线①,代表通过带速度的推进线,其斜率等于车辆平均行驶车速(36km/h)的倒数。此斜线与BB'线的交点,与从AA'上1点所引水平线同BB'线的交点(BB'线上的1点)很接近。BB'上的1点可取为B交叉口与A交叉口配成交互式协调的绿灯起点;在BB'线上相应于AA'线画出2~3、4~5粗线段,为B交叉口的红灯时段。

(2)连接A点和BB'上的1点成斜线②,线②同CC'的交点,与从AA'上2点所引水平线同CC'的交点(CC'上的2点)很接近,CC'上的2点也可取为C交叉口对B交叉口组成交互式协调的绿灯起点,所以在CC'上的2点也可画1~2、3~4、5~6各粗线段,为C交叉口的红灯

时段。

（3）连接 A 点和 CC' 上的 2 点成斜线③，线③同 DD' 的交点，同从 AA' 上 2 点所引水平线与 DD' 的交点（DD' 上的 2 点）很接近，所以 C 交叉口对 D 交叉口是同步式协调，在 DD' 上画与 CC' 相同的 1 ~ 2、3 ~ 4、5 ~ 6 的红灯粗线段。

（4）以下用同样的方法在 EE' 线上作出红灯粗线段。这样就配成各交叉口由交互式与同步式组合成的双向线控制系统。

（5）在图 4-2 上作出最后的通过带，算得带速约为 57km/h，带宽为 16s，为周期时长 60s 的 27%。这样的带速和实际车速相比过高，为了降低带速，有必要相应加长周期时长，为使带速控制在 40km/h 左右，延长周期时长到 85 ~ 90s。

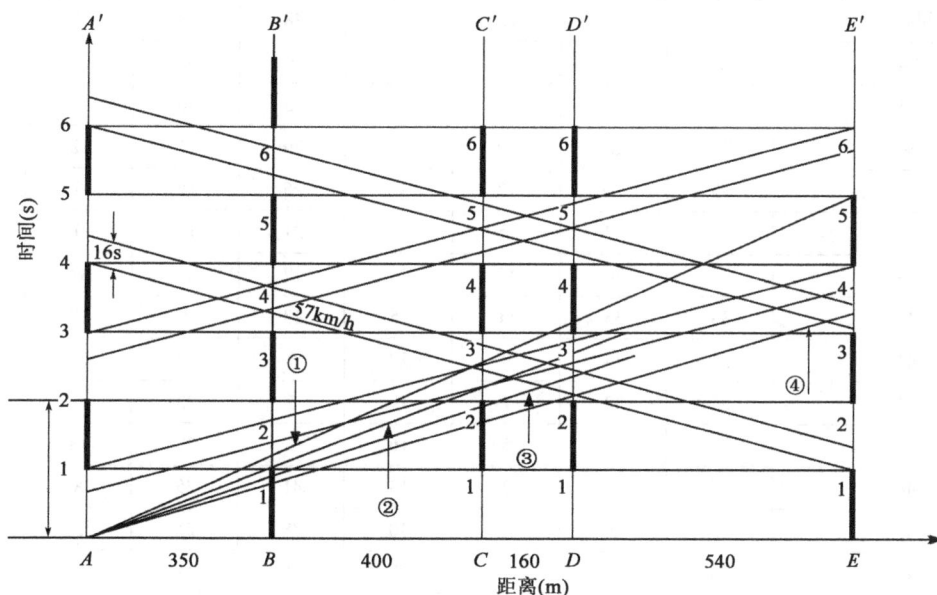

图 4-2 相位差优化图解法示例

（6）调整绿信比。实际上，各交叉口的绿信比都不相同，可用以下方法进行调整：不移动上述方法求得的各交叉口的红灯（或绿灯）的中心位置，只将红灯（或绿灯）的时间按实际绿信比延长或缩短即可。

2. 数解法

数解法是确定线控系统相位差的另一种方法，它通过寻找使得系统中各实际信号位置距理想信号位置的最大挪移量最小来获得最优相位差控制方案。下面通过一个例子来说明数解法的基本过程。

设有 $A,B,C,\cdots,H$ 八个交叉口，它们之间的距离列于表 4-1 第 2 行中，A、B 交叉口之间距离为 350m，B、C 为 400m 等，为计算方便，以 10m 为单位取有效数字 35、40……。算得关键交叉口周期时长为 80s，相应的通过带速暂定为 $v = 40$km/h（11.1m/s）。

1）计算 a 列

首先计算 $vC/2 \approx 11 \times 80/2 = 440$m（取有效数字 44）。也就是说，相距 440m 信号的相位

差,正好相当于交互式协调系统的相位差(错半个周期);相距 880m 的信号,正好是同步式协调(错一个周期)。以 A 为起始信号,则其下游与 A 相距 $vC/2$、vC、$3vC/2$…处即为正好能组成交互式协调或同步式协调的"理想信号"位置。考查下游各实际信号位置与各理想信号位置错移的距离,显然,此错移距离越小则信号协调效果越好。然后,将 $vC/2$ 的数值在实际允许的范围内变动,逐一计算寻求协调效果最好的各理想信号的位置,以求得实际信号间协调效果最好的双向相位差。以 44 ± 10 作为最适当的 $vC/2$ 的变动范围,即 $34 \sim 54$,将此范围填入表 4-1 的间距 a 列内,a 列数字即为假定理想信号的间距。

数解法确定信号相位差　　　　　　表 4-1

交叉口编号	A	B	C	D	E	F	G	H
间距 a	35	40	16	54	28	28	27	b
34	1	7	23	9	3	31	24	14
35	0	5	21	5	33	26	18	13
36	35	3	19	1	29	21	12	9
37	35	1	17	34	25	16	6	10
38	35	37	15	31	21	11	0	11
39	35	36	13	28	17	6	33	11
40	35	35	11	25	13	1	28	12
41	35	34	9	22	9	37	23	13
42	35	33	7	19	5	33	18	14
43	35	32	5	16	1	29	13	13
44	35	31	3	13	41	25	8	12
45	35	30	1	10	38	21	3	11
46	35	29	45	7	35	17	44	12
47	35	28	44	4	32	13	40	15
48	35	27	43	1	29	9	36	18
49	35	26	42	47	26	5	32	21
50	35	25	41	45	23	1	28	22
51	35	24	40	43	20	48	24	20
52	35	23	39	41	17	45	20	17
53	35	22	38	39	14	42	16	14
54	35	21	37	37	11	39	12	15

2)计算 a 列内各行

画一横轴,按比例标上 $A \sim H$ 各个交叉口及其间距,例如 AB 之间标 35(相当于 350m),BC 间标 40 等,如图 4-3 所示。

以表 4-1 中的 a 列数值为理想信号位置的距离间隔,在图 4-3 中,从 A 点出发向右画等距离的折线 a、b、c…。例如,$a = 34$ 时,$ab = b'c = c'd = \cdots = 34$。

从图 4-3 中查出各交叉口与前一个理想信号位置的间隔距离,填入表 4-1 中的相应位置。

以 $a=34$ 行为例,A、B 交叉口实际间距为 35,与理想信号位置间距 34 的差值为 1,将 1 填入 AB 间的一列内,亦即 B 同理想信号位置的错移距离为 1,B 前移 10m 就可与 A 正好组成交互式协调。B、C 原间距为 40,B 与第一个理想信号位置 b 相差 1,C 与第二个理想信号位置相差 7,即 C 同其理想信号位置的错移距离为 7,将 7 填入 B、C 间的一列内。依此类推,计算至 G、H 间的列,$a=34$ 这一行的计算结束。

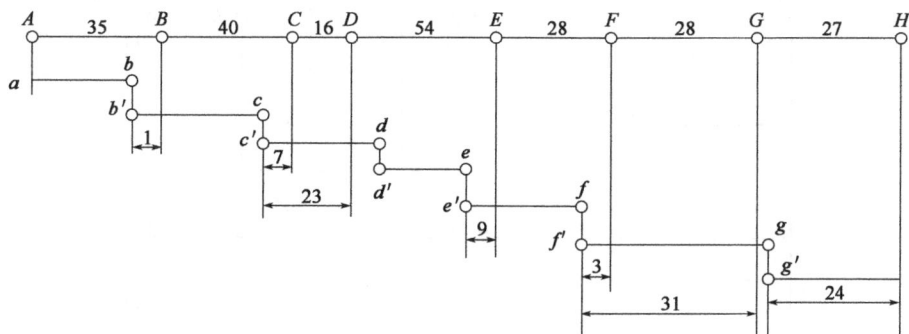

图 4-3 a 取 34 时的实际信号位置与理想信号位置的对应图

以下再计算 a 列内 $a=35\sim54$ 各行,同样把计算结果记入相应的位置内。

除了绘图外,也可以直接计算。例如,B 点与第一个理想信号位置的差值是 $35-1\times34=1$;C 点与第二个理想信号位置的差值是 $(35+40)-2\times34=7$。依此类推,可求出 $a=34\sim54$ 各行的距离间隔数值,分别填入表 4-1 中。

3)计算 b 列

仍以 $a=34$ 一行为例,将实际信号位置与理想信号位置的挪移量按顺序排列(从小到大),并计算各相邻挪移量之差,将此差值最大者计入 b 列。$a=34$ 一行的 b 值为 14。计算方法如下,如表 4-2 所示。

计 算 方 法 表   表 4-2

A	B	F	C	E	D	H	G	A
0	1	3	7	9	23	24	31	34
1	2	4	2	⑭	1	7	3	

依此类推,计算 $a=35\sim54$ 各行之 b 值。

4)确定最合适的理想信号位置

由表 4-1 可知,当 $a=50$,$b=22$ 时,$A\sim H$ 各信号到理想信号位置的相对挪移量最小,即当 $vC/2=500$m 时可以得到最好的系统协调效率。如图 4-4 所示,图上 $G\sim F$ 与理想信号位置之间的挪移量之差最大,则理想信号位置与 G 间的挪移量为 $(a-b)/2=(50-22)/2=14$,即各实际信号位置距理想信号位置的最大挪移量为 14。

理想信号位置距 G 为 140m,则距 A 为 130m,即自 A 前移 130m 即为第一理想信号位置,然后依次每 500m 间距将各理想信号位置列在各实际信号位置之间,如图 4-5 所示。

5)作连续行驶通过带

在图 4-5 中将理想信号位置编号,按次列在最靠近的实际信号位置下面(表 4-3 第 2 行),

再将各信号($A \sim H$)在理想信号位置的左右位置填入表4-3第3行。将各交叉口信号配时计算所得的主干道绿信比(以周期的百分数计)列入表4-3第4行。因实际信号位置与理想信号位置不一致所造成的绿时损失(%)以其位置挪移量除以理想信号位置间距(即$a = 500$)表示,如A交叉口的绿灯损失为$130/500 = 26\%$,列入表4-3第5行。

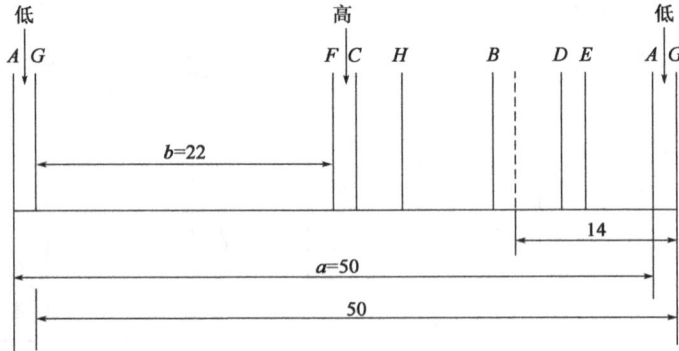

图4-4 理想信号位置

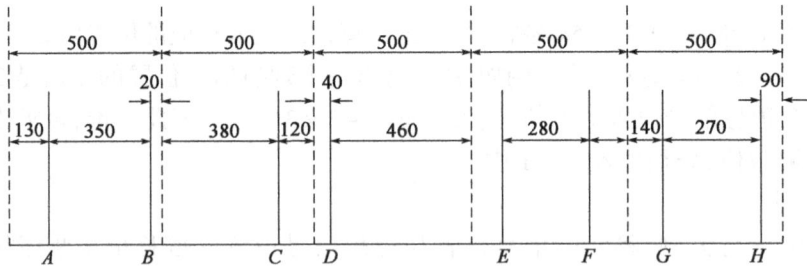

图4-5 理想信号位置与实际信号点的相对位置(尺寸单位:m)

各交叉口的计算绿信比减去绿时损失即为各交叉口的有效绿信比,列入表4-3第6行,则连续通过带的带宽为左、右两端有效绿信比最小值的平均值。从表4-3中可知,连续通过带带宽为A交叉口的有效绿信比29%与H交叉口的有效绿信比32%的平均值30.5%。

计 算 相 位   表4-3

交叉路口	A	B	C	D	E	F	G	H
理想信号位置编号	①	②	③	③	④	⑤	⑤	⑥
各信号位置	右	左	左	右	右	左	右	左
绿信比λ(%)	55	60	65	65	60	65	70	50
损失(%)	26	4	24	8	16	28	28	18
有效绿信比(%)	29	56	41	57	44	37	42	32
相位差(%)	72.5	20.0	67.5	67.5	20.0	67.5	65.0	25.0

6)求相位差

从图4-4及表4-3可见,合用一个理想信号点的左右相邻的实际交叉口采用同步式协调,其他各实际交叉口间都用交互式协调,因此,每隔一个理想信号点的实际交叉口又是同步式协调。此例中,凡奇数理想信号点对应的实际交叉口为同步式协调,而偶数理想信号点对应的实际交叉口为交互式协调。因此,相应于奇数理想信号位置的实际交叉口的相位差为100% ~ 0.5λ%,相应于偶数理想信号位置的实际交叉口的相位差为50% ~0.5λ%,将求得的相位差值填入表4-3第7行。如保持原定周期时长,则系统带速需调整为:

$$v = 2s/C = 2 \times 500/80 = 12.5(\mathrm{m/s}) = 45(\mathrm{km/h})$$

同样根据各交叉口的相位差,利用数学解析法,分别求出正反两个方向的绿波带的上、下线绿波直线方程,进而计算绿波宽度。下面仅以正向绿波为例说明根据数学解析法计算绿波宽度的方法。利用式(4-9)和式(4-10)可以求得通过各交叉口的速度轨迹线在时间轴上的截距。

$$k_{1i} = t_i - \frac{L_i}{v} \tag{4-9}$$

$$k_{2i} = t'_i - \frac{L_i}{v} \tag{4-10}$$

式中:k_{1i}——通过 i 交叉口的速度轨迹线(正向的下线)在时间纵坐标轴的截距;

k_{2i}——通过 i 交叉口的速度轨迹线(正向的上线)在时间纵坐标轴的截距;

t_i——表示 i 交叉口绿灯启亮时刻;

t'_i——表示 i 交叉口绿灯终止时刻;

L_i——表示 i 交叉口在横坐标(即距离坐标)中的坐标值;

v——车辆平均行驶速度。

根据速度轨迹线通过各个交叉口的截距,可以得到下线和上线绿波直线方程。

$$t_{1i} = \frac{L_i}{v} + \max(k_{1i}) \tag{4-11}$$

$$t_{2i} = \frac{L_i}{v} + \max(k_{2i}) \tag{4-12}$$

式中:t_{1i}——下线绿波直线方程;

t_{2i}——上线绿波直线方程。

则正向绿波宽度 w_1 可根据式(4-13)计算得到:

$$w_1 = \min(k_{2i}) - \max(k_{1i}) \tag{4-13}$$

同理可以得到反方向的绿波直线方程及绿波宽度。图4-5是数解法相位差时间-距离图。

采用数解法计算得到的相位差是一种平衡相位差,即两个方向的车流均获得相同大小的绿波带宽,主要适用于上、下行方向的交通流量差别不大的情况。当双向交通量差别大时,如某些道路早、晚高峰时间,就需要考虑如何设计保证上行(或下行)优先情况下的相位差,从而让某一方向的车流获得较大的绿波通过带。

如图4-6所示,若方向1的流量 q_1 与方向2的流量 q_2 比值大于某一值 K(判断参数,可根据具体情况确定),则可以调整绿波带宽度,使两向绿波带宽度的比值近似等于相应的两向流量的比值。

由前所述,绿波带宽度可通过各交叉口绿灯终止时刻平行于绿波带的直线截距的最小值与绿灯启亮时刻平行于绿波带的直线截距最大值的差得到。假设调整后两个方向的绿波带宽度分别为 w'_1 和 w'_2,则存在如下关系:

$$w'_1/w'_2 \approx q_1/q_2 \qquad (4\text{-}14)$$

式中:w'_1、w'_2——调整后的正、反两个方向绿波带宽度(s);

　　q_1、q_2——1、2方向的流量(pcu/h)。

$$\begin{cases} w'_1 = \min(k_{2i}) - \max(k_{1i}) \\ w'_2 = \min(k'_{2i}) - \max(k'_{1i}) \end{cases} \qquad (4\text{-}15)$$

式中:k_{1i}——i交叉口协调相位正向的下线绿波直线的截距(s);

　　k_{2i}——i交叉口协调相位正向的上线绿波直线的截距(s);

　　k'_{1i}——i交叉口协调相位反向的下线绿波直线的截距(s);

　　k'_{2i}——i交叉口协调相位反向的上线绿波直线的截距(s)。

k_{1i}、k_{2i}、k'_{1i}、k'_{2i}可根据数解法生成的相位差,利用数学解析法求得正反两向绿波直线的截距,如图4-6所示。

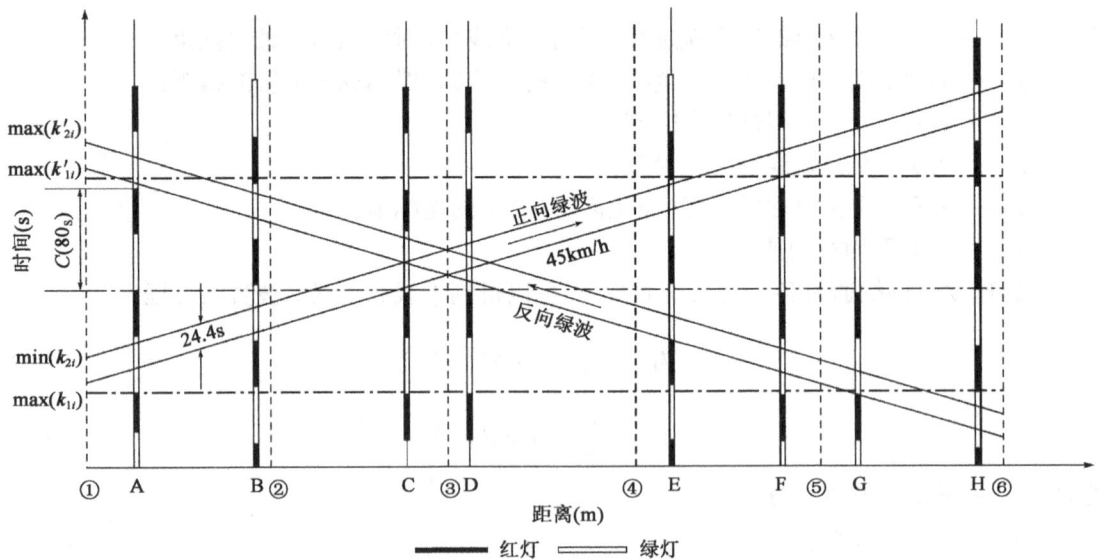

图4-6　数解法相位差时间-距离图

如图4-7所示,流量不均衡条件下,相位差优化步骤:

(1)确定增加绿波宽度的方向。假设1方向流量大于2方向的流量,则增加1方向的绿波宽度。

(2)寻找1方向的瓶颈路口(影响绿波带宽度的交叉口称作瓶颈路口)。

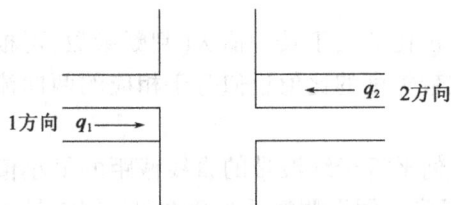

图4-7　交叉口双向流量不均衡示意图

(3)将影响1方向的交叉口的上线绿波直线方程的相位差增加1个单位;将影响1方向的交叉口的下线绿波直线方程的相位差减小1个单位。

(4)计算瓶颈交叉口的两个方向绿灯启亮和终止时刻坐标,同时利用数解法计算1、2方向的绿波带宽度w_1^j和w_2^j(w_1^j、w_2^j分别为1、2方向第j次调整后的绿波带宽度)。

（5）当 $|w_1^j / w_2^j - q_1/q_2|$ 出现最小值或满足系统要求时，停止相位差优化。

由分析可知，无论双向交通流量如何悬殊，一个方向绿波带宽度的极限值仅等于线控交叉口绿灯显示时间的最小值。

由前所述可作出基于数解法的干道绿波控制相位差优化的流程图，如图4-8所示。

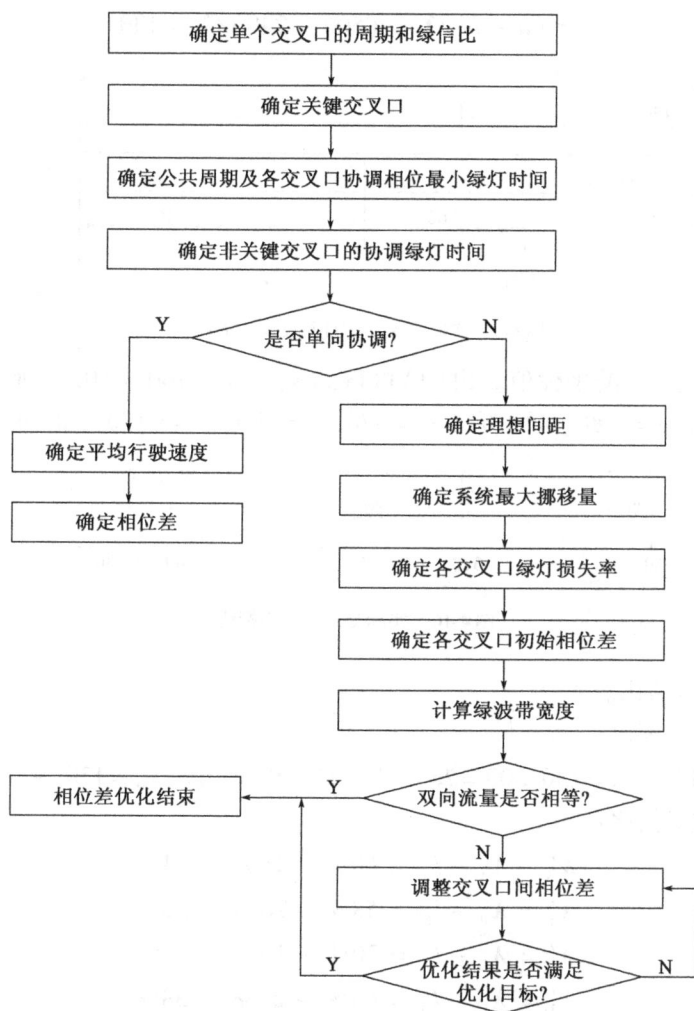

图4-8 基于数解法的干道协调控制相位差优化流程图

例题：对相邻四个交叉口进行干道信号协调控制（绿波控制），根据交叉口的交通流信息确定各个交叉口的周期时长分别为 $C_A = 75s, C_B = 100s, C_C = 85s, C_D = 90s$；各个交叉口干道协调相位的绿信比分别为 $\lambda_A = 0.60, \lambda_B = 0.58, \lambda_C = 0.70, \lambda_D = 0.64$。车辆在干道上的行驶速度为 $v = 10m/s$。根据已知条件进行干道绿波控制配时设计。

解：（1）根据线控的基本要求，设系统公共周期为100s。

（2）计算实际交叉口与其前一个理想交叉口位置的差值，见表4-4、图4-9。

（3）计算最大挪移量。

因为：

实际交叉口与理想交叉口差距值计算表   表4-4

0	160	210	450	500
	160	50	240	50

所以：$b = 240$

$$x = (a - b)/2 = (500 - 240)/2 = 130$$

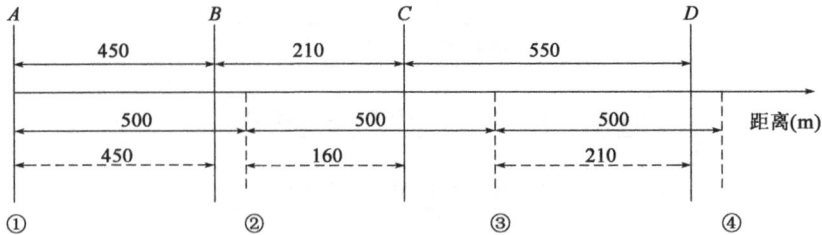

图4-9   实际交叉口与理想交叉口差距值

（4）计算实际交叉口的坐标值。由（3）可得到 $y_A = 50 + 160 = 210$，因此交叉口 A 的坐标 $x_A = x - y_A = 130 - 210 = -80$，进而可得 $x_B = 370$，$x_C = 580$，$x_D = 1\ 130$，见图4-10。

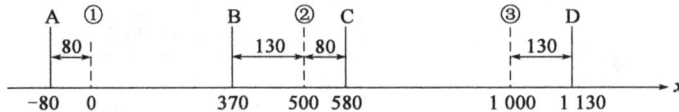

图4-10   实际交叉口的坐标值

（5）计算有效绿信比。

交叉口的损失绿信比：

$l_A = 80/500 = 16\%$，$l_B = 130/500 = 26\%$，$l_C = 80/500 = 16\%$，$l_D = 130/500 = 26\%$。

交叉口的有效绿信比：

$$\lambda'_A = \lambda_A - l_A = 60\% - 16\% = 44\%$$
$$\lambda'_B = \lambda_B - l_B = 58\% - 26\% = 32\%$$
$$\lambda'_C = \lambda_C - l_C = 70\% - 16\% = 54\%$$
$$\lambda'_D = \lambda_D - l_D = 64\% - 26\% = 38\%$$

（6）计算各交叉口的相位差。根据图4-9判断与相邻理想交叉口的编号，计算各个交叉口的相位差。与奇数理想交叉口接近的交叉口相位差为 $C \times (100\% - 0.5\lambda)$，与偶数理想交叉口接近的交叉口相位差为 $C \times (50\% - 0.5\lambda)$。

$$O_A = 100 \times (1 - 0.5\lambda_A) = 70(s)$$
$$O_B = 100 \times (0.5 - 0.5\lambda_B) = 21(s)$$
$$O_C = 100 \times (0.5 - 0.5\lambda_C) = 15(s)$$
$$O_D = 100 \times (1 - 0.5\lambda_D) = 68(s)$$

（7）计算绿波带宽度 w。

$$w = (32\% + 38\%) \times 100/2 = 35(s)$$

第五节 干道信号协调控制的影响因素及其辅助设施

一、干道信号协调控制的影响因素

对于干道信号控制,起初人们认为只要把信号连接成一个系统,总是可以形成有效的续进系统。经实践后人们认识到,并不是所有情况都能形成有效的线控系统,因此有必要分析影响干道信号协调控制效果的各种因素。

1. 车队离散现象对干道协调控制效果的影响

车队离散性主要反映为车流在运动过程中,其头部和尾部之间的距离逐渐加大,以致整个车流通过下游停止线所需的时间会加长。在一个信号交叉口,如果车辆形成车队,脉冲式地到达,采用线控系统就可以得到很好的效果。如果交叉口之间的距离太远,由于驾驶行为的随机性,会因间距太远而引起车辆离散,不能形成车队。

如果考虑这种离散影响,在干道协调控制设计时,绿波带宽不应取作常数,而是一种扩散状的变宽绿波带,如图 4-11 所示。带宽应根据首车和末车的速度来确定。但是,如果下游交叉口的绿灯时间都按照扩散的绿波带设计,则最下游交叉口的绿灯时间就会很长,这是一种对离散性不加约束的控制方式,在实际中往往是不可取的。

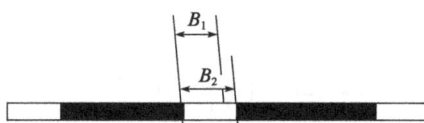

图 4-11 扩散绿波带图

注:B_1、B_2 分别表示不同带宽。

因为沿主路方向设置过长的绿灯意味着使支路获得的绿灯时间相应地压缩到很短。这样,一方面,主路方向绿灯时间利用率很低;另一方面,支路上饱和度变得很高,车辆受阻延误时间大大增加。只有在某些特殊路段,且下游交叉口支路上车流量不大的情况下,经过全面的利弊权衡,才可以考虑采用变宽绿波带,而且这种变宽绿波一般不应贯穿全部控制路线。在大多数情况下,可以采用离散约束的控制方法,即采用等宽绿波,车流在一个路段上产生离散,经过信号约束后,不再继续扩展到下一个路段。这样,位于车流首部或尾部的部分车辆会在每一个路口有一定的延误。从行车安全角度来说,以推迟绿灯开始时间,阻挡车速过快的首部车辆为宜。这样做,实际上还可能起到一种调节车流离散程度的作用,因为车速快的前部车辆受到红灯连续阻滞后,驾驶人会意识到应当适当降低速度才有可能不再受阻。

2. 公交协调控制对干道协调控制效果的影响

在干道协调控制中,公共汽车也是必须要考虑的。如果沿控制路线有公共汽车行驶,并打算在信号控制方案中对公共汽车行驶给予一定的优先权,那么可以设计一种考虑公共汽车行驶特点的绿波配时方案。

公共汽车有别于其他机动车辆的行驶特点主要有两点:一是车速较低;二是沿途要停靠站上下乘客。如果不考虑公共汽车的行驶特点,按照所有车辆的平均速度设计绿波,则会使公共汽车受到红灯信号阻滞的几率大大高于一般车辆,而且受阻延误时间也会大大超过其他车辆。从运输经济的角度来说,这种控制对策显然是不可取的。

为了设计便于公共汽车行驶的绿波方案,必须调查搜集如下几项基本资料:

(1)一个信号周期内到达停止线的公共汽车平均数;

(2)每一区间路段上,公共汽车平均行驶时间;

(3)公共汽车停靠站设置情况(在每一区间路段有几次停车);

(4)在每一个停靠站公共汽车平均停车时间。

根据以上各项调查资料,在时间-距离图上,不难绘出公共汽车的行驶过程线,然后便可据此选用一个初始的绿波方案。虽然初始绿波方案能够比较理想地满足公共汽车受阻滞最少的要求,但很可能会过分地增加其他车辆受阻延误时间。为了检验方案的可行性,应将其他车流在初始绿波方案控制下的行驶过程也绘在同一张时间-距离图上,并计算出它们在沿线各个交叉口受阻平均延误时间总和。利用某种目标函数,可对这一初始方案的经济效益作出评估。若认为是经济的,可不对此方案进行调整;否则,应当调整绿波方案,并重复上述步骤,直到得出满意的方案为止。

3. 转弯车流对干道协调控制效果影响

沿控制路线的各交叉口,可能会有部分车辆转弯转到支路上去而离开主路。同样,沿途也可能有若干车流从支路上转弯汇入主路车流中。这样,沿控制路线,车流量将不是一个恒定的数值,绿波带宽度也就不应是一个不变的定值。绿波带宽度只要与每一区间段上的实际流量(把转弯驶入与驶出的流量考虑在内)相适应即可。需要说明的是,从支路上驶入主路的车流和主路上原有的车流,它们在流量-时间图上可能有一个时距差,如图4-12所示。因此,到达下游停止线的时间不一致。在安排下游交叉口的绿灯起讫时间时,应充分考虑到这一点。但是,这并不等于在任何情况下都要照顾支路上驶入的车流,要看具体情况而定,即支路上车流量大小、与主路车流的时距差大小等。

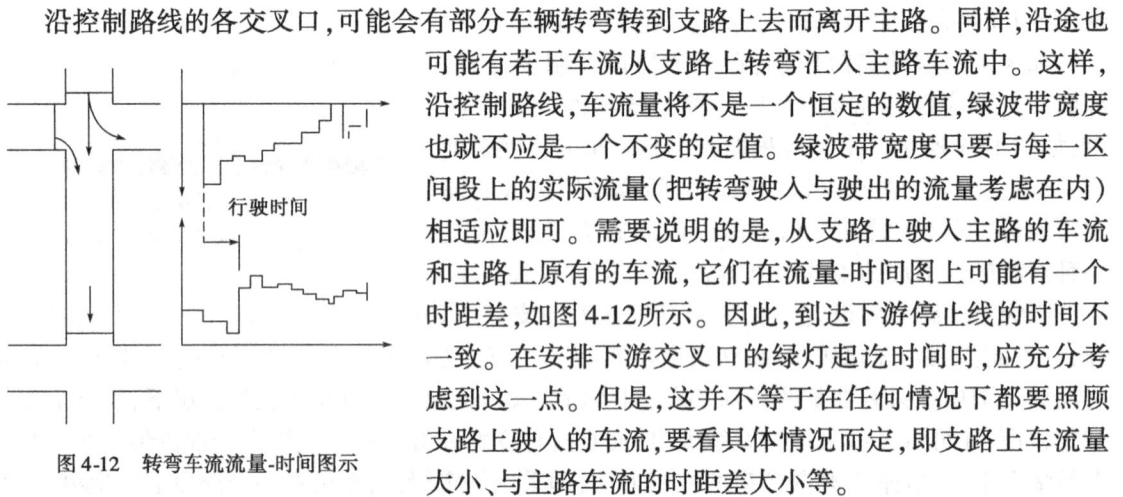

图4-12 转弯车流流量-时间图示

4. 影响干道协调控制效果的其他因素

(1)交叉口间距对干道协调控制效果的影响。

当两个或多个交叉口相连时,为了使车辆在干线上更加有效的运行,尽可能地减少延误,一般对这些交叉口的绿灯时间进行协调。通常,信号交叉口的间距为100~1000m,信号交叉口间的距离越远,线控效果越差,一般不宜超过600m。当交叉口间距满足上述要求时,在干线上行驶的车辆易于形成车队,车辆到达交叉口较为集中;反之,干线上行驶的车辆不易于形成车队,出现车队离散现象,到达交叉口车辆较为离散,不利于进行交叉口的干道协调控制。

(2)车队平均行驶速度对干道协调控制效果的影响。

车速是干道协调控制中的关键因素,如果在设计时车速取得不合适,实际控制效果则不会很好,甚至导致设计完全失败。

车辆在路段上行驶时,就每辆车辆来说,行驶速度是有差别的,但就整个车流来说,其平均车速的波动范围是有限的。这里说的车速不是车辆通过某一点的瞬时速度的平均值,而是在一个区段(通常是从上游停止线到下游停止线)内全行程速度的平均值。

在不同的道路上,车速分布规律可能是不相同的,应根据实际观测数据,再经统计分析,以确定车流空间速度的实际分布曲线。在设计配时方案时,沿整条控制路线不一定始终采用同一个设计车速,而应根据每一路段具体情况分别选用合适的车速,尤其是在全线各段交通情况差异很大时更应如此。

(3)交叉口相位、相序设计对干道协调控制效果的影响。

由于信号配时方案与信号相位有关,信号相位越多,对线控系统的通过带宽影响越大,因而受控交叉口的类型也影响线控系统的选用。有些干线采用简单的两相位交叉口,有利于选用线控系统,而另一些干线由于多个交叉口设有左转弯相位,则不利于选用线控系统。

(4)交通量随时间的波动对干道协调控制效果的影响。

车辆到达特性和交通量的大小,在每天的各个时段内有很大的变化。高峰期交通量大,容易形成车队,用线控系统会有较好的效果;但在非高峰期,采用线控系统则不一定有好的效果。

二、提高干道信号协调控制效益的辅助设施

影响线控系统效果的因素很多,为了提高线控系统的效益,可在实施线控的干道上设置前置信号和可变车速指示标志。

1.前置信号

如图 4-13 所示,在主要交叉口前几十米的地方设置交通信号灯,可以使交通流在信号灯控制下集中,放行后在交叉口处不停止地通过,从而可使交叉口上的绿灯时间得到有效利用,提高交叉口的通行能力。

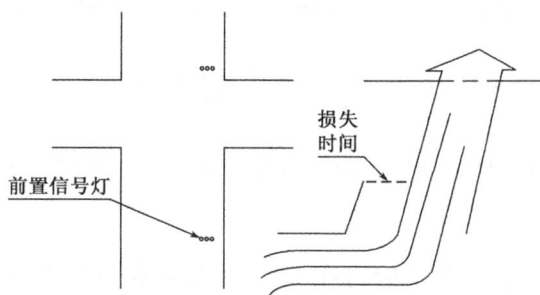

图 4-13 前置信号

2.可变车速指示标志

如图 4-14 所示,在交叉口前一个或几个地方设置速度标志,指示驾驶人以提示速度行驶通过交叉口。可变车速标志上指示的速度数值,与信号交叉口的显示灯色和时间有关,同时受交叉口信号控制机的控制。

3.前置信号与可变车速指示标志合并使用

据有关资料统计,采用前置信号与可变标志并用线控系统,可使在交叉口不停车通过的车

辆数从交叉口通行能力的55%提高到70%~77%。

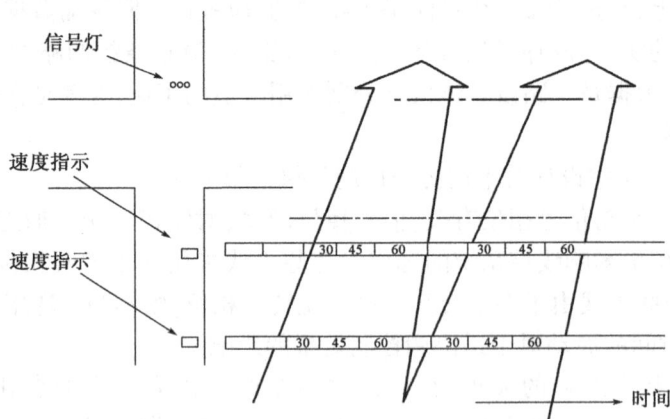

图 4-14　车速指示标志

第六节　选用干道信号协调控制的基本依据

干道信号协调控制系统与干道车流、路口间距、街道条件和交通信号的分相等都有密切关系。在是否选择干道信号协调控制系统时，应考虑以下几点主要依据。

1. 车流的到达特性

干道信号协调控制系统对交叉口车辆到达特性有特别的要求，如果车辆的到达是均匀的，则将影响到线控效果，因此需要避免发生车辆均匀到达。其影响因素有：

（1）交叉口之间的距离太远。

（2）在两个信号交叉口之间，有大量的交通从次要街道或路段中间的出入口（例如商业中心停车场、库等）转入干线。

（3）在有信号的交叉口处，有大量的转弯车辆从相交街道转入干线。

2. 信号交叉口之间的距离

在干线街道上，信号交叉口的间距可在100~1000m范围内变化。信号交叉口之间的距离越远，线控效果越差，一般不宜超过600m。

3. 街道运行条件

单向交通运行有利于线控系统的实施及实施后的效果，因而对单向交通运行的干道应优先考虑采用线控系统。

4. 信号的分相

信号相位是选用线控的一个考虑依据。一般而言，两相位有利于提升线控效果，但信号相位越多，对线控系统的通过带宽影响越大，对于那些需要多个左转相位的控制方案，则不利于选用线控模式。

5.交通流的波动

干道上交通流的波动分布(亦即离散分布),是选用线控的另一个基本依据。如前所述,如果干道上的车辆始终呈均匀分布,则很难实施有效的干道信号协调控制。事实上,干道上车辆到达和交通量的大小在每天的各个时段内都有很大的变化,其中高峰期很容易形成车队,这时采用线控系统会有较好的控制效果。

✎ 技能训练

实训项目1:图解法绘制干道绿波控制时距图

一、学习目的

(1)理解干道信号绿波控制的基本原理,掌握采用图解法绘制干道绿波控制时距图。

(2)能设计简单的干道信号绿波控制方案,会使用 Excel、Visio 软件绘制干道绿波控制时距图。

二、学习条件

城市干道路口平面图(至少有5个相邻十字路口),干道各交叉口道路的几何线形、交叉口的间距、交通流运行规则、交通流量及其变化规律以及平均车速等;Excel、Visio 软件等。

三、学习方法

1.教师讲解

结合实训素材,同时结合本章所讲知识点,对本次实训的主要内容、实训要求进行必要的讲解。

2.学生实训

(1)实训分组:本次实训内容涉及分析、讨论等环节,建议分组实训,1~2人一组。

(2)领取素材:以小组为单位领取实训素材。

(3)实训:

确定干道信号协调控制的最大周期时长:计算每一路口的周期时长与饱和流量;计算每一路口的干道协调方向的交通流量比。

确定路口主、次道路的最小绿灯时长:计算各交叉口上对干道方向所必须保持的最小绿灯时长;计算各交叉口上对次要道路方向所必须保持的最小绿灯时长。

确定干道绿波控制的系统周期时长。

利用图解法确定干道绿波控制的时距图。

四、注意事项

注意明确干道绿波控制的工作模式,确定好绿波控制系统的周期时长。

五、学习要求

提交按给定条件绘制的干道绿波控制时距图。

六、能力拓展

在本实训项目的基础上,深入理解干道交通信号协调控制的实施条件。

实训项目2:数解法计算干道绿波控制绿时差

一、学习目的

(1)理解干道信号绿波控制的基本原理,掌握采用数解法计算干道绿波控制绿时差。

(2)能设计简单的干道信号绿波控制方案,会使用Excel采用数解法计算干道绿波控制绿时差。

二、学习条件

Excel、Visio软件等,用给定的数解法计算干道绿波控制绿时差的计算条件(由教师设定)。

三、学习方法

1. 教师讲解

结合实训素材,同时结合本章所讲知识点,对本次实训的主要内容、实训要求进行必要的讲解。

2. 学生实训

(1)实训分组:本次实训内容主要是计算,可以一个人独立完成,也可以2人合作完成,故分组人数为1~2人。

(2)领取素材:以小组为单位领取实训素材。

(3)实训:

①用数解法确定干道绿波控制(即干道信号协调控制)的绿时差。

②基于数解法的计算结果绘制干道绿波控制时距图。

已知:有 $A,B,C,\cdots,H$ 八个交叉口,它们之间的距离列于表4-3第二行中,A、B 交叉口之间距离为300m,B、C 为380m等,为计算方便,以10m为单位取有效数字30、38…。算得关键交叉口周期时长为70s,相应的通过带速暂定为 $v=40\text{km/h}$。要求:用数解法完成以下步骤:

第一步:完成数解法信号相位差表(表4-5)。

数解法信号相位差表　　　　　　　　　　　表4-5

交叉口	A	B	C	D	E	F	G	H
间距 a	30	38	19	44	28	38	22	b
...								

第二步:确定理想信号与实际信号的相对位置(图 4-15)。

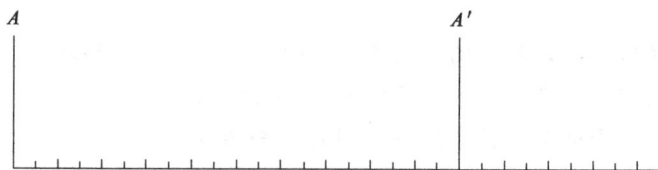

图 4-15 确定理想信号与实际信号的相对位置

第三步:确定每个路口对应的理想信号(图 4-16)。

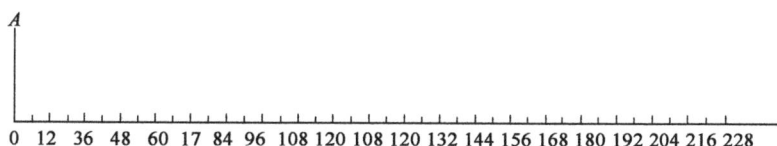

0　12　36　48　60　17　84　96　108 120 108 120 132 144 156 168 180 192 204 216 228

图 4-16 确定每个路口对应的理想信号

第四步:计算绿波带带速。

第五步:给定绿信比如表 4-6 第 4 行所示,计算绿时差。

计 算 相 位　　　　　　　　　　　　　表 4-6

路口	A	B	C	D	E	F	G	H
理想信号位置编号								
各信号位置								
绿信比(%)	55	60	65	65	60	65	70	50
损失(%)								
有效绿信比(%)								
相位差(%)								

四、注意事项

注意明确干道绿波控制的工作模式,确定好绿波控制系统的周期时长。

五、学习要求

提交按给定条件计算的干道绿波控制绿时差。

六、能力拓展

在本实训项目的基础上,深入理解干道交通信号协调控制的实施条件。

思考练习

1. 简述干道交通信号协调控制的适用条件和配时设计的基本思路。
2. 图解法可以确定干道交通信号协调控制的哪些参数?
3. 数解法可以确定干道交通信号协调控制的哪些参数?
4. 如何提高干道交通信号绿波控制的应用效果?

第五章

区域交通信号协调控制

　　随着城市道路交通量的增长,交叉口之间的交通运行相关性日益明显。城市中某个交叉口发生拥堵,往往会波及周边的数个交叉口,对某个交叉口交通信号的调整,往往会影响到相邻交叉口的交通运行。因此,对城市交叉口的信号控制,不仅要考虑单个路口或干道的交通情况,还需要以某个区域或者整个城市为研究对象,实施区域交通信号的整体协调控制。

　　本章在介绍区域交通信号协调控制的基本概念及工作原理的基础上,对当前国内外具有代表性的几种区域交通信号协调控制系统进行了介绍。

第一节　区域信号协调控制概述

一、区域信号协调控制的概念

　　区域信号协调控制(又称为区域控制或面控)的概念可从狭义和广义两个角度来进行定义。狭义上的区域信号协调控制,是将关联性较强的若干个交叉口统一起来,进行相互协调的一种信号控制方式,也称作网络信号协调控制;广义上的区域信号协调控制,是指在一个指挥控制中心的管理下,监控区域内的全部交叉口,是对单个孤立交叉口、干道多个交叉口和关联性较强的交叉口群进行的综合信号协调控制。

　　随着交通控制理论的不断发展,以及通信、检测、计算机技术等在交通控制领域的广泛应用,区域控制本身的概念也在不断地丰富和发展。早期的区域控制着重于对周期、绿信比和相位差等交通信号参数进行最优控制;现代的区域控制则无论在广度还是深度上都有所扩展,逐渐成为城市综合交通管理与控制的重要平台。

二、区域信号控制系统的分类

1. 按控制策略分类

　　按控制策略的不同,区域交通信号控制系统可分为定时式脱机控制系统和自适应式联机控制系统。

定时式脱机控制系统利用交通流历史及现状统计数据,进行脱机优化处理,得出多时段的最优信号配时方案,存入控制器或控制计算机内,对整个区域交通实施多时段的定时控制。这种控制系统具有简单可靠、投资效益比高的优点,但是它不能及时响应交通流的随机变化,特别是当交通量数据过时、控制方案老化后,控制效果将明显下降,此时需要消耗大量的人力物力做交通调查,制订新的优化配时方案。

自适应式联机控制系统是一种能够适应交通量变化的"动态响应控制系统"。这种控制系统通过在控制区域交通网中设置检测器,实时采集交通数据,再利用配时优化算法,实现区域整体的实时最优控制。它具有能较好地适应交通流随机变化、控制效益高等优点;但其结构复杂,投资较大,对设备可靠性要求较高。

2. 按控制方式分类

按控制方式的不同,区域交通信号控制系统可分为方案选择式控制系统和方案生成式控制系统。方案选择式控制系统通常需要根据几种典型的交通流运行状况,事先求解相应的最佳配时方案,并将其存储在计算机内,待到系统实际运行时再根据实时采集到的交通数据,选取最适用的控制参数,实施交通控制。这种控制系统具有设计简单、实时性强的优点。方案生成式控制系统则根据实时采集到的交通流数据,利用交通仿真模型与优化算法,实时计算出最佳信号控制参数,形成配时控制方案,实施交通控制。这种控制系统具有优化程度高、控制精度高的优点。

3. 按控制结构分类

按控制结构的不同,区域交通信号控制系统可分为集中式控制系统和分层式控制系统。

集中式控制系统是利用一台中小型计算机或多台微型计算机连接区域内所有交叉口的路口信号控制机,在一个控制中心直接对区域内所有交叉口进行集中信号控制,其结构如图 5-1 所示。这种控制系统的控制原理与控制结构较为简单,具有操作方便、研制和维护相对容易等优点;但同时由于大量数据的集中处理及整个系统的集中控制,需要庞大的通信传输系统和巨大的存储空间,因此系统存在实时性差、投资与维护费用高的缺点。

分层式控制系统通常将整个控制系统分成上层控制与下层控制,其结构如图 5-2 所示。上层控制主要接受来自下层控制的决策信息,并对这些决策信息进行整体协调分析,从全系统战略目标考虑修改下层控制的决策;下层控制则根据修改后的决策方案,再作必要的调整。上层控制主要执行全系统协调优化的战略控制任务,下层控制则主要执行个别交叉口合理配时的战术控制任务。分层式控制系统的控制方法和执行能力比较灵活,能实现降级控制功能,并具有实时性强、可靠性高、传输与维护费用低等优点;但也存在控制程序与通信协议复杂、所需设备多、现场设备的维护烦琐等不利因素。

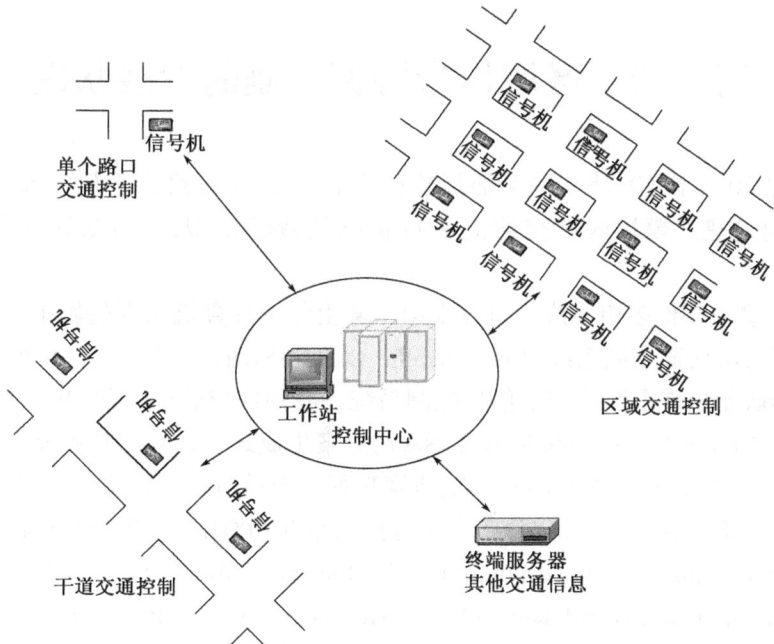

图 5-1 集中式控制结构图

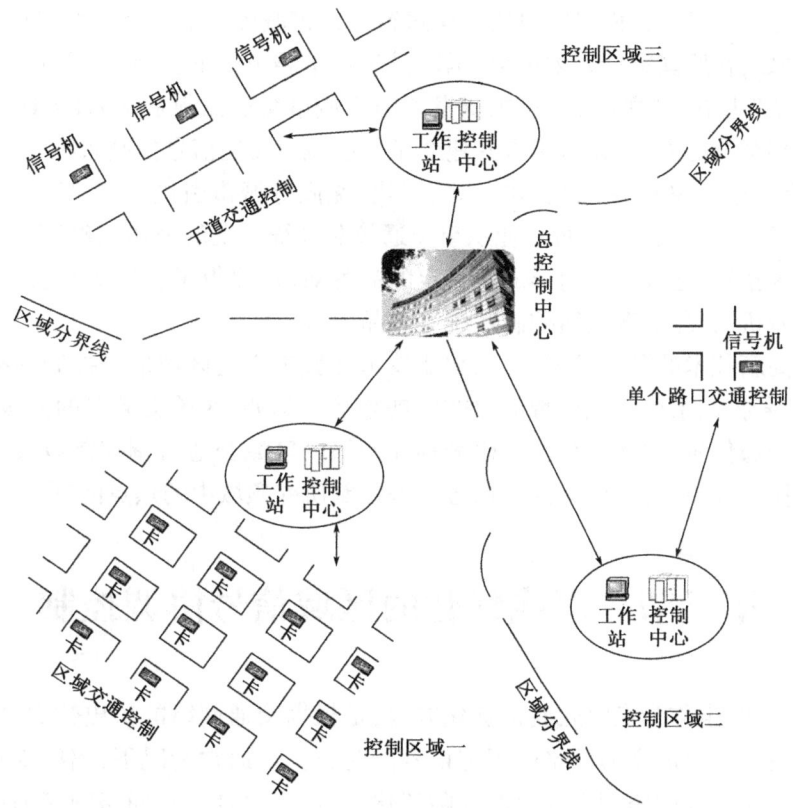

图 5-2 分层式控制结构图

第二节　区域信号协调控制的发展状况

自 20 世纪 60 年代,国外一些交通运输研究机构便开始致力于研究交通区域信号协调控制技术,通过建立模拟区域交通流运行状况的数学模型,以解决区域信号配时的优化问题。

1963 年,加拿大多伦多市建成的世界上第一套由数字计算机实现的城市区域交通信号控制系统,揭开了城市交通控制系统(Urban Traffic Control System, UTCS)发展历史的序幕,在此之后,国外相继研制出许多区域交通信号控制系统。其中比较成功的有:方案生成式定时控制系统 TRANSYT(Traffic Network Study Tool)系统,方案生成式自适应控制系统 SCOOT(Split Cycle and Offset Optimization Technique)系统,方案选择式自适应控制系统 SCATS(Sydney Coordinated Adaptive Traffic System)系统,分布式实时控制系统 SPOT/UTOPIA(Signal Progression Optimization Technique/Urban Traffic Optimization by Integrated Automation)系统、RHODES(Real-time Hierarchical Optimized Distributed and Effective System)系统、OPAC(Optimization Policies for Adaptive Control)系统,以及 PRODYN(Dynamic Programming)系统等。

我国在交通区域信号协调控制方面的研究工作起步较晚,直到 20 世纪 80 年代才开始启动这方面的研究。国家一方面组织科研机构进行以改善城市市中心交通为核心的交通信号控制系统研究,例如,在原国家计划委员会、国家科学技术委员会的支持下,交通部、公安部与南京市合作完成了"七五"攻关项目,自主研发了南京城市交通控制系统 HT-UTCS;另一方面采取引进与开发相结合的方针,先后引进并建立了一些城市交通信号控制系统,例如,在北京、大连、成都等城市引进了 SCOOT 系统,在上海、广州、沈阳等城市引进了 SCATS 系统,在深圳引进了 KYOSAN 系统等。此外,一批专业从事交通控制系统开发的公司,经过多年的产品研发、经验积累和市场拓展,逐步在国内形成了一定的品牌效应,取得了较好的社会和经济效益,比如海信网络信号机、青岛杰瑞交通控制系统等产品。

随着现代高新技术的迅速发展,人工智能技术在城市交通区域信号控制中得到了广泛应用,城市交通信号控制系统呈现出智能化的发展趋势。例如,区域交叉口的分级模糊控制、基于遗传算法的交通信号配时优化、基于模糊神经网络的区域交通协调控制以及基于分布式学习的区域交通协调控制,都已成为区域信号协调控制研究领域中的热点问题。

第三节　离线优化的区域信号协调控制

离线优化方法,也称为定时式脱机优化方法,是根据交通网络的历史数据,应用计算机建模、优化与仿真技术,生成交通网络的固定信号配时方案。通常情况下,离线优化的区域信号协调控制需要根据一天中路网交通流的实际变化,来拟定适合于不同路网交通状况的配时方案,并采用分时段多方案的信号控制方式。

一、离线优化的基本原理

区域信号协调控制的离线优化设计需要确定的控制参数有:控制子区的划分、控制子区交叉口的公共信号周期、各交叉口各信号相位的绿信比以及相邻交叉口之间的相对相位差。

1. 控制子区的划分

在实行信号协调控制时,一个范围较大的区域往往需要分成若干个相对独立的子区,每一个子区可以根据各自的交通特点,执行相应的控制方案。这些相对独立的子区称为控制子区。

控制子区的划分将有利于执行灵活的控制策略,使得交通特性差异悬殊的街区均能获得最佳控制效果。控制子区划分的依据有:

(1)相邻交叉口之间的交通性质是否相同。若相邻交叉口之间的交通性质相同,则适宜将它们划分在同一个控制子区。

(2)将相邻交叉口划分在同一个控制子区是否有利于保持车流行驶顺畅。若相邻交叉口之间的路口间距适当、交通流量适中,则适宜将它们划分在同一个控制子区,以保持车流行驶顺畅。

(3)将相邻交叉口划分在同一个控制子区是否有利于防止发生交叉口交通阻塞。若相邻交叉口之间的路口间距过短,交通流量较大,则适宜将它们划分在同一个控制子区,以防止发生交叉口交通阻塞。

2. 公共信号周期的选取

为保证控制子区内交叉口之间相位差的恒定,控制子区内各交叉口必须采用相等的信号周期时长,而交叉口信号周期的大小将直接决定其通行能力的高低,影响其性能指标的优劣。因此控制子区公共信号周期的选取原则为:在满足子区内各个交叉口通行能力需求的前提下,应尽可能地提高子区内总的交通运行效率,减少子区内总的延误时间与停车次数。具体而言,控制子区公共信号周期通常取决于子区内通行能力需求最高、最短信号周期要求最长的关键交叉口;其次再考虑关键交叉口交通需求出现的随机性波动和提高子区内其他非关键交叉口的运行效率,控制子区公共信号周期的取值应使得关键交叉口的饱和度处于0.9左右。

3. 各信号相位绿信比的计算

对各交叉口各信号相位绿信比的优化,各交叉口分别独立进行,无须考虑相邻交叉口之间的关联性。通常情况下,交叉口信号相位最佳绿信比配置应满足使得交叉口总的关键车流阻滞延误最小,即交叉口各关键车流的饱和度相等、交叉口总的饱和度最小的要求。其具体计算方法可以参照单个交叉口定时信号控制方案设计中有关相位绿灯时间的计算公式,见第三章相关内容。

4. 相邻交叉口相位差的优化

优化相位差的目的在于使交通流在路网中运行更为连续、顺畅,力求使总的车辆延误时间与停车次数最少,并尽可能地减少路网交通阻塞。由于每一对相邻交叉口之间都存在相对相位差,而相位差的取值范围为$[1, C]$s(C为公共信号周期时长),若某个协调控制区域包含N个交叉口,则该协调控制区域共有$N \cdot C - 1$组相位差控制方案。因此,对协调控制区域相位差的离线优化,即针对其 $N \cdot C - 1$ 组不同的相位差控制方案,利用计算机进行离线分析计算,从中找到区域整体性能指标最佳的相位差组合方案。

二、TRANSYT 方法在离线优化中的应用

TRANSYT(Traffic Network Study Tool)全称是"交通网络研究工具",是一种定时式离线(脱机)优化区域协调交通信号控制方法。TRANSYT 方法最初由英国运输与道路研究所(TR-RL)的 D·I·罗伯逊先生于 1966 年提出,于 1968 年研制成功。经过五十多年的发展,随着实践经验的不断丰富,TRANSYT 方法得到了不断的改进和完善。统计资料表明,其经济效益十分显著。

TRANSYT 方法由交通模型与寻优算法两部分组成,其基本原理如图 5-3 所示。其中,交通仿真模型充分反映了车流运行的基本特点,在模拟车流运行时,既考虑了在某些按优先规则通行的交叉口等候通行车流与享有优先通行权车流之间的相互关系,又考虑了在路段上行驶的车流中前后车辆之间的相互影响,因此 TRANSYT 方法对路网中车流运行状况的预测精度较高;而寻优算法则通常采用"爬山法",使得整个配时方案的寻优计算时间相对较短,优化过程具有较好的收敛特性。

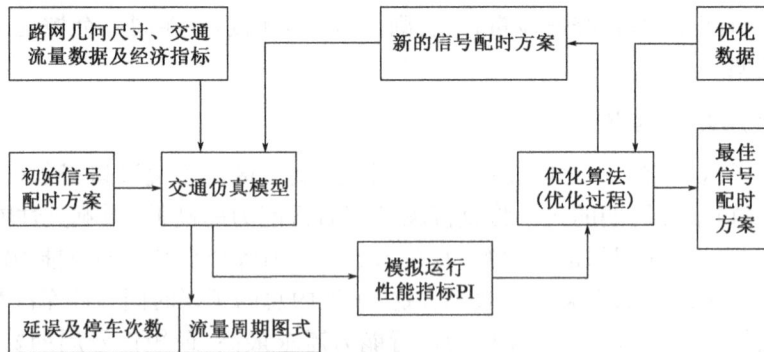

图 5-3　TRANSYT 基本原理图

1. 基本假定

运用 TRANSYT 方法进行路网信号协调配时设计时,需要满足以下四个基本假定条件。

(1)在控制区域内,所有交叉口执行一个相同的信号周期时长(公共信号周期),或者部分交叉口的信号周期时长取为公共信号周期长度的一半,所有信号控制交叉口的信号相位划分以及最短绿灯时间等均为已知。

(2)路网中所有主要交叉口都由交通信号灯或让路规则控制。

(3)路网中各车流在某一确定时段内的平均车流量均为已知,且维持恒定。

(4)每一交叉口的转弯车辆所占百分比均为已知,并且在某一确定时段内维持恒定。

2. 交通模型

建立交通模型的目的在于用数学方法模拟车流在路网中的运行状况,研究路网配时参数的改变对车流运行的影响,以便客观地评价任意一组路网配时方案的优劣。因此,交通模型应

能够对不同路网配时方案控制下的车流运行状况,即延误时间、停车次数、燃油消耗等性能指标作出最为真实可靠的估算。

交通模型主要包括对路网交通环境(路网结构)、交通过程(流量周期变化图式)与交通预测(延误时间与停车次数的计算)的描述。下面仅就 TRANSYT 交通模型中的这几个问题作简要说明。

1)路网结构图示

与结合法类似,TRANSYT 将复杂的路网简化成适于数学计算、由节点与连线组成的路网结构简图。在路网结构简图上,每一个节点代表一个信号控制交叉口,每一条连线代表一股驶向下游交叉口的单向车流。在此,切不可将"连线"与"车道"混为一谈,一条连线可以代表一条或几条车道上的车流,而一个进口道上的几条车道则可用一条或数条连线表示。连线与车道之间的关系要视当时当地的具体情况而定,设计者必须事先掌握路网中有关车辆行驶路线的详细情况,根据实际情况判断如何划分连线。例如,一股从上游交叉口 A 驶入路段 L 的车流 a 到达下游交叉口 B 时,其中可能存在部分车辆需要左转;而另一股从上游交叉口 A 驶入路段 L 的车流 b 到达下游交叉口 B 时,其中可能不存在任何车辆需要左转,则此时即便连接路段 L 的下游交叉口 B 的进口道采用左直合放相位,其直行车流与左转车流也需要分别设置不同的连线。

通常而言,凡是可能在交叉口停止线后单独形成较长等候车队的车流,均应以一条单独的连线表示;相反,对于某些排队长度极短的次要车流,则不一定要用单独的连线表示。如果几条不同车道上的车流驶近停止线时,将以几乎同等的比例加入车道等候车队中,而且这几条车道上的车流具有完全相同的通行权,则可以只用一条连线来代表这几条车道上的所有车流。

2)流量周期变化图式

流量周期变化图式是对一个信号周期内某一连线上的交通流量随时间推移而变化的一种图形描述。为了计算方便,通常可将一个信号周期等分成为若干个时间间隔,每个时间间隔取 1～3s,将连线上的流量周期变化情况用柱状图的形式加以描述,如图 5-4 所示。在 TRANSYT 的交通模型中,所有计算过程的基本数据均为每个时间间隔内连线上的平均交通量、转弯交通量及排队长度,所有计算分析均以柱状流量图式为依据。

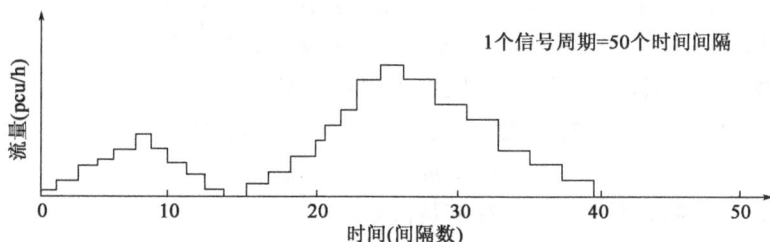

图 5-4 流量周期变化图式

由于 TRANSYT 法假定路网中各股车流在某一确定时段内的平均车流量维持恒定,因此各连线上的交通量将周期性重复出现,每个信号周期的流量变化柱状图将完全一致。然而,由于个别车辆运行状况的随机性变化,同一连线上的各个信号周期的流量变化柱状图式将存在一定差异。为了对这种随机波动影响作出可靠的估量,在计算延误时间与停车次数时,需要增加"随机阻滞"项来进行一定的修正。

为了描述车流在一条连线上运行的全过程,TRANSYT 使用了以下三种流量周期变化图式。

(1)到达流量图式(简称"到达"图式)。这种图式用以描述车流在不受阻滞的情况下,到达下游交叉口停止线的到达率变化情况。

(2)驶出流量图式(简称"驶出"图式)。这种图式用以描述车流离开下游交叉口时,实际驶出流量的变化情况。

(3)饱和驶出流量图式(简称"满流"图式)。这种图式实际上是描述停止线后排队车流是否以饱和流率驶离停车线的流量图式。只有当绿灯期间通过的车流处于饱和状态时,才会出现车流以饱和流率驶出停止线的状况。

某一连线的到达流量图式将直接取决于上游连线的驶出流量图式,在忽略车流运行过程中出现的离散现象时,将各条相关上游连线的驶出流量图式按分流比例进行压缩合成,即可得到下游连线的到达流量图式。但是,在确定一条连线的到达流量图式时,车流运行过程中出现的离散特性不容忽视,在此可以采用罗伯逊提出的一种分析车队离散特性的计算方法进行描述。离散特性可用离散平滑系数 F 表示。TRANSYT 采用的离散平滑系数 F 值的计算公式如下:

$$F = \frac{a}{1 + bt} \tag{5-1}$$
$$t = 0.8T$$

式中:F——离散系数;

T——车队在连线上行驶时的平均行程时间(s);

a、b——曲线拟合参数。

将上游连线驶出流量图式上的每一纵坐标值乘以 F 即可得下游停止线的到达流量图式。

综上所述,不难推算出第 i 个时段内,被阻于停止线的车辆数,如式(5-2)表示:

$$m_i = \max[(m_{i-1} + q_i - s_i), 0] \tag{5-2}$$

式中:m_i——在第 i 时段内被阻于停止线的车辆数(辆);

q_i——在第 i 时段内到达的车辆数(辆),由"到达"图式求得;

s_i——在第 i 时段内放行的车辆数(辆),由"满流"图式求得;

m_{i-1}——在第 $i-1$ 时段内被阻于停止线的车辆数(辆)。

于是,由式(5-2)便可求得第 i 时段内驶离车队的车辆数,即:

$$n_i = m_{i-1} + q_i - m_i \tag{5-3}$$

式中:n_i——在第 i 时段内驶离车队的车辆数(辆)。

由 n_i 值便可建立起连线的"驶出"图式,并由此推算下游连线的"到达""驶出"和"满流"图式,依此类推。

3)延误时间与停车次数的计算

TRANSYT 计算延误时间与停车次数所采用的方法,与关于过渡函数计算的内容大体一致。TRANSYT 方法也是将总延误时间分成基准延误时间(正常相位延误,Phasing Delay 或 Uniform Delay)、随机延误时间(Random Delay)与过饱和延误时间(Over-saturation Delay)三部分。基准延误时间是指当某一连线上平均驶入的交通量低于该连线设计通行能力时,车流受红灯阻滞而延误的时间,可通过计算一个周期内在该连线停止线后面形成的等候车队长度而求得,具体计算方法见第三章第四节。"定时信号配时的基本方法"中的相关内容随机延误时间是由于到达停止线的车流不均衡造成的附加延迟时间。尽管车流的平均到达数低于绿灯时间可以放行的车辆数,但由于车辆到达不均衡,有时仍有部分车辆不能在绿灯期间通过。因此,当红灯亮时,在停止线后面便已经形成了一个"初始等候车队",这个初始等候车队的长度就相应于随机延误时间。过饱和延误时间是在某些连线上,由于车辆到达数大大超过了交叉口的放行能力,在停止线后面的等候车队不断随时间增加。该延误时间可与随机延误时间合并计算,具体计算方法见第三章第四节"定时信号配时的基本方法"中的相关内容。

停车次数的计算与延误时间的计算相似,也包括 3 个部分,即正常相位停车、随机停车和饱和停车。由于红绿灯周期交替变化,车辆被迫停车等候,这种情况造成的停车即正常相位停车,可根据到达交通流量图式和信号配时情况计算得到。需要注意的是,有一部分车辆在到达停止线之前,只是减速,而未真正停止下来,TRANSYT 把这种现象称为"不完全停车",以区别于"完全停车"(车辆在到达停止线时速度减至 0)。TRANSYT 在计算停车次数时,是用车辆受到的阻滞延迟时间来衡量的,如图 5-5 所示。这样就可以将"不完全停车"折算成"完全停车"进行计算,从而把那些较短的延迟时间所造成的损失也充分考虑到系统中来。

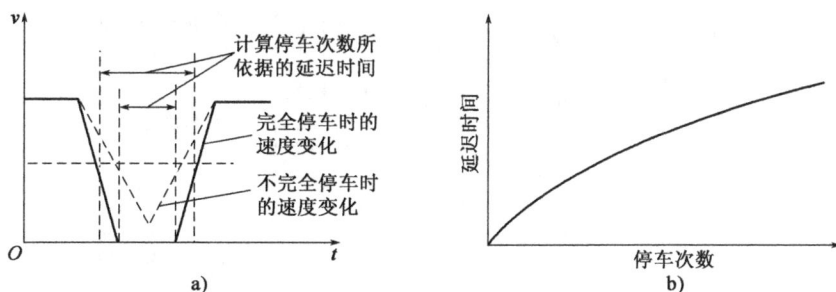

图 5-5　停车次数的计算
a)完全停车和不完全停车的速度变化;b)延迟时间与停车次数的关系

随机停车是指各个信号周期之间交通流量的随机波动造成的额外停车。过饱和停车是指交通流量超过饱和流量而造成的停车。正如"随机和过饱和延误"与每次红灯开始时的车辆初始排队长度的关系一样,将每次红灯开始时停止线后面排队等候的车辆数除以该连线每次绿灯时间可放行的车辆数,可得到平均每辆车的"随机和过饱和"停车次数。当某条连线上的过饱和度接近 1 时,红灯开始时的排队长度将会很长,因而按上述方法计算出的"随机和过饱和"停车次数也会很多。根据实际观察发现,当前面有车辆在排队时,后面的车辆往往并不会很快减速至 0,而是缓慢向前挪动(以 10 ~ 15km/h 的速度),不愿意有一次真正的完全停车。

较新版本的 TRANSYT 还从动能损失率的角度出发,研究一次不完全停车与一次完全停车的相关关系,并对在不同初始速度情况下的"减速-停车-加速"过程动能损失的差别给予了充分考虑,将从"43km/h 的正常行驶减速到停车,再加速恢复到 43km/h 的正常行驶"的一次完全停车当作一次"标准完全停车",对于其他不同初始速度下的一次完全停车,则按相应动能损失折算成若干次"标准完全停车"。

3.优化算法

TRANSYT 采用"爬山法"对信号配时方案进行逐步优化,其基本思想为:在初始方案的基础上,以适当的步距向正、负两个方向进行试探性调整,如果向正方向调整一个步距后,所获得的方案优于前一方案,则继续向正方向对方案进行调整;如果向正方向调整一个步距后,所获得的方案劣于前一方案,则应改为向负方向对方案进行调整;如果向正、负两个方向分别调整一个步距后,所获得的方案均优于前一方案,则应分别向正、负两个方向对方案进行试探性调整;如果向正、负两个方向分别调整一个步距后,所获得的方案均劣于前一方案,则优化过程结束。其计算流程如图 5-6 所示。

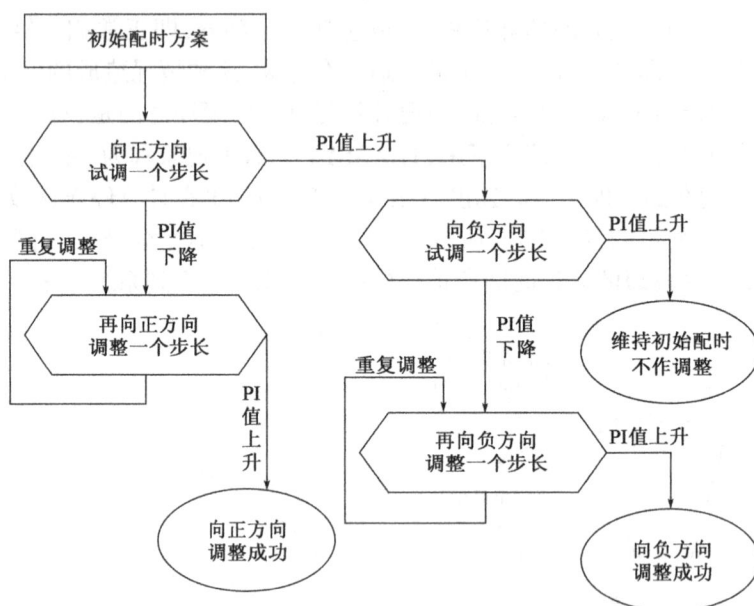

图 5-6 "爬山法"计算流程图

图 5-6 中 PI(Performance Index)为路网信号控制优化过程性能指标,其计算公式如下:

$$PI = \sum_{i=1}^{N}(w_i t_i + k_i n_i) \tag{5-4}$$

式中:w_i——第 i 条连线延误时间的加权系数;

k_i——第 i 条连线停车次数的加权系数;

t_i——第 i 条连线的总延误时间;

n_i——第 i 条连线停车次数的总和。

对于给定的一组信号配时,利用式(5-4)即可求得性能指标 PI。

1)绿信比的优化

TRANSYT 采用爬山法对各交叉口各信号相位的绿信比进行优化调整。其具体做法为:不等量地更改一个或几个乃至所有信号相位的绿信比,以期降低整个路网的交通流运行性能指标。需要注意的是,在对绿信比作上述优化调整时,不允许任何一个信号相位调整后的绿灯时间短于对其规定的最短绿灯时间。

2）相位差的优化

TRANSYT 采用爬山法对各交叉口的相位差（绿时差）进行优化调整。其具体做法为：在初始配时方案的相位差（绿时差）基础上，以适当的步距调整交通网中某一交叉口的相位差（绿时差），计算性能指标 PI。若求出的 PI 值小于初始方案的 PI 值，说明这种调整方向是正确的，还应以同样的步距沿同一方向（正与负）对该交叉口的相位差（绿时差）作连续调整，直至获得最小的 PI 值为止。反之，若第一次调整的 PI 值比初始方案所对应的 PI 值大，则应朝相反方向调整相位差（绿时差），直至取得最小的 PI 值为止。

按上述步骤，完成一个交叉口的相位差（绿时差）调整之后，依次对所有交叉口作同样调整。对所有交叉口的相位差（绿时差）依次调整以后，还要再从第一个交叉口开始依次对所有交叉口作第二遍调整。如此反复，直到求得最后的理想方案（PI 值最小）。

3）信号周期的选取

TRANSYT 的优化过程虽不能对信号周期时长进行优化，但设计者可以事先给出一组信号周期长度取值，然后利用 TRANSYT 计算不同信号周期长度取值下的性能指标，通过比较分析，从这一组信号周期长度取值中选取最佳信号周期时长。

4）绿灯时间的优选

TRANSYT 同样也可以对各信号相位的绿灯时间进行优化调整。做法是不等量地更改一个或几个乃至全体信号相位的绿灯长度，以期降低整个交通网的性能指标 PI 值。但在对绿灯时间作上述调整时，不允许任何一个信号相位调整后的绿灯时间短于规定的最短绿灯时间。

4. 所需已知数据

使用 TRANSYT 方法进行区域交通信号离线优化设计时，设计者需要已知如下基本输入数据：

1）路网几何尺寸、交通流量数据与经济损失折算当量

路网几何尺寸主要包括信号交叉口数目、路段长度、车道划分情况以及车道宽度等；交通流量数据包括每条进入协调控制区域道路上的交通流量、车流分流情况以及车流离散特性等；经济损失折算当量包括单位延误时间的损失费用指标、与"百次标准完全停车"相当的损失费用指标以及车辆在不同行驶状态下的油耗指标。

2）控制子区的划分

设计者需要根据如前所述的子区划分原则，即距离原则、周期原则与流量原则，事先将范围较大的整个控制区域划分为若干个相对独立的控制子区，以便各个控制子区能各自执行适合于其交通特点的协调控制方案。

3）初始信号配时方案

TRANSYT 的优化算法需要设计者事先为之提供一套初始信号配时方案。初始信号配时方案既可以由设计者自行拟定，也可以由 TRANSYT 自身提供。TRANSYT 可以为所有交叉口的各信号相位自动选择一个初始绿灯时间，使得各股关键车流具有相等的饱和度，从而建立起一个"等饱和度"的初始信号配时方案。

三、典型的离线优化区域协调控制系统——TRANSYT 系统

采用 TRANSYT 法确定信号配时方案的交通控制系统，统称为 TRANSYT 系统。TRANSYT

系统是目前在世界各国流传最广、应用最普遍的一种区域交通信号协调配时系统。TRANSYT系统可根据交通网络历史数据,应用计算机建模、优化与仿真技术,生成交通网络的固定信号配时方案。

自1968年第一版TRANSYT问世以来,经过40多年的实践证明,TRANSYT系统能为改善城市交通拥堵问题带来十分显著的社会经济效益。例如,在泰国曼谷中心区建立的TRANSYT系统,将中心区域内总的车辆行程时间减少了13%～27%,每年节约的燃料价值为100万～240万英镑;1978年美国联邦公路局提出的应用TRANSYT-7F优化全国24万个交通信号配时的计划,每年仅节约燃油开支就达1500万～2000万美元。此外,TRANSYT系统还具有投资小、实现方便、稳定性好等优点,因而已被世界各国广泛使用。

然而,TRANSYT系统也存在许多不足之处。第一,该系统不能适应实时交通流的随机性变化,而且当区域交通状况发生变化时,原信号配时方案将迅速"老化";第二,该系统需要已知大量的路网几何尺寸和交通流量数据,因此需要花费大量的人力、物力和时间,进行相关数据的采集;第三,该系统的计算量很大,特别是在对一个规模较大的路网进行配时设计时,这一问题尤为突出;第四,该系统不能对信号周期进行优化,使用爬山法优化绿信比与相位差时容易陷入局部最优,难以找到最佳信号配时方案。

第四节　实时优化的区域信号协调控制

鉴于区域信号协调控制离线优化算法存在配时方案容易"老化"、控制对策灵活性较差、无实时交通信息反馈等弊端,人们开始着力研究能够根据实时交通状况、自动获取优化配时参数的区域信号实时优化的协调控制系统。

基于区域信号实时优化的区域协调控制系统又可以分为方案选择式与方案生成式两种。其中,方案选择式是指事先根据几种典型的交通运行状态,求解出相应的信号协调配时方案,并储存于中心计算机内,以便系统能够根据实时采集到的交通量数据,选择最为匹配的配时方案进行交通信号控制,其典型代表是SCATS。方案生成式是指将实时检测到的交通数据输入事先建立的交通模型,通过对交通流的分析预测,实时优化协调控制信号配时参数,生成较为理想的配时方案实施交通信号控制,其典型代表是SCOOT。

一、方案选择式协调控制系统——SCATS系统

SCATS系统是一种配时方案选择式区域协调实时控制系统,由澳大利亚新南威尔士干线道路局自20世纪70年代开始研究,并于20世纪80年代初投入使用。目前,SCATS系统已在澳大利亚、中国、美国、爱尔兰、新西兰、菲律宾、墨西哥等数十个国家的六十多个大城市得到了成功应用。SCATS系统已在我国的广州、上海、宁波等城市相继投入使用。

SCATS系统的最大特点在于,没有使用模拟实时交通流运行的数学模型,但却有一套以实时交通数据为基础的算法,利用一组简单的代数表达式来描述当前路网的交通特征和运行规律。SCATS系统是由实时交通数据计算和优化选择两部分组成,其中实时交通数据计算主要包括类饱和度与综合流量的计算,优化选择则主要包括公共信号周期的计算、绿信比方案的

选择、相位差方案的选择与控制子区的合并问题。SCATS 系统对公共信号周期、绿信比和相位差所进行的选优过程是各自独立的。

1. 基本结构

SCATS 系统使用的是分层式控制结构,其底层为各交叉口信号控制机,次底层为控制子区,次顶层为区域控制中心,顶层为中央监控中心,其系统结构如图 5-7 所示。交叉口信号控制机是 SCATS 系统的执行单元,它主要负责采集与处理交叉口检测器提供的实时交通数据,并通过通信网络将其传送至控制子区中心;接受控制子区中心下传的信号配时参数与控制指令,控制交叉口信号灯的灯色切换;实施单交叉口孤立信号控制方式下的定时控制与感应控制;并对各种交叉口控制设备与检测设备进行监视。

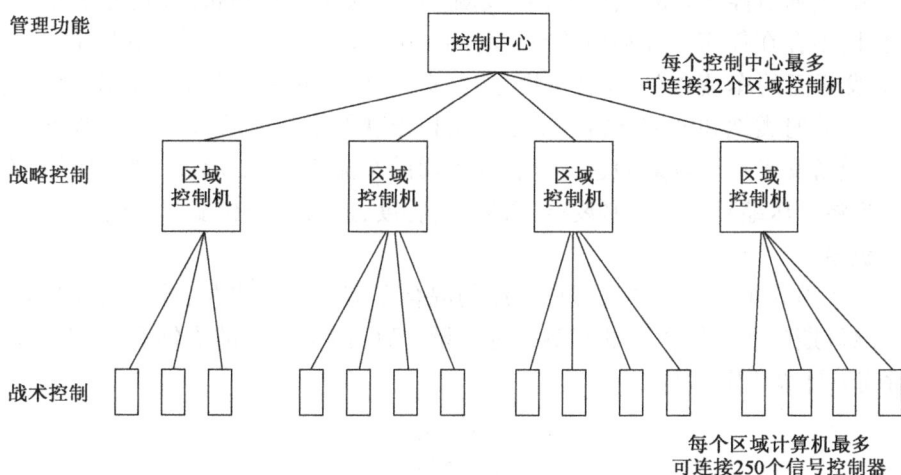

图 5-7 SCATS 系统结构示意图

控制子区,又称为子系统,通常由 1 ~ 10 个关联性较大的交叉口组成。每个子系统完成相应的子区协调控制任务,相邻子系统之间存在一定的协调关系。随着路网交通状况的变化,子系统既可以合并,也可以重新分开。子系统是 SCATS 系统进行协调控制的基本单元,公共信号周期和相位差的选取都是以子系统为核算单位。

区域控制中心,又称为系统,由若干个子系统组合而成,每个区域控制中心完成相应的区域协调控制任务,相邻区域控制中心之间保持相对独立。区域控制中心将根据路网交通状况的变化,对子系统进行交通信号的协调,如相邻子系统之间相位差的设置、子系统的合并与分解。

中央监控中心配备有监控计算机和系统数据库管理计算机,负责对整个 SCATS 系统进行监控和管理。中央监控中心能对所有区域控制中心和控制子区的各项数据,以及每一台交叉口信号控制机的运行参数进行动态存储;能自动监测和记录整个控制系统运行状况及系统各项设备工作状态;可直接监视路网中发生的交通事故或车辆故障所造成的交通阻塞;并能为其他交通子系统,如交通诱导系统、公交调度系统,提供相关的交通信息。

2. 实时交通数据计算

根据 SCATS 系统控制算法的需要,SCATS 系统设计将车辆检测器(环形线圈)埋设于每条车道停止线后,以便系统可以根据交通需求改变相序或跳过下一个相位,以及时响应每一个周期的交通请求,实现局部车辆感应控制功能。

在 SCATS 系统中,使用单个环形线圈进行实时交通量检测时,由于对通过车辆车型的检测存在一定的困难,因此无法像固定配时系统那样,可以按一定的折算系数将混合车流折算为标准小客车车流,因此不得不采用一种与车身尺寸无直接关系的参数来反映实时交通负荷情况。类饱和度和综合流量就是为了适应这样一种需要而建立的新型计算参数,它们在一定程度上摆脱了车辆尺寸的影响,因而能够比较客观地反映真实的交通需求。

1)类饱和度

类饱和度的基本概念已在"单点信号控制方式"中有过简单介绍,它是一个易于检测且能够客观表征交叉口进口道交通阻塞和拥挤状况的状态参数。

可以推断,当通过停止线断面(即环形线圈)的车流处于饱和状态时,除了车与车之间的必要空当之外,不存在任何未被利用的空当时间。由式(3-74)可知,类饱和度 $x' = 1$;当绿灯期间通过停止线断面的车流未达到饱和状态时,车与车之间将存在未被利用的空当时间,由式(3-74)可知,此时类饱和度 $x' < 1$;当下游交叉口出现严重交通阻塞,以致排队车辆蔓延至上游交叉口时,上游交叉口绿灯期间通过停止线断面的车流将受阻,形成一股"压缩"车流,车与车之间的空当将被压缩到比正常必要空当还小的程度,此时类饱和度 $x' > 1$。

2)综合流量

SCATS 系统引入了一个反映通过停止线的混合车流大小的参量,即综合流量 q'。综合流量是指一次绿灯期间通过停止线的车辆折算当量,已可由检测到的类饱和度 x' 以及饱和流量 S 与绿灯时间 t_G 计算确定,即:

$$q' = \frac{x' \cdot t_G \cdot S}{3\,600} \tag{5-5}$$

可以看出,当类饱和度 $x' = 1$ 时,综合流量 $q' = t_G \cdot S/3\,600$,即车流以饱和流量 S 通过停止线;当类饱和度 $x' < 1$ 时,综合流量则按类饱和度比例减小;当类饱和度 $x' > 1$,即下游交叉口出现严重交通阻塞时,$q'/t_G > S/3\,600$,这一计算结果表明,实际交通流量将超过饱和流量,显然不具有真实性。但 SCATS 系统默许这样的 q' 值存在,且用它作为方案选择的相关指标。

3.配时参数优化选择

1)信号周期长度的选择

SCATS 系统对信号周期长度的选择是以子系统为基础,根据其中类饱和度最高的交叉口来确定整个子系统应当采用的信号周期长度。SCATS 系统在各交叉口各进口道上都埋设有车辆检测器,选取前一个信号周期内子系统各车辆检测器检测到的类饱和度中的最大值,并据此计算出子系统下一个信号周期时长的相对调整量。

SCATS 系统为了维持交叉口信号控制的连续性,控制子区信号周期长度的调整采取连续小步距方式,即一个新的信号周期长度与前一个信号周期长度相比,其长度变化限制在 ±6s 之内。信号周期长度的调整量 ΔC 可由下式决定:

$$\Delta C = 60[x' - f(C)] \tag{5-6}$$

对于函数表达式 $f(C)$,当信号周期 C 取最小值 $C_{\min}$ 时,可以假定 $f(C_{\min}) = 0.5$;当信号周

期 C 取最大值 C_{max} 时,可以假定 $f(C_{max})=0.9$;当信号周期 C 取中间值时,假定 $f(C)$ 的取值将介于 $0.5\sim0.9$ 之间,其变化率与信号周期的变化率呈线性关系。

可以看出,当子系统的信号周期 C 取 C_0 时,若其类饱和度 x' 为 x'_0,且 $x'_0=f(C_0)$,则信号周期长度的调整量 $\Delta C=0$,此时子系统的信号周期将维持在 C_0。在此结合公式(5-6)与函数表达式 $f(C)$,可以将信号周期长度的调整算法理解为,通过对信号周期长度的动态调整,使得信号周期长度与类饱和度之间满足一种一一对应的选择关系。

2)绿信比方案的选择

SCATS 系统事先为每一个交叉口都准备了 4 个绿信比设置方案,以供实时选择使用。这 4 个绿信比设置方案分别针对交叉口可能出现的 4 种典型交通流负荷情况,对各信号相位绿信比分配并对信号相序进行方案设计。在 SCATS 系统中,每一个绿信比设置方案不仅规定了各信号相位的绿信比,同时还规定了各信号相位的先后次序,即交叉口的信号相序是可变的,这也是 SCATS 系统所具有的一个重要特征。

在 SCATS 系统中,每一个信号周期都要进行一次绿信比方案选择,采用的方法为"投票法",即在每一个信号周期都对 4 个绿信比设置方案进行比较,若在连续 3 个信号周期内,某一绿信比方案有 2 次中选,则该绿信比方案将被选中作为下一个信号周期绿信比的执行方案。

在 SCATS 系统的绿信比方案中,还为局部战术控制(即单个交叉口的感应控制方式)提供多种选择。受车流到达率波动影响,某些信号相位按给定绿信比方案所分配的绿灯时间可能会有富余,而另外一些信号相位可能又会出现分配的绿灯时间不足。为此,SCATS 系统在绿信比方案中以信号周期的函数形式,规定了哪些信号相位是可以调整的,哪些信号相位是不能调整的,并对调整方向(即应把富余绿灯时间调整到哪个信号相位上)及相应的调整量进行了详细的规定。

3)相位差方案的选择

在 SCATS 系统中,有两类相位差方案,即用于协调控制子区内部各交叉口的"内部相位差"方案与用于协调合并后的相邻控制子区之间车流的"外部相位差"方案,每类相位差方案均包含 5 个不同的设置方案。在这 5 个相位差设置方案中,第一个方案仅用于信号周期恰好等于最小信号周期 C_{min} 的情况,第二个方案仅用于信号周期满足 $C_s<C<C_s+10$(C_s 为使得控制子区内双向车流均具有较好行驶连续性的中等信号周期)的情况,其他三个方案则要根据实时检测到的"综合流量"进行选择。在连续 5 个信号周期内,若有 4 次当选为最佳相位差方案,将被选中作为下一个信号周期付诸执行的新方案。

"内部相位差"方案与"外部相位差"方案均采用相同的选择方法与步骤,但"外部相位差"方案只有在子区合并后才具有被选用的意义。

4)子系统的划分与合并

设计者将事先根据区域交通流量的历史数据、路网的环境与几何条件等,对 SCATS 系统的子系统予以划分,所划分好的子系统将作为组成区域协调控制系统的基本单元。

在 SCATS 系统中,当两个相邻子系统的信号周期在一段时间内多次出现接近或相等情况时,此时区域控制中心可以考虑发出"合并"指令,将这两个相邻子系统进行合并。同样,合并后的两个相邻子系统若在一段时间内各自所要求的信号周期差异明显,此时区域控制中心可以考虑发出"分离"指令,将这两个相邻子系统重新分离开来。对于子系统的合并与分离,

SCATS 系统设置了一个选票计数器,进行信号周期的选票统计工作。如果两个相邻子系统的信号周期差小于 9 s,则产生一个"正"票,选票计数加 1;如果两个相邻子系统的信号周期差大于或等于 9 s,则产生一个"负"票,选票计数减 1。当选票计数达到 4 时,相邻子系统可以进行合并,且在此之后选票计数将不再增加(即选票计数最大取 4);当选票计数降为 0 时,相邻子系统需要重新分离,且在此之后选票计数将不再减少(即选票计数最小取 0)。

此外,如果局部地区出现交通拥挤和阻塞,SCATS 系统有时不得不从一个较大范围的交通信号协调入手,立即强制若干个相邻子系统进行合并,此时将不再以选票计数作为子系统合并与分离的依据。

4. 系统总体评价

SCATS 系统依据实时检测到的类饱和度与综合流量进行子系统的合并与分离,计算子系统信号周期的调整量,选择各交叉口绿信比与子系统相位差的实施方案,实现了一定程度上的自适应区域控制。SCATS 系统投资较小,可以根据交通需求改变相序或跳过下一个信号相位以及时响应每一个信号周期的交通请求,具有局部车辆感应控制功能。但是,由于 SCATS 系统未使用实时交通模型,而是根据类饱和度和综合流量从有限数目的既定方案中选择配时参数,从而限制了其配时参数的优化程度,使其不能及时而准确地适应实时交通变化的客观要求,而且该系统无法检测到排队长度(检测线圈埋设在停止线附近),难以迅速消除交通拥挤、预防交通阻塞。

二、典型的方案生成式区域协调控制系统——SCOOT 系统

严格地说,SCOOT 是一个"软件包",采用 SCOOT 程序确定信号配时方案的实时交通控制系统,简称为 SCOOT 系统。SCOOT 系统是一种配时方案生成式区域协调实时控制系统,由英国运输与道路研究所(TRRL)自 20 世纪 70 年代初开始研究开发,并于 1979 年在英国格拉斯哥市中心区正式投入使用。SCOOT 系统经过 30 多年的不断发展与完善,现已在全世界的 200 多个城市得到广泛应用,我国的北京早在 20 世纪 80 年代就引进了该套区域信号控制系统。

SCOOT 系统是在 TRANSYT 系统的基础上发展起来的,其交通模型及优化原理均与TRANSYT 系统相仿,所不同的是 SCOOT 系统是方案生成式实时控制系统,它将根据埋设于交叉口上游的车辆检测器所采集到的车辆到达信息,通过预测分析,实时调整信号周期、绿信比以及相位差等配时参数,以适应路网交通流的实时变化。实践表明,与 TRANSYT 系统相比,SCOOT 系统可以减少 12% 的平均车辆延误时间。

1. 基本结构与主要特点

SCOOT 系统主要由车辆检测数据的采集与分析、交通模型、配时参数优化调整、信号控制方案的执行和系统监控等几部分组成。SCOOT 系统采用集中式控制结构,如图 5-8 所示,即整个控制系统分为两级,其中,上一级为中央计算机,完成交通量的预测和配时方案的优化等任务;下一级为交叉口信号机,完成信号控制、数据采集及处理等工作。

与离线优化区域控制系统和方案选择式区域控制系统相比,SCOOT 系统具有如下特点:

(1)系统舍去长预测而采用短预测,只需对下一个信号周期的交通条件作出预测,并对预测结果进行控制,从而大大提高了预测的准确性和控制的有效性。

（2）系统对于信号配时参数的优化调整,采用频繁的小增量方式,一方面减少了由于控制方案变换所带来的交通延误,另一方面通过频繁调整产生的累积效应,可以使得信号配时参数与交通条件的变化相匹配。

（3）系统将车辆检测器埋设在交叉口上游路段,有利于下游交叉口信号配时的优化调整,同时可以防止因排队车队阻塞到上游交叉口所造成的交通瘫痪。

（4）系统能鉴别车辆检测器的运行状况,及时对检测器故障作出诊断,减少检测器故障对系统造成的影响。

（5）系统还可以为交通管理和交通规划等部门提供诸如延误时间、停车次数、拥挤状况等数据信息。

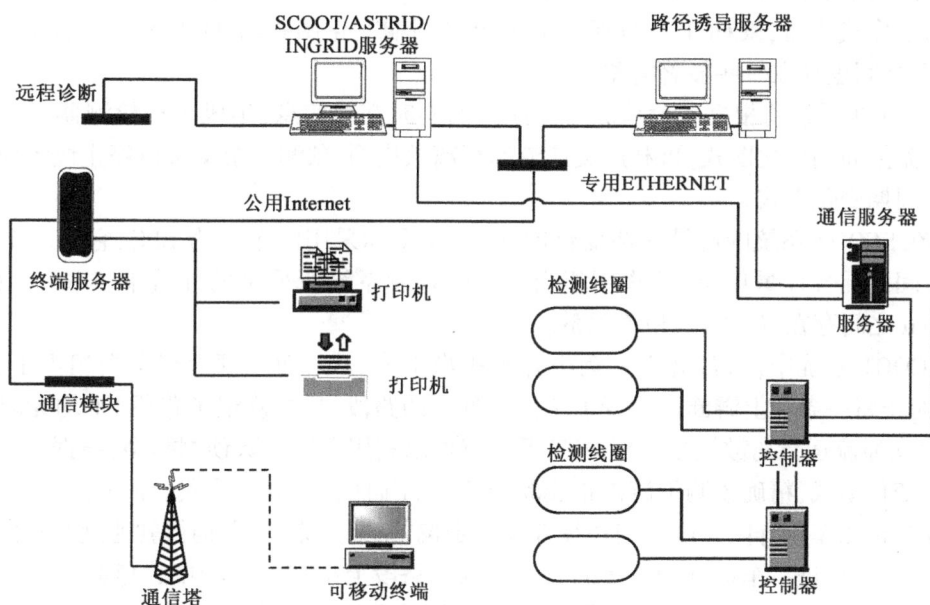

图 5-8   SCOOT 系统结构示意图

2. 车辆检测器的设置

SCOOT 系统需要根据埋设在交叉口上游的车辆检测器所采集到的车辆到达信息,预测到达下游交叉口停止线的流量图式,因此检测器的埋设位置应设在距停止线相当距离的上游路段。

为了保证检测精度,SCOOT 系统在确定车辆检测器的埋设位置时,需要考虑如下因素：

（1）为了正确反映路网上车流的运行状况,要求车辆检测器应设置在无阻滞的路段,即通过检测器位置的车流行驶速度应基本等于或接近于车流正常平均行驶速度,这样车辆检测器至少需要距离上游交叉口 10~15m。

（2）为了满足交通预测的需要,要求从检测器所在位置到下游交叉口停止线,车流在无阻滞情况下正常行驶时间不得少于 8~12s。

（3）考虑到支路汇入车流的影响,当两个交叉口之间存在支路或中间出入口,且其交通流量大于主路交通流量的10%时,应尽可能把检测器设在该支路或中间出入口的下游,否则需要在支路或出入口上设置辅助检测器。

（4）考虑到受阻滞车队的队尾位置，检测器的埋设位置应在预计正常情况下可能出现的最大排队长度之外，但又要保证能够及时检测到交通拥挤与交通堵塞。

（5）检测器尽量不要埋设在公共汽车站附近，避免由于其他车辆因绕道而发生的漏检。

3. 交通模型

SCOOT 系统的交通模型与 TRANSYT 系统的交通模型十分类似，SCOOT 系统的交通模型主要也包括交通环境、交通过程和交通预测三部分。其中，流量周期变化图式、车辆排队长度预测模型与交通拥挤预测模型是 SCOOT 系统交通模型的核心，也是 SCOOT 系统进行信号配时优化设计的重要依据。下面仅对 SCOOT 系统交通模型中的一些特别之处进行简要描述。

从基本形式来看，SCOOT 系统所建立的流量周期变化图式与 TRANSYT 系统是相同的。但是，它们之间也存在一些显著的差别：

（1）SCOOT 系统将根据车辆检测器检测到的实时交通信息，生成车辆检测器所在断面的车辆到达流量周期变化图式，再利用交通流运行离散模型，预测下游交叉口停止线断面的车辆到达流量周期变化图式。

（2）在 SCOOT 系统的流量周期变化图式中，纵坐标采用的单位为 LPU，它是一个交通量和占用时间的混合计量单位，其作用相当于定时控制系统所采用的计量单位 pcu。实际上，LPU 与 pcu 之间存在着一定的相关关系。

在 SCOOT 系统中，通常规定一辆小客车相当于 17LPU，而一辆大客车则相当于 32LPU。理论上，对于每一条在上游断面设置了车辆检测器的路段，只要确定了路段"平均无阻滞行驶时间"与"交通流运行离散模型"，SCOOT 系统就可以利用车辆排队预测模型，根据上游断面的流量周期变化图式，精确预测下游停止线断面的车辆排队长度变化图式。但实际上，真实车辆排队长度与预测车辆排队长度之间往往存在一定偏差，究其原因，车辆行驶速度与车队离散的不确定性、交叉口进口车道饱和流量的时变性以及路段上出现的车辆中途停驶或中途转弯驶入其他支路的现象，都将不同程度地影响排队预测模型的预测效果。因此，建立 SCOOT 系统时，应当对交通排队预测模型的有效性和可靠程度作出必要的实地检测与修正。

SCOOT 系统可以通过检测线圈被占用的情况，或者通过对比检测到的实时目标函数值与实时交通量，对路网上偶然出现的一些异常事件作出及时判断。因为，最优目标函数值的变化受很多因素影响，但其中最重要和最基本的因素是路网上的实时交通量。正常情况下，目标函数值的增大是伴随交通量的增长而出现的，当在交通量没有明显变化而目标函数值却骤然上升时，则表明在路网上出现了某种意外事件，例如交通事故。此时 SCOOT 系统可以立即作出反应，自动调整信号配时方案，并向交通控制管理中心报警，以便尽快消除意外事件对控制系统产生的影响。

4. 配时参数优化

SCOOT 系统在对公共信号周期时长进行优化时，需要注意以下几点：

（1）公共信号周期时长的优化将以子区为单位进行。

（2）每隔 3～5min 对控制子区信号周期时长优化一次。

（3）信号周期时长的优化原则为：确保控制子区内负荷度最高的"关键交叉口"的饱和度

维持在 0.9 左右。

（4）每次信号周期时长的调整量为 ±（4~8）s。

（5）当控制子区内存在交通负荷很低的非关键交叉口时，可以考虑适当调整公共信号周期的大小，采用双周期的信号周期设计方法。

（6）不能选择交通拥挤系数作为信号周期时长优选的决定因素。

SCOOT 系统在对绿信比进行优化时，需要注意以下几点：

（1）各交叉口各信号相位绿信比的优化具有相对独立性。

（2）在每一个信号周期，各交叉口都要进行一次绿信比的优化调整。

（3）每次绿灯显示时间的调整量分为 ±4s 的"临时性调整"与 ±1s 的"永久性调整"。

（4）优化时需要综合考虑系统对交叉口总饱和度、车辆排队长度、拥挤程度以及最短绿灯显示时间等因素的条件限制。

SCOOT 系统在对相位差进行优化时，需要注意以下几点：

（1）相位差的优化将以子区为单位进行。

（2）在每一个信号周期，系统都要对相邻交叉口之间的相位差进行一次优化调整。

（3）每次相位差的调整量为 ±4s。

（4）优化时需要综合考虑车队在交叉口之间行驶的连续性与交叉口之间的车辆排队状况，必要时需要牺牲长距离交叉口之间的协调性，以保证短距离路段上不出现车辆排队延伸至上游交叉口的现象。

此外，针对饱和与超饱和的交通状态，新版本的 SCOOT 系统还设计了专门的处理程序，大大增强了 SCOOT 系统预防和处理饱和与超饱和交通状态的功能。

5. 系统总体评价

SCOOT 系统根据采集到的交通路网实时数据信息，应用计算机建模、优化与仿真技术，生成控制区域实时信号配时方案，具有广泛的适用性和良好的实时性。但是，现有 SCOOT 系统采用的是集中式控制结构，因此难免具有结构上的缺陷，例如，硬件投资很大，需要配套相应的通信、控制系统，维护费用高等，而且与 SCATS 系统相比而言，SCOOT 系统的信号相位不能自动增减，相序不能自动改变，不能实现感应控制，控制子区不能自动划分。

技能训练

实训项目：区域交通协调控制系统专题调查

一、学习目的

（1）理解区域交通信号协调控制系统的发展历程、主要系统产品、主要功能特点等。

（2）能够顺利通过图书馆及网络等，开展专题调查工作。

（3）能够设计调查表和调查方案，去企业走访，开展实地调查工作。

（4）能够按要求撰写调查报告。

二、学习条件

图书馆、网络、企业。

三、学习方法

1. 教师讲解

结合本章所讲知识点，对本次实训的主要内容、实训要求进行必要的讲解，着重从方法上指导学生如何开展调查工作，比如设计关键词，设计调查的目标，如果去企业调查，要做好哪些准备工作等。

2. 学生实训

(1) 实训分组：本次实训内容涉及分析、讨论等环节，建议分组实训，1~2人一组。

(2) 设计好调查的主题，利用图书馆及网络开展调查，有条件时可以到当地交通信号主管部门和相关企业走访，开展调查工作，获得第一手丰富的资料。

(3) 撰写报告：根据调查所得，撰写《城市区域交通协调控制系统认识》的调查报告。

格式要求：A4纸打印，页边距为上2.5cm、下2.5cm、左3.0cm、右3.0cm；页脚1.5cm，页码宋体五号字居中；标题三号宋体加黑居中；姓名、班级、学号仿宋四号字居中，段前段后各1倍行距；正文宋体小四号字，段前段后为0，行距22磅；插图标注在下方，表格标注在上方，均为五号宋体居中；"参考资料"标题黑体小四号靠左，前面空1行。要有3条参考资料，序号数字外用方括号，如"[1]专业认识.教育科学出版社.2003.6"。

报告字数：不限。

评分标准：格式规范性20%；内容完整性60%；文字通顺性20%。

四、注意事项

注意专题调查的主题、调查方法及报告撰写格式。

五、学习要求

完成一份区域交通协调控制系统专题调查报告。

六、能力拓展

在本实训项目的基础上，深入理解区域交通信号协调控制系统的实施条件。

思考练习

1. 区域交通信号协调控制主要分为哪几类？
2. 简述区域交通信号协调控制的基本原理。
3. 世界上具有代表性的区域交通信号控制系统有哪几种？它们各有怎样的优点和缺点？

第六章

行人与自行车交通控制

在我国城市的居民出行中,步行出行、非机动车出行与机动车出行一样占有重要地位,城市道路交通流以机动车流、非机动车流和行人流组成的混合交通流为主要特征。一方面,需要加强行人与非机动车交通的组织管理,另一方面,需要改进路口交通信号控制方案,尽可能减少行人、非机动车与机动车的交通冲突,提高路口的交通安全。

本章通过简要分析路口行人交通特性与非机动车交通特性,对涉及行人和非机动车交通的信号控制方法进行介绍。

第一节　行人交通特性

一、行人交通的基本参数

1. 步数与步幅

步数为步行者在单位时间内两脚着地的次数(步),一般以每分钟移动的次数为计量单位,步行者每分钟行走步数一般为80~150步,常用值为120次。步幅为步行者两脚先后同时着地,脚跟至脚跟或脚尖至脚尖的距离(m)。一般妇女、老年人和儿童步幅较小,男性、中青年人步幅较大。在不同条件、不同对象、不同状态下观测的步幅有较大差别。通常为了取得可用的数据,常扩大样本,增加观测量,取其综合平均值。

如果步数为 n,步幅为 L,则行人行走 n 步的距离为 nL。步幅受性别、年龄的影响最大,同时也受行人密度、人行道条件与周围环境的影响。步幅的大小与速度快慢几乎无关。保持人行道平整而无障碍,尽量选择人行横道最短的间距,避免行人曲线行走,这样可以提高步行速度,减少绕行,缩短行人过街时间,有利于交通安全。

2. 行人起步时间和通行能力

在设信号灯的地方,对评价人行过街横道,行人起步时间用3s比较合适。如果没有当地数据,行人设施的通行能力合理取值为75人/(min·m)或4 500人/(h·m)。对应通行能力,相应的步行速度为0.8m/s。

3.行人交通量和行人流率

行人交通量又称人流量，与机动车交通量类似，是指单位时间内通过道路（或道路上某一车道）指定地点或断面的人数。行人流率是指单位时间内通过道路（或道路上某一车道）指定地点或断面的人数经过等效换算得到的单位小时人数，一般以每15min的行人流量或每分钟的行人流量的形式表述。

行人交通量和行人流率是研究行人交通流特性的最重要参数。它们都是反映交通需求的变量，两者的差别是：行人交通量是指通过实际观测或者通过预测得到的值，行人流率则是对不足1h的行人交通量进行等效转换后得到的等效值。

4.行人步行速度

步行速度是指行人在单位时间内通过的距离，一般采用m/s、m/min或km/h表示。各类步行速度的平均值，一般介于0.8~1.8m/s，我国行人步行速度介于0.7~1.7m/s（平均）。如果行人中老年人比例为0~20%，平均步行速度为1.2m/s；如果老年人的比例超过20%，则平均步行速度降低到1.0m/s。另外，如果人行道坡度超过10%，平均步行速度以0.1m/s降低。人行道上行人自由流速度约为1.5m/s。我国《城市道路交叉口规划规范》（GB 50647—2011）要求，交叉口行人过街设计步速应为1.0m/s。

5.行人交通密度

行人交通密度是指在道路或排队区域内某一单位面积的平均行人通过量，单位是人/m²，它直接反映了行人交通需求量。

由于行人交通密度是瞬时值，随观测的时间或区间长度而变化，并不能明确表示行人交通流的状态，故引用行人空间占有量的概念来表示行人交通密度。所谓行人空间占有量是指在道路或排队区域内每个行人的平均空间占有量，单位是m²/人。它和行人交通密度相对，也经常作为分析行人交通问题的一种更实际的思路。

二、交叉口行人穿越特性

以下重点介绍两个方面，一是行人穿越交叉口的反应时间，二是行人穿越交叉口的步行速度。

1.交叉口行人反应时间

行人经由人行横道穿越交叉口时，其反应时间主要受人行信号灯和冲突车辆的控制。在信号控制交叉口，行人需要判断行人信号灯的灯色状态，当信号灯由红色变成绿色后，绝大部分行人开始按某种步速通过交叉口，其反应时间包括观察、判别直到起步的整个时间。美国的Thomas等人采用高速数字录像机采集了洛杉矶地区各种各样的交叉口行人的走行数据，经统计得到表6-1所示结果。

由表6-1可知，那些直接注意通过信号的行人和估计信号变化的行人的反应时间没有多大的区别，除非是行人焦虑不安。数据显示，老年行人对通过信号有大约1s的感觉和反应时间，焦虑不安的行人尽管是很少一部分，他们大概需要1.5s或者更长的反应时间。对于不遵守交通规则的行人,预计的时间大约是0.7s。

行人观察、反应时间数据(s)　　　　　　　表6-1

性　　别	直接注意通过信号的行人	估计信号变化的行人	焦虑不安的行人	不遵守交通规则的行人
男性	0.89 ± 0.57	1.27 ± 0.75	2.77 ± 0.38	-0.73 ± 0.39
女性	1.11 ± 0.77	1.03 ± 0.57	2.50 ± 1.37	-0.70 ± 0.53

2.交叉口行人步行速度

经过信号控制交叉口的行人步行速度因不同的性别和年龄会有所差别,不同国家的调查研究结果又有所不同。由于老年人的步行速度比较低,一般行人设施的设计会以老年人的行为参数作为标准。

在人行横道上,单独一个人穿越的时候,其速度要比在一般路上的步行速度稍高,如表6-2所示。

人行横道情况与步行速度　　　　　　　表6-2

观测地点人行横道长度与行人流量	行人走行速度(m/s)			
	1人	2人	3人及以上	平均
35.5m,151人/h	2.02(1.3~4.4)	1.63(1.3~2.1)	1.45(1.1~2.5)	1.64
31.0m,159人/h	2.14(1.4~3.5)	1.51(1.2~2.0)	1.41(0.9~2.2)	1.55
16.7m,20人/h	2.07(1.2~3.3)	1.91(1.3~2.8)	1.34(1.3~1.4)	1.94
30.0m,600人/h	1.54(1.1~2.7)	1.46(1.2~1.8)	1.29(1.2~1.4)	1.47

另外,行人在穿过人行横道时的速度有前半段与后半段之分,一般后半段速度较快,这是因为穿越人行横道的人看到旁边有车辆停着想要赶快脱离开这个危险区的心理所支配,如表6-3所示。

通过人行横道的前半段与后半段行人速度比较(m/s)　　　　表6-3

人行横道开始侧的车辆情况	前半段的速度	后半段的速度
无车辆	1.44	1.58
车辆已通过	1.44	1.67
车辆已停止	1.60	1.70

第二节　行人交通控制

一、行人交通控制基础

1.行人过街设施

1)人行横道

人行横道即人行横道线,是道路交通标线的一种,为白色平行粗实线(又称斑马线),既标示一定条件下准许行人横穿道路的路径,又警示机动车驾驶人注意行人及非机动车过街。《中华人民共和国道路交通安全法》规定:行人通过路口或者横过道路,应当走人行横道或者过街设施;通过有交通信号灯的人行横道,应当按照交通信号灯指示通行;通过没有交通信号灯人行横道的路口,或者在没有过街设施的路段横过道路,应当在确认安全后通过。重视人行横道设施的设置对于保障交通安全与整治交通秩序具有明显的作用,如表6-4所示。

不同人行横道行人过街的危险程度表 表6-4

过街人行横道的类型	无人行横道标线	有人行横道标线 无管理规则	有人行横道标线 有信号灯	有人行横道标线 有信号灯和安全岛
危险程度	1.00	0.89	0.53	0.36

2)人行横道设置

人行横道的设置应综合考虑整条道路的行人与非机动车通行需求来确定,一般先布置交叉口上的人行横道,然后再考虑在交叉口之间加设路段上的人行横道。人行横道应设在车辆驾驶人容易看清楚的位置,尽可能靠近交叉口,与行人的自然流向一致,并尽量与车行道垂直。

(1)交叉口人行横道的设置。

《道路交通标志和标线 第3部分:道路交通标线》(GB 5768.3—2009)规定:人行横道线一般与道路中心线垂直,特殊情况下,其与中心线夹角不宜小于60°(或大于120°),其条纹应与道路中心线平行;人行横道的最小宽度为300cm,并可根据行人交通量以100cm为一级加宽。人行横道的线宽为40cm或45cm,线间隔一般为60cm,可根据车行道宽度进行调整,但最大不应超过80cm,如图6-1所示。人行横道的设置间距根据实际需要确定,但路段上设置的人行横道之间的距离一般应大于150m。

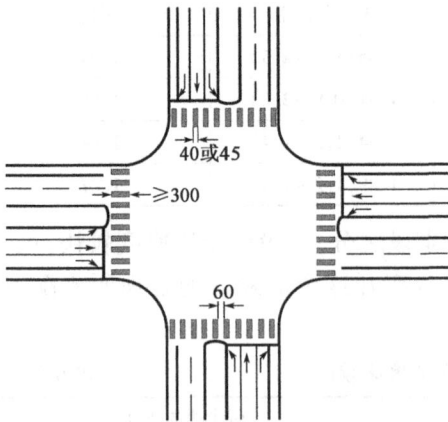

图6-1 交叉口人行横道线(尺寸单位:cm)

(2)路段中人行横道的设置。

在无信号灯控制的路段中设置人行横道时,应在到达人行横道前的路面上设置停(车)止线和人行横道预告标识,人行横道预告标识为白色菱形图案,并配合设置人行横道指示标志,视需要也可增设人行横道警告标志,如图6-2所示。

3)不宜设置人行横道的地方

为确保过街行人的安全,在下列地段不宜设置人行横道。

(1)弯道、纵坡变化路段等视距不足的地方。

英国规定,车辆驾驶人对人行横道的最小视距见表6-5。

车辆驾驶人对人行横道的最小视距 表6-5

平均车速(km/h)	48	65	80
视距(m)	70	90	150

（2）如果设置人行横道的地点,其视距不能满足表 6-5 的规定,则不能设置斑马线式人行横道,必要时只能设置由信号控制的人行横道。

（3）在信号交叉口附近(英国规定 135m 范围内)不宜设置斑马线式人行横道,只能设置由信号灯控制的人行横道。信号灯必须由交叉口的信号控制机进行控制,与交叉口的车辆信号控制取得协调。

（4）在瓶颈路段,不设人行横道。

（5）在车辆进出口的附近,不设人行横道。

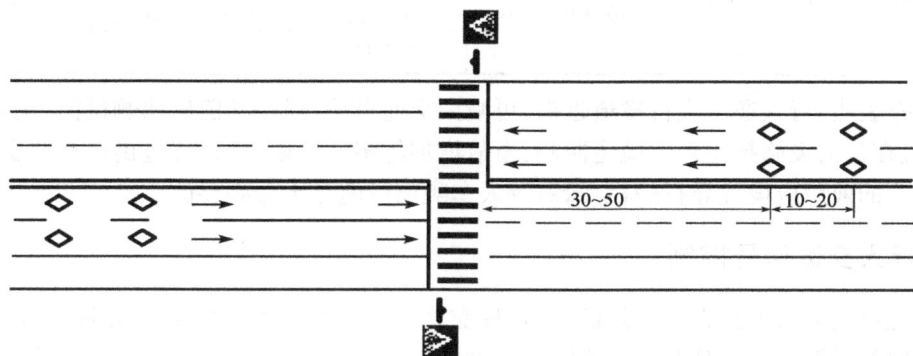

图 6-2　路段人行横道设置(尺寸单位:m)

4) 行人信号灯

我国不少城市在交叉口人行横道处配置了行人信号灯,用以指示行人与非机动车过街。行人信号灯一般为红、绿两色,红色灯面上有行人站住不走的图像,绿色灯面上有行人过街的图像。目前,人行信号灯的显示一般与同向的机动车信号灯同步,绿灯结束前有 3～5s 闪烁绿灯,表示尚未进入人行横道的行人应该止步,已经在人行横道上的行人应该赶快通过路口。

一般行人信号灯大多只能分离行人与侧向直行车辆的冲突,不能避免同左、右转弯车辆的冲突,除非对左、右转弯车辆采取补充管制措施或该交叉口信号相位中配有行人专用相位。关于行人信号灯的结构、性能、设置及安装方法等内容将在第八章、第九章详细介绍。

2. 行人过街设施的选用依据

我国《城市道路交叉口规划规范》(GB 50647—2011)中,对城市平面交叉口在控制性详细规划阶段,有关行人过街设施的规范要求,特别是关于平面交叉口交通岛的布设作了如下规定:

（1）进、出口道部位机动车道总宽度大于 16m 时,规划人行过街横道应设置行人过街安全岛。

（2）交叉口内各流向交通流行驶轨迹所需空间之外的面积,宜构筑标线交通岛或实体交通岛。

（3）实体交通岛面积不宜小于 7.0m²。面积窄小时,宜构筑标线交通岛。

（4）交通岛不宜设在竖曲线顶部。

（5）交通岛间导流车道的宽度宜以车辆通过交叉口的需要确定。

（6）需设右转专用车道而加设转角交通岛时，交角曲线半径应大于25m，且右转专用车道应设置信号控制；转角交通岛兼作行人及非机动车过街安全岛时，不包括岛端及尖角标线部分的岛面积应满足行人和非机动车待行的需求，并不应小于20m²。

3. 行人过街的附属设施

英国学者在伦敦对行人在人行横道及其附近地点过街的相对危险程度做过调查，结果如表6-6所示。

在人行横道及其附近过街的危险程度 表6-6

过街地点	斑马纹人行横道	距斑马纹人行横道50m以内	有信号控制的人行横道	距有信号控制的人行横道50m内	其他地点
危险程度	0.42	1.75	0.17	3.94	1.00

该调查表明，行人通过人行横道过街，可减少交通事故，但在其前后两侧过街，交通事故会增多，而且在过街设施越完善的横道两侧，事故增加越多。所以，为保证过街行人的安全，在人行过街设施的前后应设置导行护栏、绿篱等人车隔离设施是十分必要的。

二、行人交通信号控制

信号控制交叉口上行人信号灯的配时，按交叉口信号灯组的配时统一安排。行人过街所需的最短绿灯时间 G_{min} 根据人行横道长度 D 及行人过街步行速度 v_r 确定。美国采用式(6-1)计算。

$$G_{min} = 7 + \frac{D}{v_r} - Y \tag{6-1}$$

式中：G_{min}——行人过街所需的最短绿灯时间(s)；

v_r——采用第15%位步行速度(m/s)，我国《城市道路交叉口规划规范》(GB 50647—2011)规定交叉口行人过街设计步速应为1.0m/s；

Y——绿灯间隔时间(s)；

D——人行横道长度(m)。

澳大利亚采用式(6-2)计算 G_{min}。

$$G_{min} = 6 + \frac{D}{v_r} \tag{6-2}$$

式中符号意义同前。在澳大利亚，v_r 取1.2m/s。

在主次干道相交的交叉口上，当主要道路很宽，步行所需最短绿灯时间超过次要道路车辆通过交叉口所需绿灯时间，以致主要道路行人绿灯时间不够用时，应考虑在主要道路中央设置安全岛，让行人分两段过街，以缩短步行的最短绿灯时间。

第三节 城市自行车交通特性

非机动车是指以人力或者畜力驱动，上道路行驶的交通工具，以及虽有动力装置驱动但设计最高时速、空车质量、外形尺寸符合有关国家标准的残疾人机动轮椅车、电动自行车等交通工具。具体包括自行车、三轮车(用人力驱动的设计有三个轮子的车辆)、人力车(用手推或手拉方式驱动的两轮或独轮车)、畜力车、残疾人专用车(仅指肢体残疾的人单人使用代步工具,包括人力轮椅车和设计速度在 20km/h 以下的残疾人用机动车)。

调查表明,在我国城市道路交通出行的非机动车交通工具中,自行车占据了相当大的比重。对于城市非机动车交通信号控制而言,重点应考虑自行车交通的控制技术,如无特殊说明,本书所讲述的非机动车均是指传统的自行车。作为一种方便、节能、环保、经济、实用的非机动车交通工具,在承接短途出行和门对门服务等交通需求方面,自行车具有其他交通方式无法替代的优势。近年来,世界各地兴起的基于自行车出行的城市健康生活热潮,使传统的自行车交通焕发了新的生命力。

一、自行车的骑行特性

1. 自行车的动态稳定性

1)直行稳定性

自行车静态时直立不稳,必须用脚撑架住,当人们用左手扶住车把,右手握住坐垫后部向前推进时,车会一直前进而不致倾倒,即使受到障碍物的外力干扰也会继续前进。自行车能抵制这种外力而保持继续前进的性质通常称为直行的稳定性。

2)动态平衡性

当人们骑上自行车时,人车合成系统的重心将上升,如不及时进行自我平衡就会失去稳定。因自行车的轮胎接触地面的面积很小,当气压为 $35N/cm^2$、$28N/cm^2$、$21N/cm^2$ 和 $14N/cm^2$ 时,轮胎与地面的接触面积则分别为 $23cm^2$、$26cm^2$、$30cm^2$ 和 $38cm^2$,所以骑车人必须随时调整重心,以维持运动中的平衡。一般有三种平衡,即中心平衡、外倾平衡与内倾平衡。中心平衡系人体和车身的中心线相一致,稍向曲线内倾斜,这是自行车在曲线运行时的平衡状态;外倾平衡系人体倾角大于车体的倾角,一般为自行车刚刚进入曲线时的运行状态;内倾平衡系自行车的向外倾角大于人体向外的倾斜角度,一般是自行车驶出曲线即将离开曲线段时的运行状态。

2. 自行车的骑行特性

1)骑车的动力特性

自行车行进时的动力是由人体发出的,成年男子付出的功率约为 1.22kW,儿童付出的功率约为 0.07kW。若持续蹬车 30min 以上,成年男子只能付出约 0.15kW 的功率,女子可能付出的平均功率是男子的 70%。自行车行驶时间越长,骑车人所发挥出的功率越小,因而速度越慢,所以自行车不适于远程交通。自行车出行时间大多不超过 50min,且出行时间在 30min 内以自行车方式出行为多。

2)骑车的骑行特性

(1)摇摆性:在没有机动车那样的固定车道来限制其前进路线的情况下,自行车在前进过程中经常偏离原有前进方向而呈现左右摇摆的"蛇行"态势。同时,自行车转向灵活、反应敏捷,在行驶中也常因为超车、让车等情况而出现横向摆动。

(2)成群性:道路交叉口的截流、聚集、释放使得在某一时间断面的自行车流明显高于其他时间的自行车流强度,自行车在路段上也会出现成群结队的状况,从而影响后面骑行较快的车辆超越,形成自行车成群前进的现象。

(3)单行性:与成群性相反,有些骑车人不愿意在陌生人群中骑行,也不愿意紧紧尾随别人之后,往往冲到前面单行,或滞后一段单行,女性尤为显著。

(4)多变性:自行车机动灵活,易于转向、加速或减速,因此自行车速度与方向经常发生变化。骑行速度较快者经常穿插空当,自行车的速度、方向呈现多变的特点。速度与方向的变化与自行车流量大小有关。当流量很低的时候,自行车能够自由骑行,这时自行车的速度不会发生太多变化,而方向则会呈现自由摆动。当流量上升到一定程度后,自行车的速度变化增加,方向变化则明显更加强烈,主要方向变化在于寻找前方的空当超车穿行,但流量继续上升以后,自行车行驶受到限制,基本没有空当可以穿插,整个车队的速度将保持稳定,方向变化也减少。

二、自行车交通流特性

1. 自行车的速度特性

自行车的行驶速度与骑车人的体力、心情和意志的控制有关,与线路纵坡度、平面线形的车道宽度、车道划分、路面状况、交通条件有关,也与车型、转动装置、风向、风速等有关。在城市,自行车的骑行速度还与有无机动车道的分隔设施、分隔方式、行人干扰情况及交通管理条件有密切关系,其速度与在公路上和交叉口上的速度有很大差别。

我国北京市在1979—1981年间,对有分隔带的主干道上行驶的8 678辆自行车进行了观测,其平均车速为16.3km/h;对主要街道无分隔设施的20 918辆自行车观测的平均速度为14.2km/h;对于通过交叉口停止线的自行车,其平均速度为4.1km/h。通过交叉口的左转、直行与右转车速平均值列于表6-7。在密度最大时,车速很低,有时仅为2.0~3.6km/h。

北京市自行车道路口不同方向行车速度调查统计(1979—1981年)　　　　表6-7

路 口 名 称	左转(km/h)		直行(km/h)		右转(km/h)	
	6:45~7:45	8:30~10:30	6:45~7:45	8:30~10:30	6:45~7:45	8:30~10:30
西单	4.6	4.3	12.5	13.4	17.3	14.4
东单	9.2	6.8	12.4	13.3	18.3	15.8
崇文门	8.5	8.3	11.8	13.5	11.3	13.0
东四	9.0	11.0	13.7	13.8	15.8	15.6
甘家口	6.3	7.7	11.3	12.7	10.1	11.1
地安门	11.1	10.8	16.6	14.9	16.6	14.6
双井	10.7	15.7	17.6	17.2	16.5	19.6
珠市口	7.6	9.3	14.6	14.0	14.3	11.9
平均值	8.4	9.3	13.8	14.1	15.0	14.5

2. 自行车的密度特性

自行车的外廓最大尺寸为长1.9m,宽0.6m,骑车时高为2.25m,自行车静态停车面积为1.2~1.8m²。其横向净空($B_{净}$)应为横向安全间隔(0.6m)加车辆运行时两侧摆动值各0.2m,即

$B_{净}=0.6+2\times0.2=1m$。纵向净空$(L_{净})$应为纵向车头之间间隔加上车长。一般自行车在路段上占用道路面积为$4\sim10m^2$,但在交叉口停止线前拥挤堵塞时,其密度一般为$2\sim4m^2/$车,有时甚至更大。

实验表明,不同速度下的自行车占用道路面积约为:5km/h时占用道路面积$4.1m^2$,10km/h时占用道路面积$5.2m^2$,12km/h时占用道路面积$6.2m^2$,15km/h时占用道路面积$8.1m^2$,20km/h时占用道路面积$10m^2$,25km/h时占用道路面积$12m^2$,30km/h时占用道路面积$16m^2$。与公交车运行时每人所占道路面积相比,自行车占用道路面积约为公交车的$5\sim10$倍,一般自行车占用路面面积按公交车每人占用面积的10倍计。

3.自行车的延误特性

自行车的延误主要在交叉口处,其延误数值的大小不仅与交叉口的流量大小、流向分布有关,还与控制系统的周期、相位、绿信比及管理水平有关。从实际观察情况来看,自行车的延误一般可分为两种,即路口停止线前的延误与过停止线后在路口内滞留的延误,停止线前的延误由红灯信号造成,路口内滞留的延误则由各种车辆与行人相互干扰影响所造成。

根据北京市1986年和1988年先后两次对美术馆和沙滩两路口进行的观测结果,如表6-8所示,连续观测两天,每天观测四次(7:00~8:00,8:30~9:30,12:30~13:30,15:00~16:00),观测停止线处的停车率、停车延误时间和路口内的停车延误时间。由表6-8可知,停止线前的停车率最大超过50%,一般均超过1/3,延误时间平均为20s左右,路口内的停车率平均为14%左右。

交叉路口自行车的延误统计　　　　　　　　　　　表6-8

调查时间地点、位置		1986年10月调查值(前)		1988年2月调查值(后)	
		美术馆	沙滩	美术馆	沙滩
停止线处的时间延误	平均停车率(%)	52.47	36.81	35.66	35.90
	平均延误时间(s)	18.80	18.95	22.40	25.20
路口内的时间延误	每5s停车率(%)	16.13	10.00	21.07	8.04

第四节　自行车交通信号控制

一、自行车信号控制基础

1.自行车在交叉口的管控原则

根据自行车的基本特性,确定自行车在交叉口的交通管理与控制原则如下:
(1)自行车交通应与机动车交通进行空间或时间分离。
(2)如无条件进行分离,须提供适当的空间让自行车与机动车分道行驶。
(3)应尽量使自行车处于危险状态的时间减到最少。
(4)如果空间允许,对自行车暂停的地方应提供实物隔离措施。

（5）为了简化驾驶人在交叉口的观察、思考、判断及采取措施等复杂过程，自行车交通与机动车交通的交叉冲突点应尽可能远离机动车交通之间的交叉冲突点。

（6）当自行车与机动车在交叉口等待或通过交叉口时，应保证相互都能看得清楚，特别是当自行车通过交叉口时，应尽可能使驾驶人知道自行车的行驶路线与方向。

（7）当自行车进入交叉口前等待时，应尽可能为其提供一个安全的停车位置。

2. 自行车在交叉口的通行设施

根据自行车交通的基本特性及自行车在交叉口的管控原则，自行车在交叉口有以下通行设施。

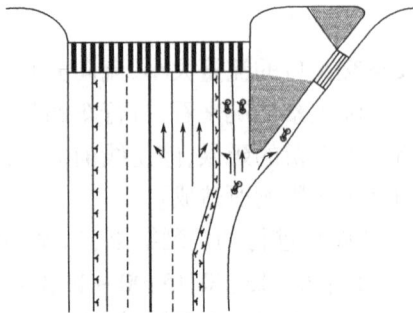

图6-3 自行车右转专用道示意图

1）自行车右转专用车道

利用现有的路面，开辟专门用于右转弯的自行车车道，其优点是可以缓和交叉口的交通拥挤，有利于交通安全。自行车右转弯专用车道要求交叉口较宽，骑车人严格遵守各行其道的原则，如图6-3所示。

2）自行车左转弯候车区

在交叉口自行车进口道的前面，设置左转自行车的候车区，绿灯时左转自行车随直行自行车运行至对面的左转弯候车区，待另一方向的绿灯亮时再前进，即变左转弯为两次直行。

自行车左转弯候车区的优点是：

（1）消除了左转自行车对机动车的干扰，因而可以提高机动车通过交叉口的运行速度及路口通行能力。对于交叉口范围较大者，一般都具备建立自行车候车区的条件。

（2）减少了左转自行车与直行机动车流的冲突，有利于交通安全。

自行车左转弯候车区的缺点与自行车左转弯专用车道的缺点相同。

3）停止线提前法

将自行车停止线画在机动车停止线的前面，当绿灯亮时，让自行车先进入交叉口，可避免与机动车相互拥挤。两条停止线之间的距离依自行车和机动车交通量大小及路口的几何尺寸而定，如图6-4所示。

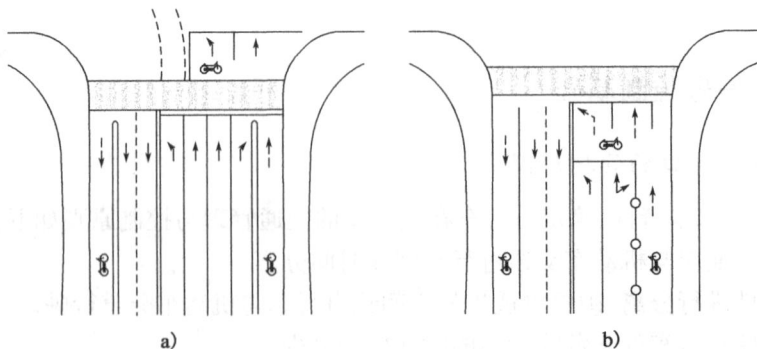

a)   b)

图6-4 自行车停止线提前

此法对于提高交叉口的通行能力与交通安全都是有利的。但是,只有对骑车人加强管理与教育,使自行车做到合理停车,才能发挥此方法的作用。

4)自行车横道

在主干道上画自行车横道线,提示驾驶人注意横向自行车。如同斑马纹人行横道一样,在自行车横道内,自行车具有优先权。机动车遇到自行车横道应减速行驶,当横道内有自行车时应暂停,让自行车先通过。自行车横道适用于支路(包括胡同、里弄等)与主路或次路的平面交叉处(图6-5),还适用于一些大型建筑物出入口与主路的交叉处。

二、自行车交通信号控制

自行车交通信号控制方式主要有以下几种:

(1)不设置专门的自行车信号相位,而是将自行车交通折算成机动车当量,归入机动车当中进行信号控制,具体控制方法见第三章有关定时信号控制的相关介绍。

图6-5 自行车横道

(2)设置专门的自行车信号相位,根据自行车的骑行特性和交通特性,并结合交叉口道路条件和交通条件,辅以相应的交通标志和地面标线,对自行车进行信号控制。

自行车专用信号控制方法与前面定时信号控制相似。在进行信号相位设计时,将其统一纳入机动车信号相位方案设计之中,在配时方法上,可在前面介绍的定时信号控制基础上来实施。可使自行车交通信号的绿灯先亮,让自行车群先进入交叉口,然后再亮机动车交通信号的绿灯。前后绿灯启亮时间一般可相差5~15s,具体根据左转自行车交通量大小与交叉口的几何尺寸而定。

自行车专用信号的优点是可以缓解交叉口内的交通拥挤,缺点是延长了交通信号周期时间。不过,对于自行车交通量特别大而机动车交通量较小的交叉口,或者在自行车早高峰期间,采用两次绿灯法是有利的。

(3)根据路口机动车、自行车与行人的构成情况,在机动车信号控制方案的基础上,将自行车和行人作为信号控制的影响要素,对原有信号控制方案进行改进优化。比如基于行人的定时信号配时改进控制、基于改进的 F. 韦伯斯特—B. 柯布理论的混合交通信号配时、基于机非协调控制的信号配时改进等。

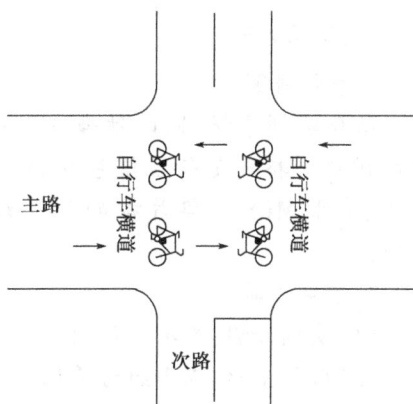

技能训练

实训项目:基于 MCS51 的行人与机动车信号灯设计开发实验

一、学习目的

(1)运用已学的交通电子控制基础知识,基于 MCS51 单片机设计开发行人信号灯。

（2）会设计基于 MCS51 单片机的路口行人信号灯实验电路,基于 Keil 编辑器运用汇编语言或 C 语言开发行人信号灯功能。

二、学习条件

MCS51 单片机、面包板、LED 灯、晶振、电阻、电容、开关、电源及辅助设备,MCS51 单片机开发板及配套开发软件。

三、学习方法

1. 教师讲解

结合实训素材,同时结合本章所讲知识点,对本次实训的主要内容、实训要求进行必要的讲解。特别是行人信号相位的设计方法、行人控制步伐的设计方法、行人信号配时方法、基于 MCS51 单片机的程序设计方法等,需要教师在学生开始实训前进行必要的讲解。

2. 学生实训

（1）实训分组:本次实训内容涉及分析、讨论等环节,建议分组实训,2~3 人一组。

（2）领取素材:以小组为单位领取实训素材。

1）电路设计

本电路中(图6-6),P0 口控制东南西北 4 个进口的行人指示灯,红灯、绿灯各 4 个;P1、P2 口控制东南西北 4 个进口的机动车指示灯,红灯、绿灯、黄灯各 4 个。每个指示灯均为低电平亮、高电平灭。

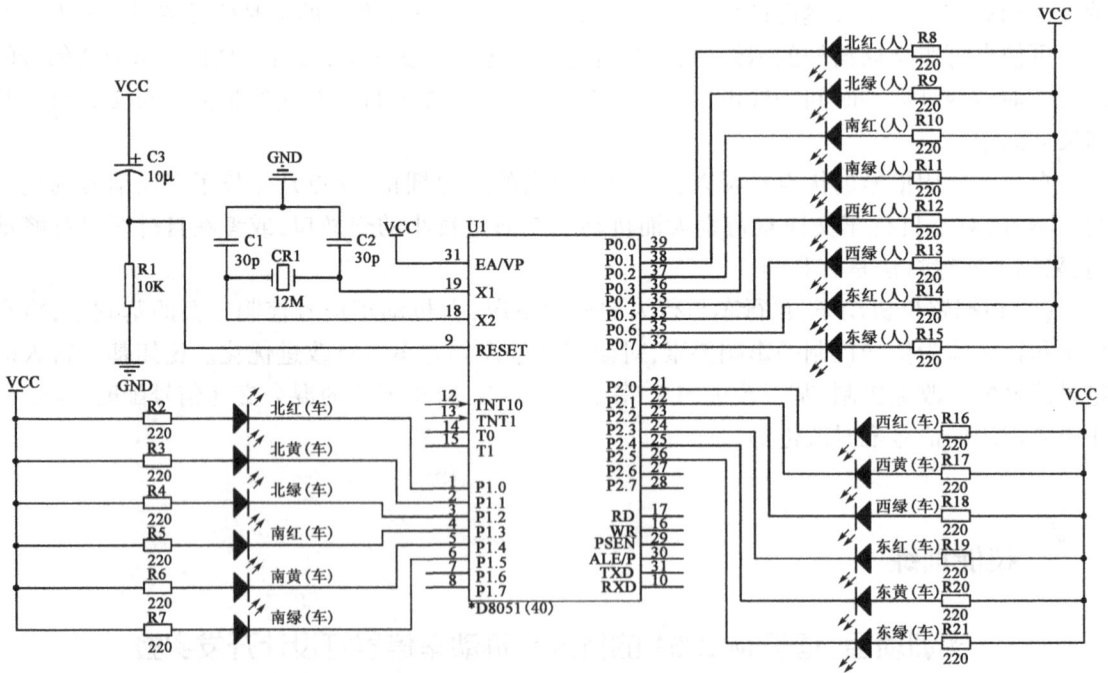

图6-6 硬件连接图

2）相位设计（图6-7、图6-8）

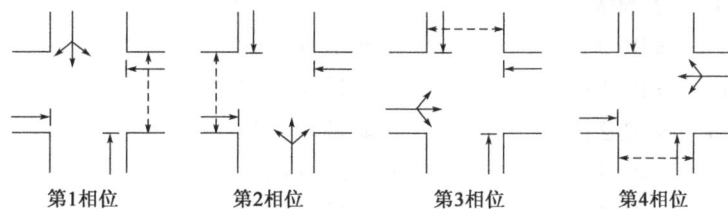

| 第1相位 | 第2相位 | 第3相位 | 第4相位 |

图6-7 相位图

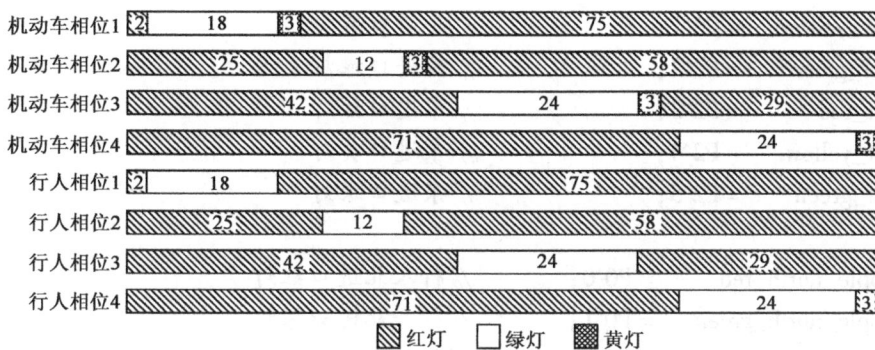

机动车相位1 ｜2｜ 18 ｜3｜ 75
机动车相位2 25 12 ｜3｜ 58
机动车相位3 42 24 ｜3｜ 29
机动车相位4 71 24 ｜3｜
行人相位1 ｜2｜ 18 75
行人相位2 25 12 58
行人相位3 42 24 29
行人相位4 71 24 ｜3｜

▨红灯 □绿灯 ▩黄灯

图6-8 信号配时图

注：数字为持续时间，单位为秒（s）。

3）材料准备表（表6-9）

电子材料 表6-9

元 件	型 号	说 明
U1	D8051（40）	单片机
R1	10K	电阻
R2～R21	220	
LED	红、黄、绿	LED 灯
CR1	12M	晶振
C3	10μ	电解电容
C1、C2	30p	陶瓷电容

4）开发调试

参考程序：

```
#include" reg51. h"
#defineFOSC          11059200              //晶振频率
#defineT_50MS   65536 - FOSC * 5/1200       //50ms 的初值
```

157

```
#define TH_50MS  T_50MS/256          //50ms 初值高八位
#define TL_50MS  T_50MS%256          //50ms 初值低八位
sbit north_red        = P1^0;        //北进口红灯
sbit north_yellow     = P1^1;        //北进口黄灯
sbit north_green      = P1^2;        //北进口绿灯
sbit south_red        = P1^3;        //南进口红灯
sbit south_yellow     = P1^4;        //南进口黄灯
sbit south_green      = P1^5;        //南进口绿灯
sbit west_red         = P2^0;        //西进口红灯
sbit west_yellow      = P2^1;        //西进口黄灯
sbit west_green       = P2^2;        //西进口绿灯
sbit east_red         = P2^3;        //东进口红灯
sbit east_yellow      = P2^4;        //东进口黄灯
sbit east_green       = P2^5;        //东进口绿灯

sbit people_north_red     = P0^0;    //行人北进口红灯
sbit people_north_green   = P0^1;    //行人北进口绿灯
sbit people_south_red     = P0^2;    //行人南进口红灯
sbit people_south_green   = P0^3;    //行人南进口绿灯
sbit people_west_red      = P0^4;    //行人西进口红灯
sbit people_west_green    = P0^5;    //行人西进口绿灯
sbit people_east_red      = P0^6;    //行人东进口红灯
sbit people_east_green    = P0^7;    //行人东进口绿灯

void delay_n_second( unsigned char n)    //延时 n 秒子程序
{
    unsigned char i,j;
    for( i = 0;i < n;i + + )
    {
        for( j = 0;j < 20;j + + )
        {
            TH0 = TH_50MS;
            TL0 = TL_50MS;
            TR0 = 1;
            while( TF0 = = 0);
            TF0 = 0;
            TR0 = 0;
        }
```

```
        }
    }
    void light_set(   unsigned char n_r,   unsigned char n_y,
        unsigned char n_g,   unsigned chars_r,
        unsigned char s_y,   unsigned chars_g,
        unsigned char w_r,   unsigned charw_y,
        unsigned char w_g,   unsigned chare_r,
        unsigned char e_y,   unsigned chare_g,
        unsigned char p_n_r,   unsigned charp_n_g,
        unsigned char p_s_r,   unsigned charp_s_g,
        unsigned char p_w_r,   unsigned charp_w_g,
        unsigned char p_e_r,   unsigned charp_e_g
    )                                          //信号灯状态设置子程序
    {
    north_red = n_r;
    north_yellow = n_y;
    north_green = n_g;
    south_red = s_r;
    south_yellow = s_y;
    south_green = s_g;
    west_red = w_r;
    west_yellow = w_y;
    west_green = w_g;
    east_red = e_r;
    east_yellow = e_y;
    east_green = e_g;

    people_north_red = p_n_r;
    people_north_green = p_n_g;
    people_south_red = p_s_r;
    people_south_green = p_s_g;
    people_west_red = p_w_r;
    people_west_green = p_w_g;
    people_east_red = p_e_r;
    people_east_green = p_e_g;
    }
    void main( )
    {
```

```
    TMOD = 0x01;
    while(1)
    {
        light_set(0,1,1,0,1,1,0,1,1,0,1,1,0,1,0,1,0,1,0,1);
        delay_n_second(2);                                    //步伐1
        light_set(1,1,0,0,1,1,0,1,1,0,1,1,1,0,0,1,0,1,0,1);
        delay_n_second(18);                                   //步伐2
        light_set(1,0,1,0,1,1,0,1,1,0,1,1,0,1,0,1,0,1,0,1);
        delay_n_second(3);                                    //步伐3

        light_set(0,1,1,0,1,1,0,1,1,0,1,1,0,1,0,1,0,1,0,1);
        delay_n_second(2);                                    //步伐4
        light_set(0,1,1,1,1,0,0,1,1,0,1,1,0,1,1,0,0,1,0,1);
        delay_n_second(12);                                   //步伐5
        light_set(0,1,1,1,0,1,0,1,1,0,1,1,0,1,0,1,0,1,0,1);
        delay_n_second(3);                                    //步伐6

        light_set(0,1,1,0,1,1,0,1,1,0,1,1,0,1,0,1,0,1,0,1);
        delay_n_second(2);                                    //步伐7
        light_set(0,1,1,0,1,1,1,1,0,0,1,1,0,1,0,1,1,0,0,1);
        delay_n_second(24);                                   //步伐8
        light_set(0,1,1,0,1,1,1,0,1,0,1,1,0,1,0,1,0,1,0,1);
        delay_n_second(3);                                    //步伐9

        light_set(0,1,1,0,1,1,0,1,1,0,1,1,0,1,0,1,0,1,0,1);
        delay_n_second(2);                                    //步伐10
        light_set(0,1,1,0,1,1,0,1,1,1,1,0,0,1,0,1,0,1,1,0);
        delay_n_second(24);                                   //步伐11
        light_set(0,1,1,0,1,1,0,1,1,1,0,1,0,1,0,1,0,1,0,1);
        delay_n_second(3);                                    //步伐12
    }
}
```

四、注意事项

电子元件比选采购,独立设计与开发,安全操作。

五、学习要求

提交一套调试成功的行人信号灯及控制器,提交一份开发报告(附程序源代码)。

六、能力拓展

在本实训项目的基础上,考虑增加行人信号机倒计时提示功能。

思考练习

1. 简述行人在城市交叉口的穿越特性。
2. 简述城市自行车交通流的运行特性。
3. 简述行人与自行车交通控制方式。
4. 针对目前国内很多路口存在行人过街闯红灯现象,请谈谈自己的看法及解决思路。

第七章

快速道路交通控制系统

为了使在城市快速道路上的车流能畅通流动,充分发挥投资昂贵的快速道路的功能,对城市快速道路实行交通控制不仅有必要,而且也是必需的。快速道路的交通控制系统主要分为以下三个部分(图7-1):

(1)主线控制系统。

(2)入口匝道控制系统。

(3)出口匝道控制系统。

其中使用最广泛的是入口匝道控制系统。本章主要讨论这三种控制系统,并简要介绍城市快速道路交通异常事件检测与通道监控系统。

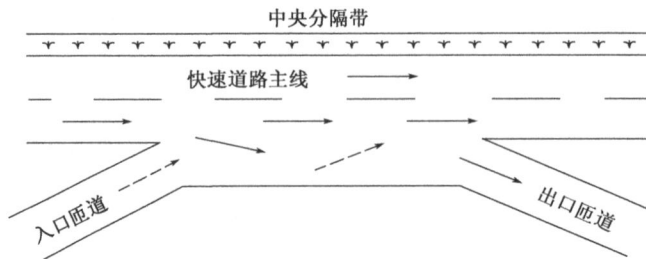

图7-1　城市快速路主线及出、入口匝道示意图

第一节　快速道路主线控制系统

一、主线控制的作用

(1)取得最佳均匀车速,从而使瓶颈路段的通行能力达到最大。

(2)一旦因车速或车流密度发生变化而产生冲击波时,可防止汽车追尾冲撞。

(3)当出现事故或因维修而使主线通行能力受到限制时,可提高快速道路的使用效率。

二、几种主线控制方法

1. 可变限速控制法

在快速道路上设置可变限速标志,指示随交通状况变化的限制车速,如图 7-2 所示。其作用是向驾驶人预告前方交通拥堵或将要通过瓶颈路段,驾驶人应按指示的限速行驶。可变限速标志指示的车速能使车流平稳、车速均匀,从而提高通过瓶颈路段的通行能力。

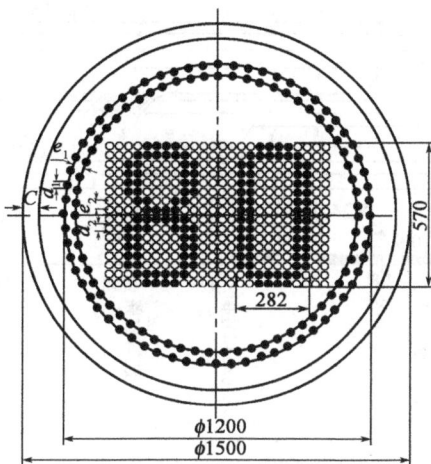

图 7-2　可变限速标志(尺寸单位:mm)

在英国,所有快速道路上都装备有可变限速标志,速度范围以 16km/h 的增量在 16～96km/h 之间变化。设置可变限速标志后发现,交通事故次数减少了 18%～50%。

2. 车道封闭控制法

美国城市底特律已试用车道封闭标志来提高快速道路的使用效率。这些标志通常在各车道上用垂直绿箭头表示。如果某车道由于养护作业而需要提前封闭时,该车道上面的绿箭头标志就改变为红叉"×"标志,这种标志的效果与交通量有关。当交通量小于快速道路的通行能力时,则车辆会服从红叉"×"标志的指示,并在车道封闭前比平常更早地离开已封闭的车道;当交通量大于快速道路的通行能力时,即使较早地离开了已封闭的车道,在瓶颈路段的通过量也不会有所提高。

3. 可逆车道控制法

快速道路在高峰期间的交通量将会出现较大的方向不平衡,这种不平衡在将来若干年内仍会存在,较为合理的解决办法是设置可逆车道。为一条新的快速道路设置可逆车道时,为安全起见,最好将可逆车道与一般车道分开,形成三车道。在匝道与可逆车道连接处,可用水平移动的剪刀式栅栏或垂直吊动的栅栏和可变信息标志加以控制。可变信息标志告知驾驶人该走哪一条车道。

如美国西雅图北部的第 5 号州际干道上的可逆车道控制,其主要特点是:

(1)在长 12km 可逆路段的末端,是可逆车道和外侧车道之间的转换点,与干线街道系统有 7 个连接点保持直通。

（2）匝道与可逆车道的连接点，通过水平剪刀门、垂直吊门和可变信息标志控制，可变信息标志告知驾驶人通行方向。

（3）以上设备可在每个匝道就地控制，也可通过中心控制室遥控。

（4）设置好监控设备后，可从监视中心直接观察到匝道地区的情况。该可逆车道内侧部分如图 7-3 所示。

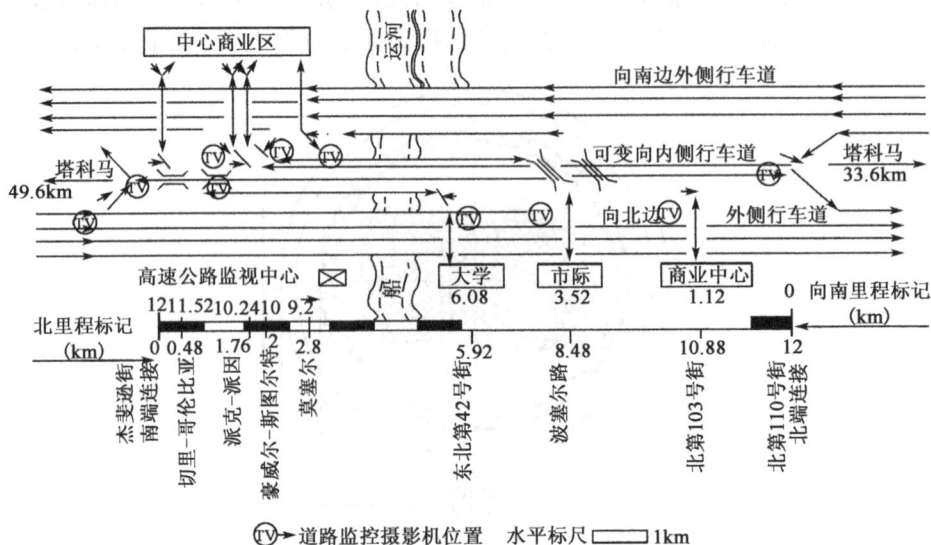

图 7-3 美国西雅图 12km 可逆车道内侧部分示意图

（5）可逆车道的反向控制是在一周中固定的几段时间内实行，便于使驾驶人习惯于这一系统。可逆车道的主要优点是比较经济，能有效地利用道路空间和通行权，其设计的主要依据是快速道路上的车流有很大的方向不平衡性，且今后将继续存在。

快速道路在维修养护期间，或一条车道因严重交通事故而引起车阻塞时，利用对向（反向）车道作为应急之用是有利的。快速道路如果没有良好的平行干道或街面道路可利用时，应优先考虑使用可逆车道。若可逆车道能保证安全、方便地行驶，则它就能更有效地被利用为车行道。

第二节　快速道路入口匝道控制

一、入口匝道控制的作用

入口匝道控制，一般被认为是快速道路的主要交通控制措施。它的作用是：

（1）减少整个快速道路系统内所有车辆的行程时间。

（2）使交通流量均匀顺畅。

（3）消除或减少车流交汇过程中的冲突和事故。

（4）由于交通流量均匀顺畅，车流状况得到改善，因此减轻了驾乘人员的不舒适感和对环境的干扰。

入口匝道控制的作用可以是上述作用中的一个、几个或全部。为了取得良好的控制效果，必须遵循以下条件：

(1)若要求减少行程时间，则应有其他具有相应通行能力的路线可供选择为快速道路分流；否则，车辆将被迫阻塞在匝道上，因此需要在快速道路上游很远的一些匝道寻找入口；另外，也可利用与快速道路连接的沿街道路或平行的干线道路。

(2)必须有适当的储备空间可为等待匝道信号的车辆所利用。

(3)为节约行程时间，在快速道路下游出口处必须有可供利用的通行能力。

(4)车流起讫点必须适当，否则使用短程快速道路(如1~2km)将意味着车流分散小。

二、入口匝道控制方法

入口匝道控制可采用以下四种方法。

1. 封闭匝道法

在以下情形下可考虑匝道封闭：

(1)两互通式立交非常接近，交织问题十分严重的地方。

(2)有较多车辆要在匝道上排队，但没有足够长度容纳排队车辆的匝道。

(3)附近有良好的道路可供绕道行驶。

在高峰期使用封闭匝道这种控制方法的具体做法有：人工设置栅栏，自动弹起式栅栏(如美国洛杉矶已使用)，采用"不准驶入匝道"标志(如美国底特律已使用)。因"不准驶入匝道"方法可能导致违章率增加，因此不建议采用。

封闭匝道这种方式缺乏灵活性，其缺点多于优点，一般不采用。然而，在美国的某些城市，如洛杉矶、休斯敦等地，在高峰交通量大条件下的一些时段内，封闭入口匝道的方式获得了较好的效果。

实际上，封闭匝道对控制交通量的作用极为有限，且易引起公众的强烈不满。因此，用"调节"来实现匝道控制要比"封闭"来控制匝道好。

2. 匝道定时限流控制法

这种控制也就是匝道限流调节控制，是采用调节方法限制进入快速道路交通量的一种控制。匝道定时限流控制的目的是为改善快速道路的交通状况或改善车流汇合时的安全性。如果匝道的几何形状合理，则其可能的通行能力为800~1 200辆/h。匝道调节交通量的范围在正常交通量和某个合理最小交通量(180~240辆/h)之间。调节控制用匝道上的交通信号(标准信号或改进型的两灯信号)来实现，按时允许一定数量的匝道车辆驶入快速道路。

定时限流是最简单的控制形式，其精确性与城市交叉口信号相同。这种调节系统主要包括设置在匝道上的一个或两个信号机、时钟传动的控制机和某种形式的标志(警告驾驶人匝道正在执行限流控制)。如果采用三度盘标准控制器，则信号机可按三种不同速率工作，限流率根据快速道路上游交通量、下游通行能力和匝道进入快速道路的交通量而定。

以图7-4为例，已知匝道下游瓶颈路段的通行能力为7 200辆/h，匝道上游交通需求量为7 000辆/h，匝道交通需求量为600辆/h。要使匝道上的所有车辆都能汇入快速道路车流，则对匝道上游交通量应限制在6 600辆/h为佳。这样做后，显然将在匝道上游引起交通拥挤或出现车辆停停走走的状况。为此,应对匝道上的交通量采取限流调节控制。若限流率选择 200 辆/h,且设置匝道交通量调节系统,那么,此快速道路可满足 7 200 辆/h 以内的交通需求量,且能保持较好的交通条件。如果认为这种限流率太小,则可以调节其他匝道上游的交通量。

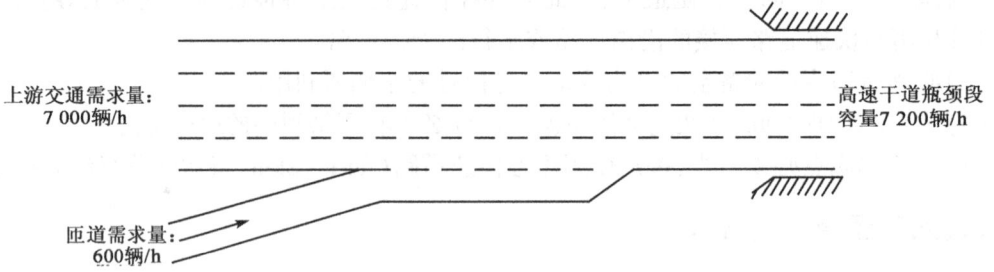

图 7-4　交通需求量超过快速路瓶颈段的例子(一)

上述基本系统的一种改进形式是在信号调节匝道入口装设检测器,当车辆在停止线等候时,信号将转换为绿色,图 7-5 是一种装有检测器的匝道调节系统布置图。如果固定的限流间隔时间已经过去,车辆一经过感应检测器,则信号马上转为绿色。高峰期间,信号灯前通常为排队等待车辆,则系统仍将以定时限流的方式控制。在信号灯处,保证在信号显示红灯时不会使停在停止线后的车辆离检测器很远,以致没有机会去激励检测器。如果调节系统按上述方式进行工作,很可能需要对其最小基本限流率加以规定(如 1 辆/min)。按最小基本限流率工作的信号灯将不需要检测器感应。

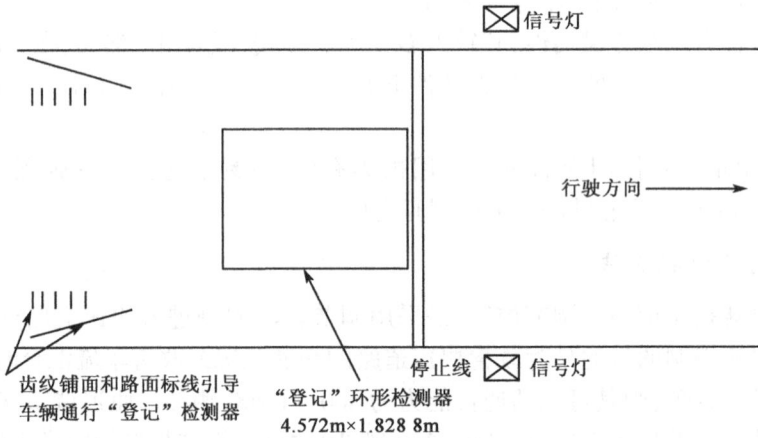

图 7-5　交通需求量超过快速路瓶颈段的例子(二)

信号灯和前置标志的位置取决于匝道的几何形状和逻辑控制的类型,研究表明,交通信号的较佳安装位置是驶入匝道上游距离突出端 61 ~ 76m 处,而警告标志则应设在匝道信号前 61 ~ 76m 处。

3.匝道感应交汇控制法

在快速道路上和匝道上都装有检测器,以获取交通信息。根据不同的控制方案,通过就地控制器或中心计算机实施限流控制,限流率可依据交通信息作相应的调整。匝道调节可看作对快速道路、匝道和匝道引道上交通监视的一种反应。控制方案的大量变量可根据交通参数的各种组合获得。

各类检测器的安装位置如图7-6所示。在大多数装置中,全部检测器不是在任何一个地点都是必需的。

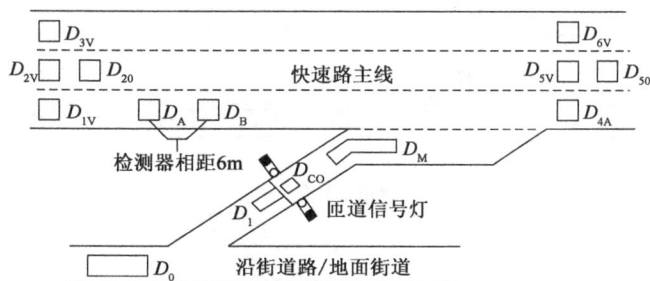

图7-6 快速路进口匝道上检测器的位置

注:D_{1V}、D_{2V}、D_{3V}、D_{4V}、D_{5V}、D_{6V}为快速路上的交通量检测器;D_{20}、D_{50}为占有率检测器;D_A、D_B为用于测量速度和车辆间隔的检测器;D_M为交汇区的检测器;D_0为等待队列检测器;D_1为"登记"检测器;D_{CO}为"检验"检测器。

快速道路上的交通量检测器可以是只具有检测车辆有无通过功能的车辆检测器,也可以是常见的具有检测平均行车速度和占有率功能的车辆检测器。

D_A、D_B两个检测器相隔大约6m,它们构成速度检测器,获得的速度数据可以用于设计路肩车道交通的间隙;

D_M检测器用来检测停在匝道端部和驶入加速车道起始部分的车辆;

D_0检测器用来检测等待进入快速道路的车队;

D_1检测器用来检测等候在信号灯前的车辆;

D_{CO}检测器用来检测离开信号灯(停止线)的车辆。

1)交通量–通行能力差额控制

匝道信号控制是以D_{1V}、D_{2V}、D_{3V}测得的快速道路交通量与由记录资料确定的下游通行能力(或由D_{4V}、D_{5V}、D_{6V}所测得的下游通行能力)相比较为基础的。此类控制是在实时统计的基础上,累计通行能力和交通量之间的差值,直到出现通行能力可容许车辆通行时,放行匝道上的车辆,控制器再次从零开始累计差值。其他方法只是将上游交通量测量值与下游通行能力进行比较,以确定下一个时间间隔的限流率。

2)占有率控制

占有率控制是以匝道上游测得的占有率(一般用第2车道的D_{20}测得占有率)作为控制基础。通过对以交通量和车速为基础的匝道历史记录交通资料进行统计校核,得到反映现时匝道被占有状况的信息,以此为基础从中选择合适的匝道限流控制条件,此即为占有率控制。

3)路肩车道间隔控制

路肩车道间隔控制仅以路肩车道(仅用D_{1V}检测器)测得的交通量为控制基础。根据D_{1V}检测器测得的交通量与已知下游路肩车道通行能力(或根据D_{4V}检测器测得的交通量)进行比较,将能显示是否有为交汇车辆利用的间隔,也可相应地配置限流率。

4)可插车间隔交汇控制

这种控制系统根据快速道路路肩车道检测器D_A、D_B对可插车间隔的探测进行工作。可插车间隔是根据快速道路交通条件确定的一个控制参数(临界间隔)。这种方案需使从匝道信号前起动车辆的行程时间与到交汇区的可插车间隔的移动时间相匹配,如图 7-7 所示。

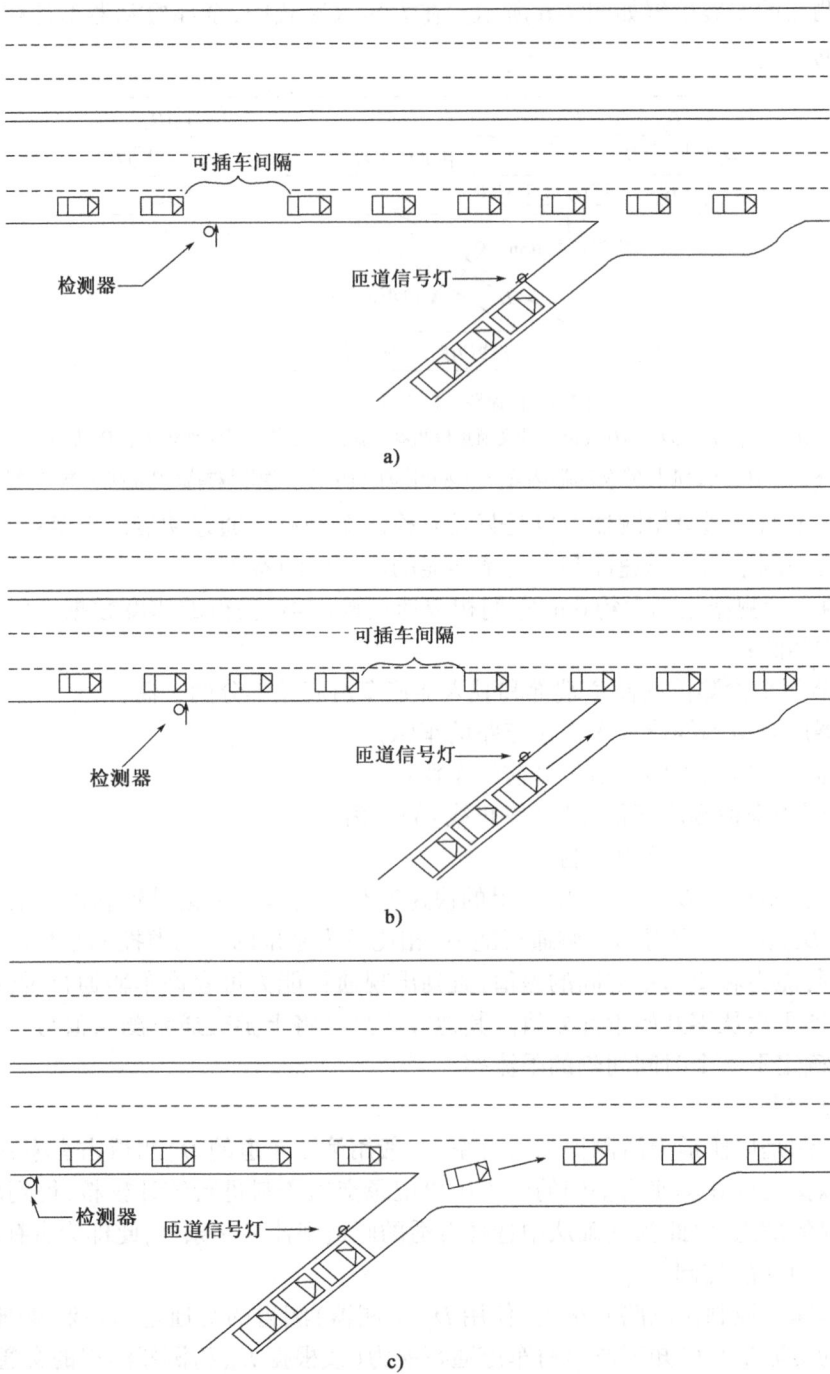

图 7-7　匝道控制的可插车间隔模式

a)可插车间隔的探测;b)可插车间隔的投射;c)车辆汇合

5)移动交汇控制

移动交汇控制系统为匝道上的驾驶人提供驶出匝道的连续显示功能。图 7-8 所示为一种一系列移动的间距为 2m 的顺次发光的交通灯移动交汇控制系统,在经由路肩车道检测器确定快速道路的可插车间隔后,该"定速"交通灯可引导驾驶人进入一个可插车间隔。另一种移动交汇控制系统(图 7-9)通过一种或几种移动的绿带显示能够交汇进入快速道路的可插车间隔,用以指示驾驶人驶出匝道。对于后一种系统,一旦交通量超过一定值,匝道将按定时调节限流控制。若快速道路的几何设计标准较低,以致使车流在交汇区交汇易发生危险时,采用这种系统特别有效。

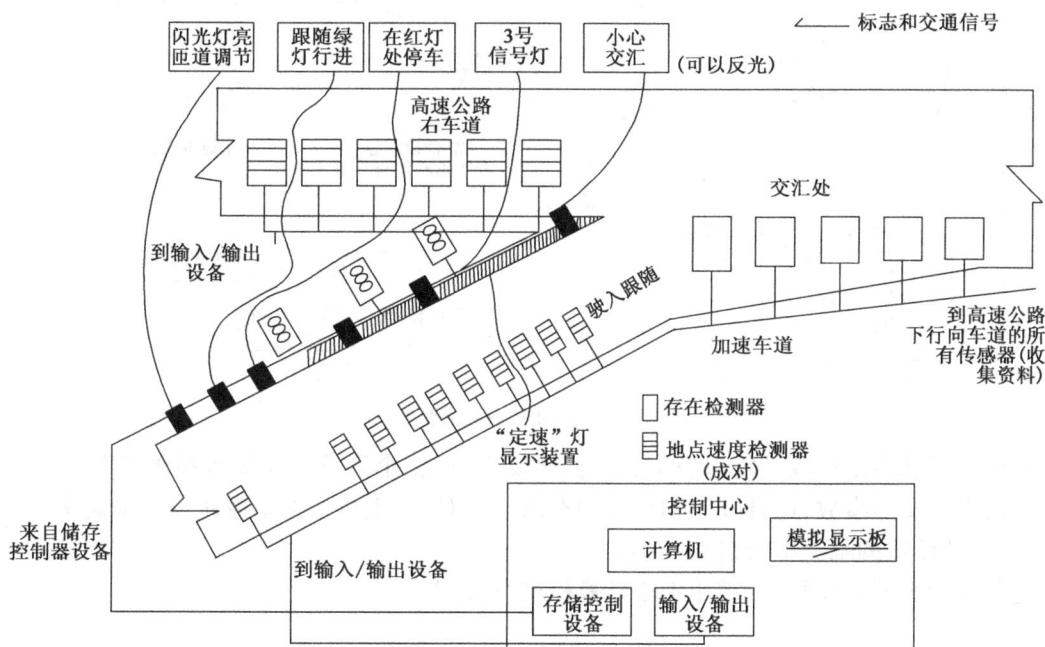

图 7-8 移动交汇控制的定速系统

最后对入口匝道控制的几种控制方法作如下几点说明:

(1)若入口匝道具有良好的加速车道等几何设计,则采用定时调节、交通量 – 通行能力差额控制或占有率控制系统,可获得良好的经济效果,无须采用可插车间隔或移动交汇控制系统。

(2)以占有率为基础的控制系统,用交通量 – 通行能力差额控制法来限流调节,已被证明具有较好的效果。

(3)对因视距不良或加速车道、坡度等道路条件造成车辆交汇困难的老式快速道路,采用可插车间隔控制是有利的。

(4)移动交汇控制对低标准交汇运行的匝道是有利的。

(5)采用单车调节控制的地方,由于信号周期循环需要时间限制,入口匝道的交通量将不大于 800 辆/h。

4. 匝道系统控制

将一系列匝道集中起来作为一个整体统一考虑交通控制的系统,称为匝道系统控制。其限流率根据整个系统的交通量与通行能力之差确定。与独立的限流控制相比,匝道系统控制的优点是能够兼顾整个系统。

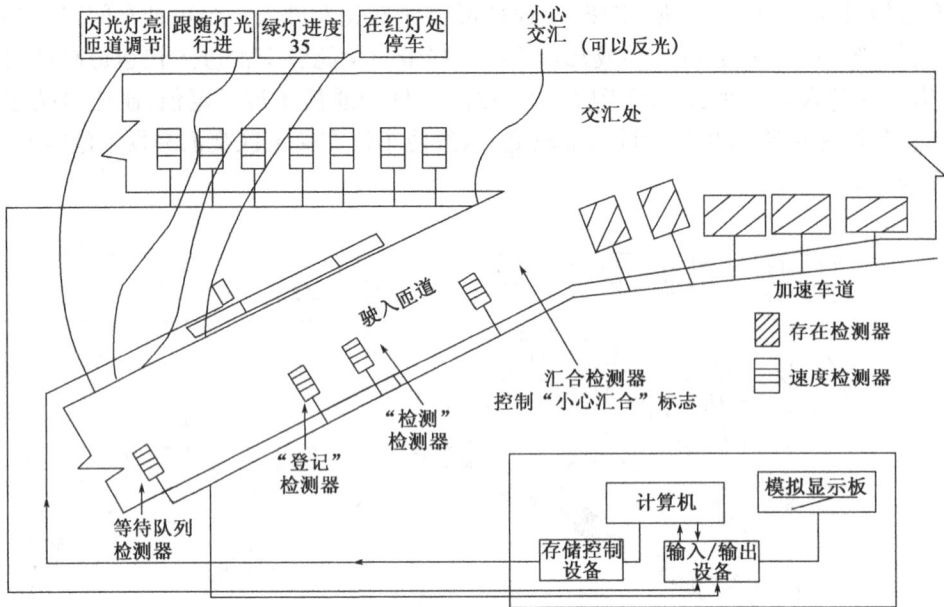

图 7-9　移动交汇控制的绿带系统

整体车辆感应限流控制能适应交通量变化要求,使整个系统的车流保持最佳化。若快速道路某段发生交通事故,这种控制则会特别有效。此时,发生事故的下游匝道的限流率会自动增加,而上游匝道的限流率会自动减小。

这种控制系统操作复杂,需用中心计算机进行控制。

第三节　快速道路出口匝道控制

理论上,快速路出口匝道控制可采用如下两种方法:

(1)调节驶离快速道路的车辆数。

(2)封闭出口匝道。

第一种控制方法并非一种有效的方法,唯一有利之处是缓解了接近快速道路交叉口的交通拥挤程度。不过,这将意味着要增加交通事故的风险,因为在信号灯前停车,车辆急剧减速,有发生滑行和造成尾端冲撞的危险,且使等待驶离快速道路的车辆排队从信号灯向后延伸到快速道路上。

如美国底特律戴维森—洛奇快速道路上的互通式立体交叉口就采用了出口匝道调节控制。这个交叉口遇到问题的对策是,每当匝道上车队有变得过长的迹象时,就使匝道信号转变为绿灯。

第二种控制方法可大大减少车辆在该处的交织,从而避免了交通事故的发生。特别是当一个大型互通式立交的出口匝道与所连接的城市沿街道路相距较短时,或者出口匝道与所连接的城市近郊道路相距较短时(小于 0.8km),封闭出口匝道的控制是一种很实用的解决办法。

封闭出口匝道的缺点是：

（1）大大增加了驾驶人的行车时间及绕行距离。

（2）若使用人工控制的栅栏或某种形式的自动门，则在高峰期封闭匝道的费用较高。

（3）由于限制了出口，将会引起强烈的负面效应。

（4）发生尾撞事故的可能性大大增加。

第四节　快速道路交通监测系统

快速道路监测系统主要包括快速道路交通异常事件检测和排除的监测系统、快速道路通道运行监视系统等。以下对这些系统的组成及功能作简要介绍。

一、快速道路交通事件监测系统

1. 交通异常事件的检测

交通异常事件检测系统的目的是尽早获得发生交通异常事件的迹象，便于及时采取措施，迅速排除可能引发交通异常事件的隐患。检测方法有如下几种。

1）电子监视

使用电子监视检测交通异常事件，要求在快速道路上安装大量的检测器，所用检测器大部分与匝道控制设备所用的检测器相同。快速道路上若同时安装电子监测系统和匝道控制设备，则很多检测器可共用。检测器通过中央计算机连续监测，并根据各检测器的数据，判断交通异常事件是否发生。

这种方法的优点是除了能对整个道路网的交通状况进行连续监测外，还可用来对其他情况包括评价快速道路使用条件改善后（如匝道控制）对交通的影响进行监视。

该系统的缺点是不能确定交通异常事件的性质，还需进行其他人工跟踪监视。从某种意义上讲，电子监测系统存在"盲区"，可能遗漏一些交通异常事件，也可能产生某些假警报。

2）视频监控

通过安装在道路上的视频监控设备，道路交通监控中心的操作人员可以在中央控制室直接观察快速道路上的交通状况，从而迅速确定异常事件发生的时间、性质、救助设备的类型、行车的影响以及排除异常事件应采取的相应措施。这种方法的优点是管理人员仅通过远程视频监控就能辨别出路段上所发生的交通事件，并确定应采取的措施。其缺点是系统维护时会影响交通运行，且在恶劣天气里难以获得清晰的视频影像。

3）无人机监视

近年来，随着无人机技术的飞速发展，特别是多旋翼低空无人机空中待机时间的不断改进，无人机因其操控的灵活性、携带的便捷性、视野的开阔性等诸多优点，迅速得到公安交通管理部门的青睐，在道路交通状况监测中得到了应用。从实际应用来看，基于小型低空无人机的道路交通监控模式，仍受到电池容量的限制，以及飞控安全难以保障、航拍图像难以精确自动分析等问题的困扰。

4)驾驶人救护合作系统

FLASH 是"闪光求助"的缩写,它是一种利用驾驶人的互助,报告受难驾驶人需要帮助的监视系统。驾驶人只需按照规定的次数用汽车前照灯发出闪光求助信号,闪光求助监视系统即可接收驾驶人的求助信号。这种系统的主要优点是安装和使用费较低,可以在很宽的光强范围内和不同的气候条件下工作,驾驶人不需离开自己的汽车就可获得援助。目前,美国已对这种监视系统的实用性进行了试验,结果证明它的使用效果相当好。闪光求助监视系统已在佛罗里达州投入使用,图 7-10 是这一系统的标准布置图。

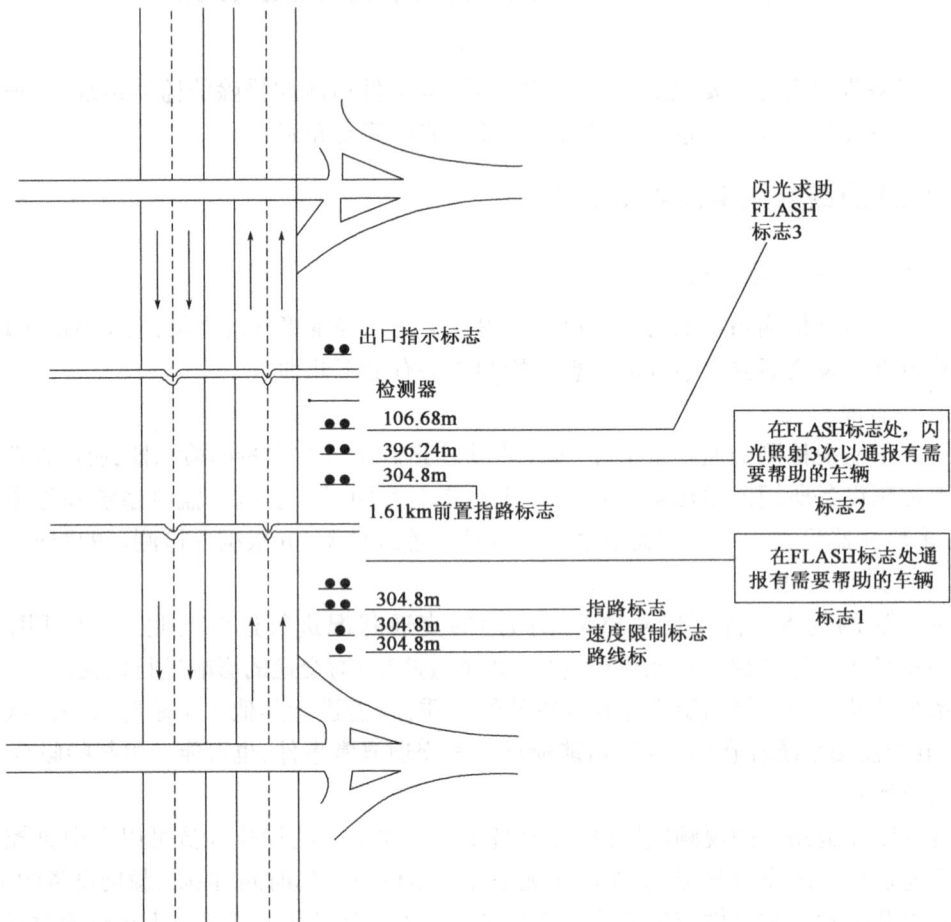

图 7-10 "闪光求助"标志配置的标准位置

2. 交通异常事件的处理

对于交通异常事件的处理,国内外的接处警机构和处置流程基本相同。但在处理方式上,国内主要通过所在行政辖区的公安交通主管部门,直接或会同相关部门对交通事件进行处置。国外一般通过警察巡逻车、工程维护车和营业服务车来完成。这些车都有固定的基地站,当收到呼援信号时就出车,或不停地在干道上巡逻,随时应对任何交通异常事件。

1）警察巡逻车

警察巡逻车是较常用的形式,其优点是比其他车辆所能提供的服务更迅速,能很快到达出事地点。但其主要缺点如下:

(1)因受人力和财力限制,巡逻车不可能在管辖范围内的所有干道上一天24h都提供服务,它只是集中在特别繁忙的道路上,每天按规定的时间巡逻。

(2)其他一些业务工作可能限制担任巡逻任务的警察人数。

(3)很多交通事件的处理可能会困扰警察,使警察减少执行其他勤务的时间。

2）工程维护车

工程维护车按定期维护需要(如燃料、机油、水、换轮胎和小修)在路旁提供服务。美国有些州在选择的路线上全年提供昼夜服务;有些州通过专门装备的警察车或维护工程车提供服务;有些州与私人维护机构签订合同提供定期服务。

3）营业服务车

营业服务车的服务效果通常被认为是较好的。美国油料公司创办的救援系统,在圣地亚哥采用五辆载货汽车和一架直升机对包括五条主要快速道路总长177km的区域内于早高峰和下午高峰期间提供免费服务,服务内容有供应汽油、水、机油,更换轮胎及小修等。

实践表明,安装间距为0.4km的呼援装置和由两个固定的警察巡逻车服务以及长为8km的快速道路上3辆固定的工程维护车组成的救援系统被认为是较好的救援系统。

二、快速道路通道运行监控系统

快速道路的通道以快速道路及其匝道为主体,由快速道路的沿街道路、平行于快速道路的邻近干线街道以及有关的横向道路组成。

设置通道监视和控制系统的目的在于,通过更有效的交通分配和管理,使得现有快速道路设施获得较充分的利用。因此,除快速道路及其匝道外,特别在快速道路的沿街道路、平行于快速道路的干线街道和平行于干线街道之间的横向街道等地方需要进行监视和控制。最终目的是把城市分割成以快速道路为骨干的向心扇形面,在每个扇形面中实行通道监控,使这种监控与中心地区的城市交通控制系统相协调。因此,整个城市交通处于整体监视和控制之中,如图7-11所示。

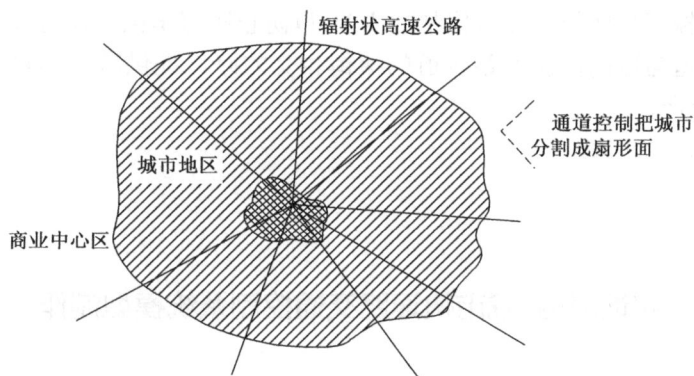

图7-11　分割城市成扇形面的通道控制

1. 快速道路通道的监控方法

(1)监视快速道路交通。

(2)快速道路交通控制,特别是匝道交通的控制。

(3)沿街道路的控制和监控。

(4)干线街道的控制和监控。

(5)进入快速道路的驾驶人信息系统。

(6)离开快速道路的驾驶人信息系统。

2. 沿街道路的监控方法

沿街道路网除本身构成一个网的作用外,还兼起快速道路和干线干道网的一部分作用。沿街道路可按下述任何一种方法进行控制:

(1)沿街道路与主要横街交叉,可以按孤立交叉口处理,用局部控制器进行控制。

(2)如果是连续的沿街道路,可以起主干线的作用,所有交叉口采用联动控制(计算相位差)。

(3)由于城市主要干道横过沿街道路,并为其提供交通服务,故沿街道路也可发挥干道路网的一部分作用。

(4)当快速道路由于正常的高峰期拥挤,或在高峰期或非高峰期发生不可预测的交通异常事件,快速道路不能保证一定的服务水平时,沿街道路可以作为快速道路的分流路线,此时,应对沿街道路和快速道路匝道进行协调控制。

(5)进行快速道路匝道控制时,由于不考虑等待车队长度,可能影响沿街道路交叉口的通行,因此对匝道和沿街道路应进行协调控制。

3. 干线街道的监控方法

干线街道的交通监控是通过街道检测器的监控和局部控制器的联动来实现的。其采用的技术措施如下:

(1)使干线街道的交通信号和快速道路的信号协调,从而达到最少的行程时间(或其他标准)。

(2)快速道路互通式立体交叉上的交通信号与干线横街上的交通信号进行协调控制。

(3)匝道限流控制与横街交叉口控制的协调,以防止匝道车辆队列通过交叉口。

(4)在干线街道与通向快速道路匝道的横街相交的路口提供转弯相位,并尽可能用可变交通信息显示相配合。

技能训练

实训项目:城市快速路交通控制系统模型制作

一、学习目的

(1)理解城市快速路主线控制、出入口匝道控制及交通监控系统的结构、功能及工作原理。

（2）能够独立制作一套城市快速路交通控制系统模型，包括模型设计、模型图绘制、材料采购、模型制作及说明书撰写。

二、学习条件

（1）以某城市的某条快速路（含出入口匝道）示意图作为本项目实训素材。

（2）利用计算机绘图软件 AutoCAD 或 Visio 设计和绘制模型图。

（3）必要的模型制作材料，如 KT 板、剪刀、小刀、胶带、长直尺、木板（120cm×80cm）、胶水、木胶、草皮、草籽、仿真树、沙土、石头、仿真小汽车、仿真交通信号灯、仿真摄像机、仿真交通信号机、仿真线圈、道路护栏等。

三、学习方法

1.教师讲解

结合实训素材，同时结合本章所讲知识点，对本次实训的主要内容、实训要求进行必要的讲解：一是要求学生在制作模型前要进行模型设计，二是要调查并做好材料的采购工作，三是在模型制作过程中要团结协作，四是强调安全事项及本次实训提交成果的考核要求。

2.学生实训

（1）实训分组：本次实训内容涉及观察、分析、讨论等环节，建议分组实训，2～3人一组。

（2）领取素材：以小组为单位领取实训素材。

（3）学生分工完成本次实训。

四、注意事项

充分结合本章所学知识，掌握利用计算机绘图软件进行模型设计与绘图的基本技能，在动手过程中深入理解城市快速路交通控制系统的结构与项目实施等内容。

五、学习要求

每一小组提交一套城市快速路交通控制系统模型。

六、能力拓展

在本实训项目的基础上，思考如何实现快速路交通控制与交通诱导的紧密结合。

思考练习

1.简述快速道路常用的几种主线控制方法，并对这些控制方法的应用特点进行对比。

2.简述快速路入口匝道控制和出口匝道控制的作用、基本类型及其控制方法。

3.简述快速道路交通事件监测系统用于交通异常事件检测的几种方法。

第八章

交通信号控制系统设备

交通信号控制系统设备是实施各项控制功能的基础条件,本章在前面介绍的各类信号控制方法基础上,对组成道路交通信号控制系统的主要设备进行了介绍,重点包括交通信号控制机、交通信息检测器、联机通信设备及交通控制中心设备等。

第一节　交通信号控制机

一、交通信号控制机的主要类型

作为机电型自动化控制设备,交通信号控制机伴随着机械、电子、控制等技术的发展而不断发展。早期的机械式、机电混合式产品已经退出历史舞台,取而代之的是现代电子型交通信号机。从结构来看,现代电子型交通信号机一般由主液晶显示屏、CPU 板、控制板、带光耦隔离的灯组驱动板、电源、按钮板等 6 种功能模块和插件板、配电板、接线端子排等附件组成,材质多为优质的铝合金型材,具有结构坚固、外形美观、散热性能好等特点。下面从应用的角度,介绍目前应用较为广泛的几类交通信号机。

根据道路交通信号机的信号控制功能的不同,可将道路交通信号机分为 A、B、C 三类,如表 8-1 所示。

交通信号机类别及基本控制功能分类

表 8-1

序号	交通信号机控制功能	A 类信号机	B 类信号机	C 类信号机
1	黄闪控制	●	●	●
2	多时段控制	●	●	●
3	手动控制	●	●	●
4	感应控制	—	●	●
5	无电缆协调控制	—	●	●
6	联网控制	○	○	●
7	单点优化控制	—	○	●

续上表

序号	交通信号机控制功能	A类信号机	B类信号机	C类信号机
8	公交信号优先	—	—	●
9	紧急事件优先	—	—	●

注:1."●"为应具备的功能,"○"为宜具备的功能。

2.资料源于《道路交通信号控制机》(GB 25280—2016)。

由表8-1可知,A类信号机的功能相对最简单,C类信号机的功能相对最复杂,B类信号机的功能介于A、C类信号机之间。

根据道路交通信号机的安装环境的不同,可将道路交通信号机分为室内机和室外机两类。其中室内机安放在室内、室外机箱等非露天环境中工作,室外机可直接安装在露天环境工作。

根据道路交通信号机的使用形式的不同,可将道路交通信号机分为固定式信号机和移动式信号机两类。

下面从应用的角度,对目前应用较广泛的交通信号机的几类功能进行介绍。

(1)多时段定时控制

多时段定时控制是各类交通信号机的一项基本功能。在具体实施控制时,需要交通管理技术人员根据受控路口以往的交通资料,在信号机中设置多个适应交通流量变化的时段,且每一时段都设置一种信号控制方案。当信号机通电以后,将根据时钟日历的当前时刻,自动按时段设置切换相应的控制方案,从而完成交通控制功能。由于不同时段的控制方案是基于各个时段的交通流分布来进行优化配置的,故大部分情况下,多时段定时控制方式可以取得较好的效果。

(2)感应控制

感应控制是B类和C类信号机都具备的功能。由第三章所述的感应控制原理可知,感应控制分为半感应控制和全感应控制两类。半感应控制只对相交道路的一部分交通流进行感应控制,全感应控制则要对所有信号相位都执行感应控制。

(3)协调控制

根据信号机之间是否联网,协调控制又可分为无电缆协调控制和联网控制两类。其中,无电缆协调控制是B类和C类信号机都具备的功能。与C类信号机必须具备联网控制功能不同,国内相关标准规定A、B类信号机宜具备联网控制功能即可。所谓无电缆协调控制,是指所有参与协调控制的信号机之间没有信号控制线相连,其相关协调控制是靠采用共同的时基同步实现的。这种方法的优点是比较简单易行,但信号控制器的时钟随供电网络周波频率的波动产生较大的误差,需要用人工或自动装置及时校正,以弥补这一缺陷。联网控制是目前城市交通控制系统中较先进的一种信号控制功能,可以使信号控制系统根据交通流的实际状态对区域、子区、路口信号参数进行实时动态调整,使得车辆通行效率达到最佳。

二、交通信号控制机的主要功能

1.基本功能

1)一般要求

交通信号机基本功能的一般要求如下:

(1)信号机内部的日历时钟,在 0～40℃条件下,误差不超过 ±20s/10d。

(2)如无特殊规定,下文中信号持续时间的调节步长均为1s。

(3)黄闪信号频率为 55～65 次/min,其中信号亮暗时间比为 1∶1;其中,卤钨灯光源的闪光信号频率允许降低,但不得低于 30 次/min,信号亮暗比不得大于 1∶1。

(4)人行横道信号灯绿闪信号频率、信号亮暗比同黄闪信号。

(5)在控制方式转换、配时方案变化时,信号显示状态应实现平滑过渡。

2)启动时序

当信号机通电开始运行时,信号机应先进行自检,然后按如下时序启动:

(1)相位应先进入黄闪信号,持续时间至少 10s。

(2)黄闪信号结束后应进入全红状态,持续时间至少 5s。

(3)启动时序结束后,信号机按预设置的方式运行。

3)信号转换

(1)基本转换序列

机动车、非机动车、行人过街信号基本转换序列如下:

①机动车信号:红→绿→黄→红。

②非机动车信号:红→绿→黄→红。

③行人过街信号:红→绿→红。

(2)信号持续时间

绿灯信号、红灯信号持续时间应根据路口实际情况设置。黄灯信号持续时间可调,至少持续3s。

4)手动控制

应能够通过手动控制装置控制信号机的运行。

5)控制方式转换

信号机自动控制与手动控制进行相互转换时应符合如下要求:

(1)信号机从自动控制方式转入手动控制方式时,手动开关作用以后,应保持原有相位的最小绿灯时间。最小绿灯时间根据路口实际情况设定。

(2)从手动控制方式转入自动控制方式时,信号状态不可突变,各相位信号应保持转换时刻的状态,并从当前信号状态开始以自动控制方式开始运行。

6)设置功能

信号机应能通过操作面板或手持终端进行控制方式的设置和信号参数的调整。具有联网控制功能的信号机,可以通过通信接口接收并执行上位机的控制方式设置和参数调整等指令。具有操作面板设置功能的信号机,应通过参数设置口令实现控制方式的设置和信号参数的调整。

2. 故障监控功能

1)一般要求

信号机应具备完备的故障监测和自诊断功能,故障发生后应采取适当措施,并发出故障警示信号。

2）黄闪控制装置

信号机无法正常工作时,应能通过独立的黄闪控制装置将信号输出切换为黄闪状态,保证路口通行安全。

3）故障处理

（1）严重故障。

发生以下严重故障时,信号机应立即进入黄闪或关灯状态：

①绿冲突故障。

②信号组所有红灯均熄灭。

③信号灯组红灯、绿灯同时点亮。

④影响道路交通安全的其他严重故障。

（2）一般故障。

发生以下故障时,信号机应能够在功能降级的情况下继续运行：

①黄灯、绿灯故障。

②通信故障。

③检测器故障。

④影响信号机正常运行的其他故障。

4）故障信息存储

交通协调控制信号机应能对所有运行期间采集的故障信息进行存储记录。在发现故障时,应能上传故障信息。所存储的信息应能在信号机或与信号机相连的外部设备（该设备可检索并显示储存信息）上显示、查阅。信号机至少应能连续记录 3 000 条故障信息,记录采用循环覆盖的方式,应能对故障记录信息进行人工清除。

5）故障信息内容

（1）以代码或文本形式记录下来的故障类型与细节。

（2）故障发生的时间与日期。

（3）故障清除的时间与日期。

3. 信号机的控制功能

下面介绍 A、B、C 类三类信号机的主要控制功能。

1）A 类信号机

（1）具备黄闪控制功能。

（2）具备多时段控制功能,提供至少 4 个独立的信号组输出,其中至少 2 个信号组可以作为行人灯信号;能设置至少 10 个时段、10 种以上控制方案;能根据不同周日类型对方案进行调整。

（3）具有手动控制功能。

（4）具备信号机识别码、信号机型号等信息的存储和读取功能。

（5）具有响应行人过街请求功能,至少提供 2 个行人按钮检测器接口,行人请求方式、响应时间、放行时间可设定。

（6）信号机出现故障应能按如下顺序降级：（行人请求）→定时控制→黄闪。

2）B 类信号机

（1）应具备 A 类信号机的全部功能。

（2）具有感应控制功能，能提供至少 8 个车辆检测器信号接口，可扩展至 16 个；最大绿灯时间和最小绿灯时间可根据交叉口、路段（匝道）的实际情况进行设置。

（3）具有无电缆协调控制功能，能进行定期校时，实现无电缆协调控制。

（4）信号机出现故障应能按如下顺序降级：无电缆协调控制→感应控制→定时控制→黄闪。

3）C 类信号机

（1）具备 B 类信号机的全部功能。

（2）提供至少 8 个相位控制，可扩展至 16 个以上相位控制；提供至少 8 个独立信号组输出，可扩展至 16 个以上独立信号组输出。

（3）具有联网控制功能，通过通信接口与上位机或其他信号机连接。

（4）具有单点优化控制功能，能够根据采集的交通流量信息，调整绿灯、红灯时间。

（5）具有优先控制功能，能够实现公交车辆等优先通行。

（6）信号机出现故障应能按如下顺序降级：上位机控制→无电缆协调控制→感应控制→定时控制→黄闪。

三、交通信号控制机的性能要求

随着现代科学技术的发展，交通信号控制器作为一种系统设备，也在不断地走向规范化、标准化。目前一些发达国家颁布了一系列针对各种交通信号控制器的标准，我国目前采用的交通信号控制器相关标准包括《道路交通信号控制机》（GB 25280—2016）、《道路交通信号灯》（GB 14887—2011）、《道路交通信号灯设置与安装规范》（GB 14886—2016）和《道路交通信号控制机与车辆检测器间的通信协议》（GA/T 920—2010）等。

1. 交通信号机的电源及电气装置要求

1）一般要求

信号机内部电气装置及部件的布局应合理，使操作人员在安装、使用、维修时安全、方便，所有机架安装设备的布置要做到在拆除时不会影响其他邻近设备。

地面安装室外机内部的任何电气部件距机柜底部的距离应不小于 200mm。

2）电源

信号机主电源额定电压：交流 220V±44V、50Hz±2Hz。

3）开关

信号机应安装具备过载、短路保护功能的电源总开关。开关的额定电压、额定电流值应符合交流 380V、20A 的最低容量要求。信号机应有独立的、具备过载和短路保护功能的灯具驱动输出回路开关，开关额定电压及额定电流应符合交流 380V、20A 的最低容量要求。信号机应提供单独的备用主电源接入端子，备用主电源通过转换开关接入电源总开关，转换开关的额定电压、额定电流应符合交流 380V、20A 的最低容量要求。

4）避雷装置

信号机的电源输入端及灯控信号输出端应安装避雷装置及元件，或采取其他避雷措施。

5）灯控器件

输出信号的灯控器件应采用光电耦合器、固态继电器或其他器件，使输出的灯控强电信号与内部电路有效隔离。在灯具驱动输出的每一回路中应安装熔断器，在短路时保护灯控器件。

6）内部照明装置

室外机在机柜内应设有照明装置，满足机柜内部照明要求。

7）接线端子

灯控信号组输出端的接线端子应符合交流 220V、5A 的最低额定容量要求。接线端子排（组）应牢固固定于信号机机柜或机架上。在进行接、拆信号线等正常操作时，接线端子排（组）不应有松动现象。信号输出端子应采用压线式接线端子、接插件端子等可靠方式连接。连接完毕后，导线不应有松动现象。

在正常使用中，当机柜门打开及所有面板和盖板处于正常位置时，对所暴露出来的承载交流 220V 电压的接线端子或带电部件，应采取包括凹入式保护、固定挡板、绝缘包覆或其他方式进行防护，这些防护措施应无法被轻易拆除，但设备维修情况除外。

8）导线

信号机内的导线均应使用铜线，其中电源导线至少应有 20A 的电流容量，信号机接地端子连接导线应有 40A 的电流容量。

9）布线

对信号机的内部导线应进行适当保护，以保证这些导线不会接触到可能会引起导线绝缘损伤的部件。当导线需穿越金属孔时，金属穿线孔应进行倒角，不得有锋利的边缘，导线应装有衬套。所有终端和设施接线要布置整齐，使用线夹、电缆套、电缆卷或管道固定好，线束内的线路要编扎好，走线安排要做到任何接线总成的拆除均不会影响到与该总成无关的线缆。

10）接地

信号机内应设有专门的接地端子，接地端子应与大地有效连接，室内机的安装机箱也应设有接地端子，接地端子应与大地有效连接。信号机机柜、内部电路单元固定支架、固定螺栓等在正常使用操作中易触及的金属零部件均应接地，还应保证各部件接地的连续性。

所有承载交流 220V 电压部件的金属外壳应与接地端子连接。所有与接地端子连接的导线均应为黄色和绿色双色导线或铜编织线，截面面积不小于 $6mm^2$。

机内避雷器的接地线不应直接与机内的保护接地端子连接，安装时应符合《道路交通信号控制机安装规范》（GA/T 489—2016）的要求。

11）负载要求

信号机在输出驱动阻性、容性、感性负载的信号灯时均应工作正常。在驱动以上形式负载的情况下，信号机驱动关闭时，信号灯应熄灭并且输出的端电压应小于交流 30V。

2. 交通信号机的电气安全要求

1）电源适应性要求

在表 8-2 所示的各种供电电源情况下，信号机的各项功能均应正常，不应出现任何异常现象。

电源适应性试验　　　　　　　　　　　　　　　表8-2

序号	供电电源	工作时间	序号	供电电源	工作时间
1	264V、48Hz	1h	3	176V、48Hz	1h
2	264V、52Hz	1h	4	176V、52Hz	1h

2）绝缘要求

信号机电源电极或与电源电极相连的其他导电电路和机柜、安装机箱等易触及部件（不包括避雷器）之间的绝缘电阻应不小于10MΩ。经恒温恒湿试验后，绝缘电阻不应低于5MΩ。

3）耐压要求

在电源电极或与之相连的其他导电电路和机柜、安装机箱等易触及部件（不包括避雷器）之间施加1 500V、50Hz试验电压，试验中不应出现击穿现象，试验后信号机应无电气故障，功能应正常。

3.电磁抗扰度性能要求

被测信号机在静电放电、电快速瞬变脉冲群、浪涌、电压短时中断等电磁骚扰环境下，不应出现电气故障，信号机主控、灯输出驱动控制模块试验结果评定应符合《电磁兼容　试验和测量技术　静电放电抗扰度试验》（GB/T 17626.2—2018）、《电磁兼容　试验和测量技术电快速瞬变脉冲群抗扰度试验》（GB/T 17626.4—2018）、《电磁兼容　试验和测量技术　浪涌（冲击）抗扰度试验》（GB/T 17626.5—2019）、《电磁兼容　试验和测量技术　电压暂降、短时中断和电压变化的抗扰度试验》（GB/T 17626.11—2008）系列标准中1级要求，即不允许其基本功能暂时降低或丧失；通信、车辆检测及其他辅助功能模块试验结果评定应符该系列标准中2级要求，即允许其基本功能暂时降低或丧失，但在试验结束后应能自行恢复正常。信号机内储存的方案数据不应丢失。

4.气候环境适应性要求

信号机气候环境适应性应符合以下要求：

（1）信号机在承受高温高电压、低温低电压、低温启动、恒温恒湿等各项气候环境试验时，试验中及试验后应无任何机械损伤和电气故障，应保持功能正常。

（2）信号机在雨淋试验中及试验后，均应能正常工作，机柜内应无渗水或积水现象。

注：雨淋试验仅适用于室外机。

（3）信号机在承受盐雾试验后，应能正常工作，机柜、内部机架等金属部件不应有严重锈蚀情况。

（4）信号机在承受粉尘试验中及试验后，均应能正常工作，机柜内应无大量积尘。

注：粉尘试验仅适用于室外机。

5.机械环境适应性要求

信号机在承受振动、冲击试验后，应保持其物理结构的完整性，信号机及其内部结构单元不应产生永久性结构变形、机械损伤、电气故障，紧固部件无松动。信号机内部线路、电路板、接口等接插件不应有脱落、松动或接触不良现象。试验中及试验后，应保持功能正常。

6.机械强度要求

机柜在承受钢球冲击试验后，外壳表面的损坏不应触及重要零部件，不应影响信号机正常工作及使用操作,不应影响安全及信号机的防水性能。

7.连续工作稳定性

信号机连接信号灯(一般为白炽灯)负载连续通电工作 240h 不应出现任何故障。

四、交通信号控制机的通信协议

交通信号机的通信协议是交通信号机与其他设备之间完成通信或服务所必须遵循的规则和约定,是整个交通信号控制系统的关键。

2008 年 1 月 1 日,我国首次颁布实施了《交通信号控制机与上位机间的数据通信协议》(GB/T 20999—2007)。该协议的颁布不仅打破了国外企业在我国城市交通控制中的垄断格局,也有利于国内企业和研究机构掌握城市交通信号控制系统的核心技术,开发具有自主知识产权的关键设备,从而显著提升国内相关企业的核心竞争力。

该协议结构包括物理层、数据链路层、网络层和应用层。除应用层外,每一层提供了多种选择方案,符合该标准的协议至少实现从上到下的一个相容协议栈,如图 8-1 所示。

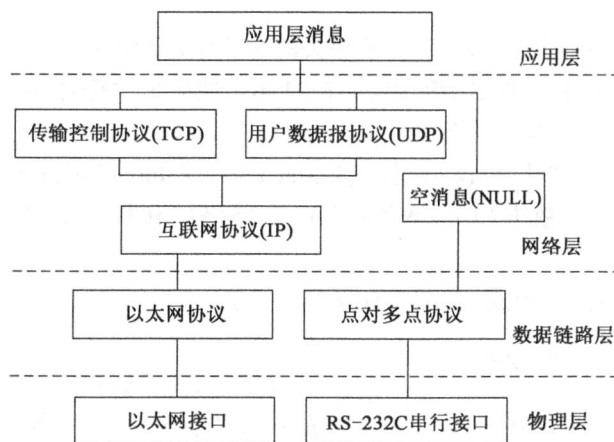

图 8-1 我国交通信号控制机与上位机间的数据通信协议结构

1)物理层

物理层包括通信基础设施(铜线、同轴电缆、光纤、无线等),还包括比特流是怎样被传输和接收的,但不关注比特流的含义和结构。

物理层接口主要包括 RS-232-C 数据终端设备接口和以太网口两种接口形式,交通信号机应至少提供其中一种物理层接口。

RS-232-C 数据终端设备接口的实现应符合以下规定:

字节结构为 1 个起始位,8 个数据位,1 个校验位,1 个结束位;接口提供的信号应至少包括下列信号:地(Earth Ground)、数据发送(Transmit Data)、数据接收(Receive Data)、请求发送(Request to Send)、清除发送(Clear to Send)和逻辑地(Logic Ground);接口支持比特率至少包括:1 200bit/s、2 400bit/s、4 800bit/s、9 600bit/s、19 200bit/s。

以太网口的实现至少提供 RJ45 10Base-T 双绞线接口。

2)数据链路层

数据链路层定义提供的服务,规定了协议编码(语法)、过程和使用的参数。

数据链路层提供的协议包括点对多点协议和以太网协议,交通信号机应至少满足其中的一种协议。

数据链路层提供非平衡无连接类(UCC)服务,协议采用 HDLC 协议的 UCC 模式,采用异步响应模式(ARM),应符合《信息技术 系统间远程通信和信息交换 高级数据链路控制(HDLC)规程》(GB/T 7421—2008)的要求。

所有传输都是以帧的形式进行的。帧的格式结构见图 8-2a)和图 8-2b)。

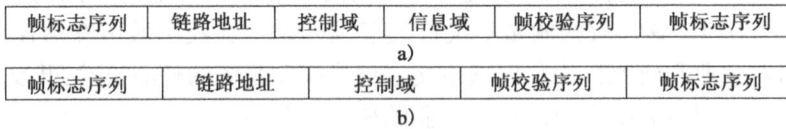

帧标志序列	链路地址	控制域	信息域	帧校验序列	帧标志序列

a)

帧标志序列	链路地址	控制域	帧校验序列	帧标志序列

b)

图 8-2 帧结构

a)信息帧结构;b)命令帧结构

3)网络层

网络层具有多种协议识别功能,定义了相关的协议编码(语法)及过程。网络层提供的协议包括 NULL 协议、TCP/IP 协议、UDP/IP 协议,具体实现应至少符合其中的一种。NULL 协议提供协议识别功能,能区别多个网络层协议。

协议识别功能通过初始化协议识别器(Initial Protocol Identifier, IPI)来实现。IPI 是用户数据信息的数据链路单元数据(DL-UNITDATA)在网络层和数据链路层之间传递的第一个字节。

网络层数据包由两部分组成,其结构如图 8-3 所示。

IPI	引用层数据

图 8-3 网络层数据包结构

4)应用层

在应用层,协议提供了具体消息的格式和内容。应用层消息分为消息类型域和信息域两部分。其中,消息类型域占用 1 个字节,第 7 位即最高位在本协议版本中始终为 1,第 0~3 位表示消息对应的操作类型,第 4~6 位表示消息操作对象的个数。信息域分为对象域和对象值域,其中对象域由对象标识、索引数、子对象和索引组成,对象值域则包括传输对象的值或对象的出错信息。

五、交通信号控制机机柜简介

交通信号机机柜是存放交通信号机、交通检测器、电源开关及其他器件的场所,又称为交通信号灯控制柜。在我国国家标准《道路交通信号控制机》(GB 25280—2016)中,对信号机机柜的物理结构性能有以下要求。

1)外观

信号机机柜内、外表面及控制面板应光洁、平整,不应有凹痕、划伤、裂缝、变形等缺陷。机柜表面应有牢固的防锈、防腐蚀镀层或漆层,金属零件不应有锈蚀及其他机械损伤,各滑动或转动部件活动应灵活,紧固部件不松动,机柜的外部表面不应有可能导致伤害的尖锐的凸起或拐角。常见的交通信号机机柜如图 8-4 所示。

图 8-4 常见的交通信号机机柜

2）机柜结构设计

信号机机柜结构设计应满足：

（1）信号机机柜内部空间应足够大，应有利于信号机的散热、安装、使用和维修。

（2）信号机机柜设计应能防雨，并且尽可能降低灰尘及有害物质的侵入，机柜和安装机箱的设计还要考虑防止顶面积水。

（3）机柜的结构设计应使信号机具有足够的机械强度，能承受正常条件下可预料到的运输、安装、搬运、维护等过程中的操作，并且通过一般工具不应轻易打开。

（4）信号机机柜内部设计应采用标准尺寸机架安装。

3）材料

信号机机柜应采用防锈、防腐蚀材料或做过防锈、防腐蚀处理的材料。信号机内部的印刷电路板材料及部件应进行防潮、防腐、防盐雾的处理。

4）机柜门

室外机机柜门的尺寸应尽可能接近机柜的外部尺寸，机柜门的最大开启角度应大于120°。门应设有牢固的门锁，以防止被非法打开，门锁上应有保护装置。机柜门接缝处应有耐久且有弹性的密封垫，密封垫应连续设置，不应有间断缺口。机柜门锁上之后，不应有松动、变形现象。信号机机柜内侧应设有存放用户手册、说明书、接线图、维修记录等资料的存储盒，存储盒应能存放 A4 纸大小的资料，厚度至少为 20mm。

室外机机柜门上或外侧应设有手动控制门，使用者应在不打开主机柜门的情况下可采用手动控制。手动控制门及门锁设置要求同机柜门的要求，其尺寸应与机柜结构尺寸相适应。手动控制门应设置在机柜的中、上部位置。

5）输入、输出接线位置

对于室外机，所有的输入、输出接线电缆均应从信号机机柜底部的接线孔穿出，接线孔的直径至少为 200mm。接线孔不得有锋利的边缘，接线孔位置应靠近机柜底部的中心。

第二节　交通信号灯

本书第二章第三节已经对交通信号灯的类别及信号灯色的含义进行了详细介绍，在此主要介绍交通信号灯的结构、电气特性及主要功能。

早期交通信号灯使用白炽灯作为发光单元,耗电量大、损坏率高、亮度低,在恶劣天气条件下效果差。20 世纪 90 年代后,发光二极管(Light Emitting Diode,简称 LED)器件的制造工艺取得了突破性进展,采用 LED 灯可省电约 90%,亮度提高 1 倍以上,其具有可靠性高、寿命长、成本低、在雨雾天灯光穿透力强等一系列优点。LED 器件已经作为交通信号灯的主要部件(图 8-5),得到了全面应用。

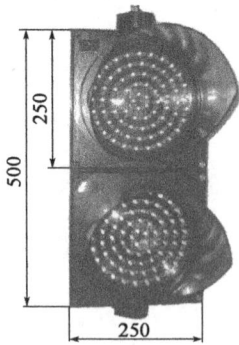

图 8-5　LED 交通信号灯
(尺寸单位:mm)

对交通信号灯,每个国家的主管部门都制定了相应的规范,规定了信号的颜色、最低的照明强度、光束空间分布的图样以及对安装环境的要求等。我国目前使用的涉及交通信号灯的国家标准及行业规范主要有:

(1)《道路交通信号灯》(GB 14887—2011);

(2)《道路交通信号灯设置与安装规范》(GB 14886—2016);

(3)《道路交通信号倒计时显示器》(GA/T 508—2014);

(4)《道路交通信号控制机》(GB 25280—2016)。

一、机动车信号灯

1. 机动车信号灯形式

1)圆形信号灯

圆形信号灯是目前世界各地使用最广泛、最为适用和最主要的信号灯形式,如图 8-6 所示。它的直接含义是对面向信号灯的交通流实行"通行——绿灯""停止——红灯"和"警告停止——黄灯"的指示。圆形信号灯一般情况下为三联灯,即由红色灯、黄色灯、绿色灯三个圆形的发光单元装入铝合金框架构成一个整体。每个发光单元的功率一般不大于 20W。

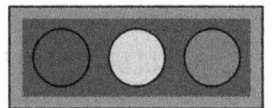

图 8-6　圆形机动车信号灯

2)箭头信号灯

箭头信号灯是一种对车道"路权专一分配"的信号指示灯,因此,一般情况下不应随便设置箭头信号灯。如果设置,则必须确保在箭头方向的交通流与其他交通流不存在任何冲突情况。箭头信号灯一般可以设置为三联灯,由红色箭头灯、黄色箭头灯、绿色箭头灯组合而成,如图 8-7 所示。每个发光单元的功率一般不大于 15W。

图 8-7　箭头信号灯样式

3)复合信号灯

将圆形信号灯和箭头信号灯组合在一起即构成复合信号灯。图 8-8表示具有单独左转车道和"受保护左转"相位设置的情况。根据圆形信号灯和箭头信号灯的不同组合,还有一些其他含义的复合信号灯。

2.机动车信号指示方法

1）统一的信号指示

信号灯的色彩、排列、位置以及使用需要统一。

（1）竖向排列的信号灯,红灯应位于顶部,然后依次是黄色和绿色信号灯。

（2）横向排列的信号灯,红灯应位于左边,然后依次是黄色和绿色信号灯。

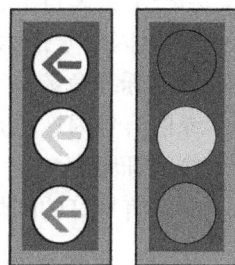

图 8-8 圆形与箭头信号灯复合图

2）允许使用的车辆信号指示方法

（1）红色圆形或红色箭头。

红色圆形和红色箭头信号是允许采取的形式。红色圆形信号表示向前方向交通停止,在保证交通安全的条件下,一般允许右转。红色箭头信号表示在箭头方向的机动车交通停止。一般情况下,这种信号是三联"红、黄、绿"箭头,设置在具有单独右转信号相位的地点。

（2）绿色圆形或绿色箭头。

绿色圆形和绿色箭头信号是允许采取的形式。绿色圆形信号表示向前方向交通允许通行,在保证交通安全的条件下,一般允许左转或右转。绿色箭头信号表示在箭头方向的机动车交通在独有的路权下通行,原则上没有其他任何冲突的交通存在,包括行人和自行车交通。

（3）黄色圆形或黄色箭头。

黄色圆形和黄色箭头信号是允许采取的形式。黄色圆形信号表示向前方向的交通应准备停止通行或已经进入交叉口的车辆安全通过交叉口。黄灯（圆形或箭头）开始时,允许驾驶人在绿灯结束的末尾、黄灯执行时间段,安全进入和通过交叉口（清空）,或者在停止线位置能够安全地停车。黄灯的时间设置必须按照"清空"时间计算决定。一般情况下,黄灯时间设置在 3 ~ 5s。

（4）红色圆形和一个绿色箭头。

红色圆形和绿色箭头信号是允许采取的形式,但是这种形式搭配仅仅适合直行交通采用圆形,左转交通采用箭头的情况。红色圆形信号表示向前方向的交通必须停止通行。绿色箭头信号表示左转车辆在"受保护"环境下可以左转通过交叉口。

3.信号灯显示的其他方面

1）信号灯的直径

圆形信号灯和箭头信号灯的发光面直径一般有两种形式：300mm 和 400mm。

2）圆形红灯闪烁信号

圆形红灯闪烁信号与红灯信号意义相同,要求驾驶人在进入交叉口前停车。当红灯信号闪烁时表明所有进口道的车辆均应停车,如同多路停车控制一样。

道路与铁路平面交叉道口有两个红灯交替闪烁或者一个红灯亮时,表示禁止车辆、行人通行;红灯熄灭时,表示允许车辆、行人通行。

3）圆形黄灯闪烁信号

黄灯闪烁信号警告驾驶人通过交叉口时应谨慎驾驶。持续闪烁的黄灯（在夜间交通量很小的情况下使用）含义：提示车辆、行人通行时注意瞭望,确认安全后通过。

当一个交叉口上,一条道路是黄闪信号,另一条道路是红闪信号时,那么就像两路停车控制一样,黄闪信号指示下的交通流拥有路权。

4)闪烁绿色箭头和圆形信号

绿色信号闪烁时是指绿色信号即将结束。

5)闪烁频率

交通信号灯的闪烁频率应在每分钟 50~60 闪,约每秒钟闪一下。

二、行人信号灯

1. 行人信号灯形式

行人信号灯一般为二联组合灯,即红灯和绿灯的组合,发光单元透光面为 300mm × 300mm 或者直径300mm。一般有以下两种基本形式:

(1)红色站立行人和绿色行走行人的灯组合而成,上面为静态红人,下面为动态绿人,如图 8-9 所示。

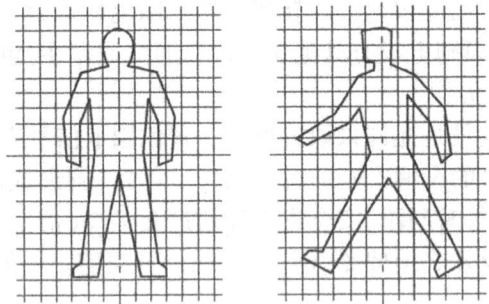

图 8-9　人行横道通行信号图案
注:方格大小为 10mm×10mm。

(2)倒计时模块和红绿行人复合的灯组合而成,上面为倒计时,下面为红绿行人复合灯。

2. 行人信号灯指示

行人信号灯信号指示如下:

1)绿灯亮时

准许行人通过人行横道。

2)红灯亮时

禁止行人进入人行横道,但是已经进入人行横道的,可以继续通过或者在道路中心线处停留等候。

3)倒计时显示

绿色的数字是行人过街还剩余的时间;红色的数字是行人过街还需要等待的时间。

4)无行人指示信号

如果信号控制的交叉口上没有行人信号灯,那么行人可以在合适的车辆信号灯的绿灯指示下通过。

5）静态"通行"信号

静态通行指示表示行人可以按照信号灯所指方向通过交叉口。

6）闪烁"禁行"信号

闪烁的"禁行"指示表示行人不准通过,但是已经进入人行横道的行人可以继续通过。

7）静态"禁行"信号

静态的"禁行"指示表示行人通过时段已结束,其他方向的交通流即将通过。

8）象征性符号

允许使用象征性的符号作为行人指示信号,如一个绿色的行人图案表示"通行",一个红色的手表示"禁行"。这些符号有的已成为世界通用的行人指示信号,但有些国家不使用此类符号,而采用白色和橙色的行人图案。

9）闪烁的"通过"信号

闪烁的"通过"信号(即绿闪)警示行人:可能有与其路线相冲突的转弯车辆。绿闪时间为行人正常通过人行横道所需要的时间,绿闪时间内可以保障行人安全通过道路。目前,我国信号灯控制对绿闪时间没有明文规定,表示的意义也各不相同。如南京市的绿闪时间一般只有5~8s,表示还未进入人行横道的行人禁止通过,已经进入人行横道的行人须加紧通过。如果人行横道比较长,没有中央隔离带或者驻足区的情况下,过短的绿闪时间不能保护行人安全过街。

10）闪烁信号灯控制下的行人信号灯

当车辆信号灯为闪烁状态时,要求行人信号灯是关闭的(即无信号指示)。

三、自行车信号灯

自行车专用信号灯如图 8-10 所示。自行车信号灯设置于冲突区前,用于指示自行车流的通行。自行车信号灯必须由三个灯头组成,每个标准尺寸的信号灯头必须显示自行车图案(黑底加发光图案)。从上到下依次为红灯、黄灯、绿灯。如果信号灯用于控制某一方向的自行车流,三个灯头必须显示相同方向箭头加发光自行车图案。

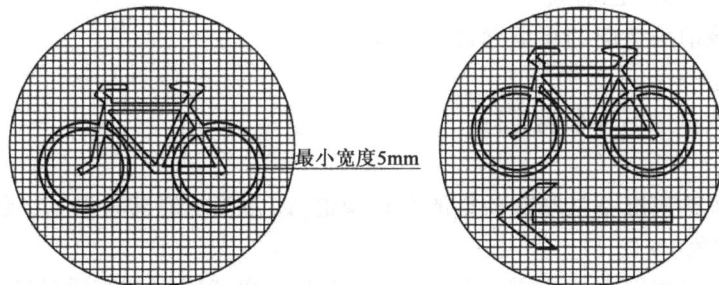

图 8-10　自行车专用信号灯

不需单独控制左转非机动车交通流时,采用竖向安装,信号灯灯色排列顺序由上向下应为红、黄、绿。需要单独控制左转非机动车交通流时,采用竖向安装,分为两组,左边一组为左转非机动车信号灯,由上向下应为红、黄、绿;右边一组为非机动车信号灯,由上向下应为红、黄、绿。

四、车道使用信号灯

车道使用信号是专门架空安装,用以指示某一车道是否允许通行的信号装置,如图 8-11 所示。

图 8-11　车道信号灯

1)可变车道控制

可变车道控制的情况很常见。可变车道可以使道路在特定时段里,某一方向的车道数增加,而在另一特定时段里,对向的车道数增加,这有利于道路控制。

2)道路使用控制信号的排列

道路使用控制信号为矩形,宽度为 300mm,灯头单独安装在所控制道路的正上方。

3)道路使用控制信号

道路使用控制信号应安装在道路上方常见的位置,可以保证驾驶人总能看到至少一个、最好两个指示灯。在信号灯控制的交叉口,道路使用信号应足够远离交通信号灯,以免驾驶人产生误解。

4)道路使用控制信号类型

道路使用控制信号分为以下 4 类:

(1)指向下的静态绿色箭头。

此信号表示该箭头指向的车道允许车辆通行。

(2)静态红色“×”。

此信号表示该车道不许车辆通行。

(3)静态黄色“×”。

此信号表示车辆应准备从箭头所指的车道换道,因为该车道即将显示红色禁行信号。

(4)闪烁的黄色“×”。

此信号表示车辆可以在该车道上左转,但驾驶人应注意使用该车道的对向左转车辆。也就是说,闪烁的黄色“×”信号指定的是一条双向左转车道。

五、道路交通倒计时显示器

1)数码显示倒计时器

用于辅助显示及人行横道信号灯的数码显示倒计时器的透光面尺寸为 $\phi 300\text{mm}$ 或

$300mm \times 300mm$，允许尺寸偏差为 $\pm 10\%$，如图 8-12 所示。

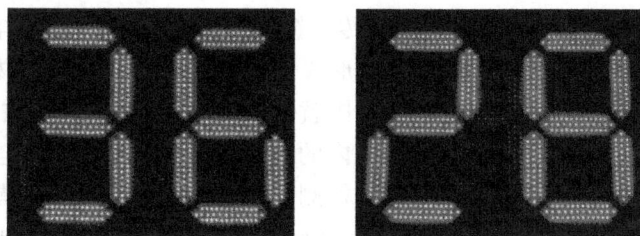

图 8-12 交通倒计时显示器

用于机动车信号灯的数码显示倒计时器的尺寸应符合表 8-3 要求。

倒计时器的尺寸(mm)　　　　　　　　　　　　　　　　　　　　表 8-3

遮檐伸出机壳外长度	数字间距	字　宽	字　高
>300	>50	250～300	500～550
>400	>150	400～450	750～850

2）模拟显示倒计时器

用于辅助显示及人行横道信号灯的模拟显示倒计时器的透光面的尺寸应不小于 $150mm \times 400mm$。用于机动车信号灯的模拟显示倒计时器的透光面尺寸可以依据路口大小和道路交通信号灯的尺寸作相应设计。

模拟显示倒计时器以均匀递减的矩形光带来显示对应信号相位剩余时间，其颜色应与相应道路交通信号灯灯色一致。

3）学习式倒计时器

学习式倒计时器控制板上应预留与显示颜色对应的测试点，测试点应输出与显示颜色同步的电平(高电平有效)，以供测试使用。当道路交通信号灯控制机开机、信号周期发生改变或者道路交通信号灯控制机由自动控制转入手动控制时，学习式倒计时器应进入学习状态。学习式倒计时器的学习时间应不超过 2 个信号周期；学习期间倒计时器应显示黑屏。

第三节　交通流检测设备

交通流检测设备是指能够自动采集、传输、统计、分析及输出道路交通量、车速、车道占有率等交通流参数的交通信息采集与处理工具。目前，在交通信号控制领域应用较多的是环形线圈车辆检测器和视频车辆检测器，本节将重点介绍这两种车辆检测技术，对于其他车辆检测设备及其工作原理，读者可参阅相关资料。

一、环形线圈车辆检测器

环形线圈车辆检测器(以下简称环形线圈检测器)自应用以来，在世界各地的城市交通控制系统中，一直是首选的车流量信息检测手段。它具有性能稳定可靠、灵敏度高、数据准确、对周围环境条件要求低等优点，而且具有较强的发展空间。

1. 环形线圈车辆检测器的工作原理

环形线圈车辆检测器通常由环形线圈、传输馈线、线圈检测卡(检测电路及调谐电路)及检测卡框架4部分组成,如图8-13所示。环形线圈通过传输馈线与线圈检测卡构成一个LC谐振电路,当有电流通过环形线圈时,线圈周围就会产生电磁场,根据电磁感应的原理,这个电磁场的线圈本身又会对处在这个电磁场范围内的线圈发生感应作用,其电感的大小取决于它的周长、截面、匝数及周围介质的情况。线圈检测卡选择合适的电容后,调谐回路有了一个固有的振荡频率(谐振频率)$f = 1/(2\pi\sqrt{LC})$。当车辆进入环形线圈的检测区域时,汽车(作为金属体)本身会产生涡流(感应电流),由于涡流的反磁场作用使环形线圈的电感量发生变化,从而导致振荡器的电性能发生变化(即阻抗变化、相位变化、谐振频率变化)。线圈检测卡就是通过对振荡频率的反馈电路的频率改变或者是相位偏移的响应,得出一个检测到车辆的输出信号。车辆通过环形线圈时,引起谐振回路频率的变化,如图8-14所示。

图8-13 环形线圈检测器结构示意图

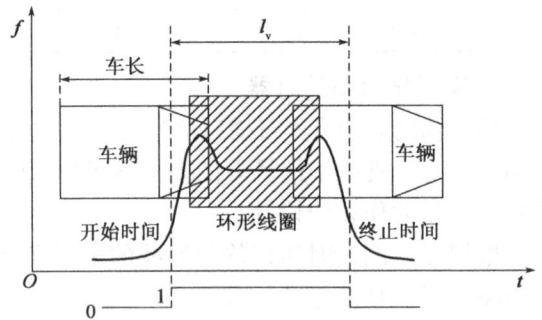

图8-14 车辆经过环形线圈时的谐振频率变化示意图

2. 环形线圈检测器的主要功能

1)基于环形线圈的车流量统计

用环形线圈检测器检测交通量时,应尽量做到每车道设置一个线圈。用一个线圈横跨多个车道的做法,容易出现漏检的情况,如当几辆车并排通过线圈时,只能算作一辆车。设检测器的计数周期为T,N_i为观测期内第i车道检测器的计数值,则第i车道在该周期内的交通量为:

$$q_i = \frac{N_i}{T} \tag{8-1}$$

然而,对按这种方法算出的交通量,还需要进行调整,因为它无法区分车辆的大小。一个简单的方法是进行交通调查后,确定交通流中的各种车辆的平均分布状况,然后用一个折算系数将由式(8-1)测得的交通流量换算成标准车当量(pcu)。

2)基于环形线圈的车辆分类

在车辆的所有特征中,可以用来区分车型的通常有车辆的外形(长、宽、高等)、车辆的轴重或轴距、车辆总重、车辆号牌、发动机排气量、车辆可乘载的人员数或载质量等。这些特征中只有部分可以用于环形线圈的车型识别。当车辆通过线圈时,线圈频率变化量的大小与导体的几何形状、电导率、磁导率、线圈的尺寸参数、电源的频率,以及线圈到导体的距离等有关。

这些参数中,线圈的尺寸参数、电源的频率都是不变量,车辆底部的材料基本相同,故电导率、磁导率也可认为是不变量。因此,线圈频率变化量只与车辆底部的几何形状、车辆底盘高度、车速等有关。同时,车辆底部构造的形状(包括底盘的高低)和车辆又具有密切的关系,因此可采集环形线圈频率变化的数据,运用模式识别方法对车辆进行正确分类,如图 8-15 所示。

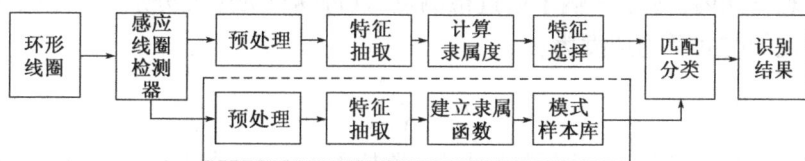

图 8-15 基于环形线圈的车型识别原理图

环形线圈用于车型分类主要存在以下问题:①我国的车辆种类较多,各类车辆之间没有明确的界限;②进行车型识别时,能利用的数据仅为车辆行驶时的感应曲线,车在行进过程中,动态情况下会有许多难以预料的干扰因素存在,如加速、减速都会使感应曲线局部发生畸变。针对这些情况,在进行特征提取时应尽量从感应曲线的整体形状出发,尽可能地削弱局部畸变对识别结果的影响。

3) 基于环形线圈的车速估计

为了准确地测量车速,通常要在车流方向上埋设两个性能相同的环形线圈,线圈的同边间距 s 为 3 ~ 5m,如图 8-16 和图 8-17 所示。

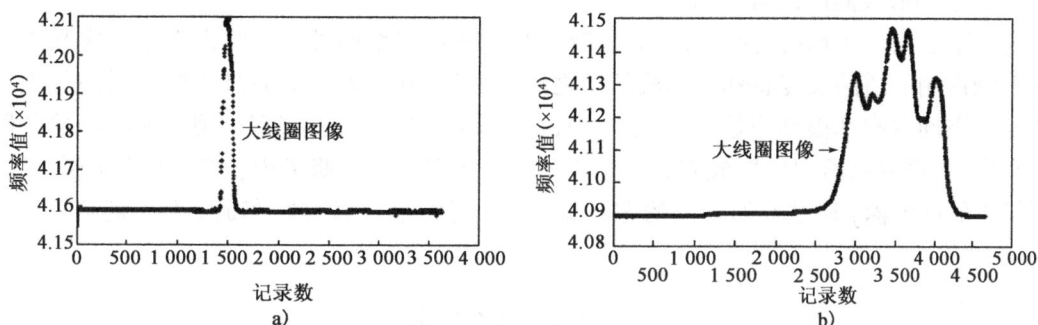

图 8-16 环形线圈检测到的不同车辆的频率曲线
a) 小汽车;b) 大客车

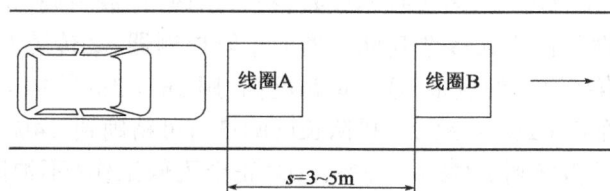

图 8-17 检测车速的线圈设置方式

由微处理器给出一个基准时间脉冲,如 p(ms) 的时间脉冲。当车辆进入线圈 A 时,脉冲计数开始;当车辆进入线圈 B 时,脉冲计数结束,于是得到车辆通过距离 s 所需要的脉冲数为

n,则车辆的速度为:

$$v = \frac{s}{pn/1000} \qquad (8\text{-}2)$$

式中,v 的单位为 m/s。

设在某一观测期内,共有 N 辆车通过检测点,且每辆车的速度分别为 $v_1, v_2, \cdots, v_N$,则该时间段内的交通流的时间平均速度为:

$$\bar{v}_t = \frac{1}{N}\sum_{i=1}^{N} v_i \qquad (8\text{-}3)$$

空间平均速度是指在某一时间段内通过一路段的所有车辆的速度平均值。设路段长度为 Δ,在一个观测期内共有 N 辆车通过该路段,则 N 辆车通过该路段的平均行驶时间为:

$$\bar{t} = \frac{1}{N}\sum_{i=1}^{N} \frac{\Delta}{v_i} \qquad (8\text{-}4)$$

于是,该观测期内的空间平均速度为:

$$\bar{v}_s = \frac{\Delta}{\bar{t}} = \frac{N}{\sum_{i=1}^{N} \frac{1}{v_i}} \qquad (8\text{-}5)$$

即空间平均速度等于所有通过车辆速度的调和平均值。

若给出 $p(\text{ms})$ 的计数脉冲,则当车速为 108km/h,$s = 3\text{m}$ 时,测量方法带来的误差将达到 $p\%$。当基准脉冲确定后,车速越高,误差越大。基准脉冲时间值越小,测量精度越高。

4)基于环形线圈的占有率估计

占有率也叫作车辆占有率,分空间占有率和时间占有率两种。空间占有率可定义为一路段内车辆占用的道路长度总和与路段长度之比;时间占有率为车辆通过线圈的时间与观测时间之比。空间占有率很难测量,一般用时间占有率来代替空间占有率。用环形线圈检测器测量占有率时,需要将检测器置成方波工作方式。设在某个观测期 T 内,共有 N 辆车通过线圈,测得第 i 车道车辆 j 通过环形线圈的方波宽度为 t_{ji},则该时间段内,车道 i 上车辆的时间占有率为:

$$\sigma_i = \left(\sum_{j=1}^{N} \frac{t_{ji}}{T}\right) \times 100\% \qquad (8\text{-}6)$$

3. 环形线圈车辆检测器的优缺点

环形线圈车辆检测器的优点是:①技术成熟,易于掌握,计数精确,系统稳定,设备成本较低,实践表明,其可靠性不低于大多数其他类型的车辆检测器;②传感器简单,输出信号易分析,不需复杂计算;③直接测试的量多,且测量精度高,用 $2\text{m} \times 2\text{m}$ 的标准环形线圈进行检测,交通流量测量值可精确到 $\pm 2\% \sim \pm 3\%$,排队长度测量值可精确到 $\pm 4\% \sim \pm 6\%$,速度测量值(使用一对环形线圈)可精确到 $\pm 4\% \sim \pm 6\%$;④真正全天候工作(不怕雨、雪、雷、电、风等),由于环形线圈尺寸变化范围大,因此能适应各种不同的要求。正是这些优点使其在世界各国得到广泛应用,至今还在大量使用。

环形线圈车辆检测器的缺点是:①只能进行单车道检测,多车道情况下需多个线圈及检测器;②不能实时测量排队长度、大区域内车流密度及车辆拐弯等(若实现上述功能需大量的线圈,成本高,不现实);③安装过程对检测器可靠性和寿命影响很大,维修或安装需中断交通、破坏路面,影响路面使用寿命;④线圈易被重型车辆、路面修理等损坏,而且它的维护难度大,不易移植,线圈容易在夏季断路;⑤感应线圈易受冰冻、路基下沉、盐碱等自然环境的影响。

二、视频车辆检测器

视频车辆检测器一般由视频采集设备、视频传输设备和视频处理设备及配套软件构成,是一套专门用于道路交通流参数采集的系统。视频采集设备包括摄像机、镜头、支架、防护罩、云台、补光灯、立杆等;视频传输设备包括线缆、视频发射机、中继器、接收器、调制/解调器等;视频处理设备及配套软件包括视频分析模块及配套软件。

1.视频车辆检测器的主要功能

视频车辆检测器的功能可以分为两大类,一类是交通流参数检测功能,另一类是交通事件检测功能。

1)交通流参数检测功能

交通流参数检测是视频车辆检测器的一个基本功能,其本质是检测车辆在某一特定检测区域内的存在,并由此测量交通流的其他参数,这些参数可以是瞬时值,也可以根据瞬时值计算的统计值。交通流参数包括:

(1)交通量;

(2)车速;

(3)占有率;

(4)车辆长度、分类;

(5)车头时距与车头间距;

(6)排队长度。

2)交通事件检测功能

视频车辆检测器除了可以用于采集常规的道路交通流参数,还可以进行交通事件的检测。视频车辆检测器的事件检测功能包括:

(1)事故检测;

(2)逆行检测;

(3)非法变线;

(4)违法停车;

(5)闯红灯。

另外,视频车辆检测器不仅可以全天候采集交通流参数,还可以对交通流参数进行统计分析,按照不同的应用需求进行显示输出;同时,可对视频监控范围内的交通事件进行自动报警,为交通信号控制、交通信息发布等提供交通动态信息服务。

2.视频车辆检测器的特性及优缺点

1)视频车辆检测器的特性

(1)时间特性。

时间特性是指检测器的响应时间,它的确切含义是指从车辆到达检测器所设定的检测区域那一时刻开始,到检测器确认车辆存在那一时刻为止的一段时间间隔。该特性反映了车辆检测器的时间延迟。

（2）电气特性

电气特性主要涉及检测设备的数据接口。一般情况下,设备可能具有两种类型的数据接口,一种是I/O量,另一种是遵从某种协议的数据包。对于I/O量接口,其电气连接可以采用集电极或漏极开路的方式,以便与不同供电系统的设备连接;对于数据包,其电气特性应服从所采用的协议要求。

（3）环境特性

环境特性包含电磁环境和气候环境,主要有以下三个方面:电气安全、电磁兼容、温度与湿度要求。其中,电气安全应符合《信息技术设备 安全》（GB 4943.1—2011）的要求,其他特性的具体等级确定可参照《道路交通信号控制机》（GB 25280—2016）的要求。

2）视频车辆检测器的优缺点

视频车辆检测器在外场只需安装摄像机和数据传输设备。一般在路中央隔离带内设置T形支架,横梁两边各安装一台摄像机,分别拍摄两个方向断面图像。数据传输设备和供电设备安装在立柱上的机箱内。摄像机采集的信息可直接通过数据传输设备传回交通监控中心,也可以在外场经过视频分析处理后再传交通监控中心。

在实际使用中,视频车辆检测器有如下优点:

（1）系统设置灵活,安装简单,使用方便,不破坏路面。维修时无需封闭车道。

（2）测速精度和交通量计数精度较高。目前,国内常用的视频车辆检测器的测速精度都在95%以上,交通量计数精度一般在98%左右。经多次现场检测发现,在使用带强光抑制的高灵敏度摄像机后,晚上在没有道路照明的情况下,可以达到和白天同样的检测精度。只是在黎明和黄昏,背景环境亮度变化明显、行驶车辆的车灯开关状态不一致的情况下,检测精度较差。

（3）可将图像传输到监控中心的监视器上,能很直观地实时显示出车速、交通量等交通流信息,为交通监控提供大量的监测信息。

近年来视频车辆检测器技术发展很快,但在安装使用和检测过程中,还发现存在如下缺陷:

（1）检测精度的稳定性不好。长期使用后,安装支架的晃动会使摄像机位置偏移,摄像机镜头表面的积尘会使图像质量变差,这些都会导致检测精度降低,需要重新进行软件调试。

（2）在雨、雪、雾等恶劣天气条件下检测精度降低。

第四节　联机控制通信设备

交通控制系统中的联机控制通信设备是通信传输的介质和设备的总称。关于交通信号控制机与车辆检测器之间的数据通信协议,读者可参见《交通信号控制机与上位机间的数据通信协议》（GB/T 20999—2017）的相关规定。无论是获取信息还是发布指令,都离不开通信传输设备,交通控制系统的发展在很大程度上受通信传输技术发展的影响,通信传输系统的效率和质量也决定了交通控制系统能否正常运行。以下主要对通信传输内容、传输方式和通信设备进行介绍。

一、通信传输内容

先进的交通控制系统需要在信息中心和道路交通信号控制机之间、道路交通信号控制机与车辆检测器之间、车辆检测器与交通诱导系统之间上传和下载各种数据信息。

道路交通信号控制机、车辆检测器与交通诱导系统上传的数据信息主要包括：

(1)车辆检测数据,包括检测器检测到的交通量、速度、占有率和视频图像等数据。

(2)设备故障信息,包括各种设备的工作状态与故障。当然,这些设备都安装有自身状态检测的数据采集与上传模块。

(3)信号灯灯色信息,包括当前控制点信号灯的灯色状态,如红灯、黄灯、绿灯的显示状态及其显示时间长度。

(4)交通信号控制器配时参数,包括信号周期、绿信比、相位、相位差等。

(5)交通诱导发布内容,包括诱导路径的建议信息。

(6)工作模式信息,包括交通信号控制机和交通诱导设备当前控制模式。

道路交通信号控制机、车辆检测器与交通诱导系统接收下载的数据信息主要包括：

(1)时间信息,用于校正交通信号控制机和交通诱导设备的时间。

(2)状态查询信息,用于及时、准确地查询车辆检测设备、交通信号控制机和交通诱导设备的当前工作状态(包括车辆检测器的状态、交通信号机的工作状态、信号灯的状态、诱导信息发布状态)及设备故障情况。

(3)交通信号控制器配时方案信息,用于更新交通信号控制器的信号周期、绿信比、相位差等主要工作信息。

(4)交通诱导设备信息发布方案,用于更新交通诱导设备信息发布内容等主要工作信息。

(5)工作方式,用于设定、改变交通信号控制机和交通诱导设备的工作方式。

(6)其他人工指定命令,用于在某些特殊的交通条件下,对某些道路实行强行控制,同时要求交通控制设备能够及时、准确地接收并执行信息中心发出的指令。

二、通信传输方式

按传输介质的不同,通信传输方式主要有有线通信和无线通信两种。其中有线通信包括光纤通信和电缆通信等,无线通信包括无线电台、微波通信、移动通信、卫星通信、无线宽带等通信方式。随着5G移动通信技术在我国的快速普及,我国城市交通控制通信领域将迎来根本性的变革。目前几种常用的通信传输方式的比较如表8-4所示。

几种常用的通信传输方式的比较　　　　　　　　　　　　　　　　表8-4

通信方式	优　点	缺　点
光纤通信	(1)通信容量大,传输距离长; (2)抗电磁干扰,不受强电、电磁和雷电干扰,抗电磁脉冲能力强; (3)信号串扰小,保密性能好; (4)信号衰减小,传输损失小; (5)适应性强,寿命长; (6)方向性强	(1)需要光电变换部分; (2)分路、耦合不方便; (3)需要高级的切断接续技术; (4)光纤抗拉强度低; (5)弯曲半径不能太小; (6)施工难度大; (7)初期投入费用较高

续上表

通信方式	优　　点	缺　　点
电缆通信	(1)技术比较成熟； (2)线路覆盖的基础范围比较广	(1)传输速率较低； (2)受宽带技术发展的影响,面临被其他通信方式取代的趋势
无线通信	(1)网络建设主动、灵活,可以利用现有无线网络； (2)运营商的成熟网络； (3)初期投入较小； (4)方便地与现有网络融合； (5)通信范围广	(1)容易受外界环境干扰,尤其受电离层的电磁干扰严重； (2)数据传输严重依赖通信基站； (3)网络稳定性难以保证； (4)网络安全性较差； (5)需要长期的运营投入

三、联机通信设备

联机通信设备可分为有线通信设备和无线通信设备两大类。有线通信设备主要包括路由器、交换机、调制/解调器(Modem),这些设备之间通常采用架空线缆、同轴线缆、光纤或音频线缆等介质进行连接。无线通信设备主要包括无线网桥、无线网卡、无线避雷器、天线,这些设备之间通常采用各类无线电磁波信号介质进行连接。下面针对常用的几类有线、无线通信设备进行介绍。

图8-18　路由器

1)路由器

路由器(Router)是连接各类局域网、广域网的重要通信设备(图8-18)。它会根据信道的情况自动选择和设定路由,以最佳路径,按前后顺序发送信号。路由器分本地路由器和远程路由器。本地路由器是用来连接网络传输介质的,如光纤、同轴电缆、双绞线;远程路由器是用来连接远程传输介质,并要求相应的设备,如电话线要配调制解调器,无线通信要使用无线接收机和发射机等。

路由器应具有:输入端口、输出端口、交换开关、路由处理器和其他端口。输入端口是物理链路和输入包的进口处。输出端口在包被发送到输出链路之前对包存储,可以实现复杂的调度算法以支持优先级等要求。与输入端口一样,输出端口同样要能支持数据链路层的封装和解封装,以及许多较高级协议。交换开关包括总线、交叉开关和共享存储器。最简单的开关使用一条总线来连接所有输入和输出端口,总线开关的缺点是其交换容量受限于总线的容量以及为共享总线仲裁所带来的额外开销。

2)交换机

交换机(Switch)是一种用于电信号转发的网络设备(图8-19)。它可以为接入交换机的任意两个网络节点提供独享的电信号通路。最常见的交换机是以太网交换机。其他常见的还有电话语音交换机、光纤交换机等。交换机根据工作位置的不同,可以分为广域网交换机和局域网交换机。

3)调制解调器

调制解调器(Modem)是一种计算机硬件(图8-20)。计算机内的信息是由"0"和"1"组成的数字信号,而在电缆线上传递的却只能是模拟电信号。于是,当两台计算机要通过电线进行数据传输时,就需要一个设备负责数模的转换。这个数模转换器就是 Modem。计算机在发送数据时,先由 Modem 把数字信号转换为相应的模拟信号,这个过程称为"调制"。经过调制的信号通过电话载波传送到另一台计算机之前,也要经由接收方的 Modem 负责把模拟信号还原为计算机能识别的数字信号,这个过程称为"解调"。正是通过这样一个"调制"与"解调"的数模转换过程,从而实现了两台计算机之间的远程通信。

| 图 8-19 交换机 | 图 8-20 调制/解调器 |

4)无线网卡

无线网卡是无线网络的终端设备,是不通过有线连接,采用无线信号进行数据传输的终端。根据接口不同,主要有 PCMCIA 无线网卡、PCI 无线网卡、MiniPCI 无线网卡、USB 无线网卡、CF/SD 无线网卡几类产品。从速度来看,目前无线网卡主流的速率为 54M,108M,150M,300M,450M,但传输性能和环境有很大关系。

无线网卡是无线局域网络的重要构件。1997 年 IEEE(The Institute of Electrical and Electronics Engineers)提出并制定了最早的无线标准 IEEE 802.11;1999 年 9 月又提出了 IEEE 802.11a 标准和 IEEE 802.11b 标准。随着 IEEE 802.11a、IEEE 802.11b 标准的出台以及 Wi-Fi 组织的成立,促进了无线局域网产品的兼容化、标准化以及市场化。从此以后,无线局域网随着计算机的普及得到了人们越来越多的关注。

技能训练

实训项目 1:交通信号控制设备调查

一、学习目的

(1)理解交通信号控制机及交通信号灯的结构、功能、工作原理等知识。

(2)能够充分利用各种手段,针对交通信号控制设备的发展情况进行全面调查,并撰写调查报告。

二、学习条件

通过图书馆、网络等调查收集信息资源,如果有条件,建议学生到所在地交通信号主管部门和相关企业走访。

三、学习方法

1.教师讲解

结合本章所讲知识点,对本次实训的主要内容、实训要求进行必要的讲解,特别是指导学生掌握文献资料的调查方法,如关键词的设定,以及下企业调查所要注意的问题。

2.学生实训

(1)实训分组:本次实训内容涉及分析、讨论等环节,建议分组实训,1~2人一组。

(2)设计好调查的主题,利用图书馆及网络开展调查,有条件的地方可以到交通信号主管部门和相关企业走访,开展调查工作,获得第一手丰富的资料。

(3)撰写报告:

根据调查所得,撰写《交通信号控制设备调查报告》。

格式要求:

A4纸打印,页边距:上2.5cm、下2.5cm、左3.0cm、右3.0cm;页脚1.5cm,页码宋体5号字居中;标题3号宋体加黑居中;姓名、班级、学号仿宋4号字居中,段前段后各1倍行距;正文宋体小4号字,段前段后为0,行距22磅;插图名标注在下方,表格名标注在上方,均为5号宋体居中;"参考资料"标题黑体小4号靠左,前面空一行。要有3条参考资料,序号数字外用方括号,如"[1]专业认识.教育科学出版社.2003.6"。

报告字数:不限。

评分标准:格式规范性20%;内容完整性60%;文字通顺性20%。

四、注意事项

注意报告的撰写重点,以及报告的撰写排版格式。

五、学习要求

完成一份交通信号控制设备调查报告。

六、能力拓展

在本实训项目的基础上,思考交通信号控制设备的发展趋势。

实训项目2:环形线圈车辆检测器数据采集试验

一、学习目的

(1)掌握所学环形线圈车辆检测器的工作原理。

(2)学会动手制作环形感应式线圈,并将其与环形线圈车辆检测卡连接。

(3)搭接基于单片机采集检测线圈车辆检测器的光耦信号的LED数码管显示试验电路。

(4)利用Keil软件和单片机开发,实现采集检测线圈车辆检测器的光耦信号,并在LED数码管上正确显示出来。

二、学习条件

单片机最小系统板、计算机、线圈车辆检测器、普通同轴电缆、LED数码管实验板、串口线、电源、万用表、工具箱及辅助设备。

三、学习方法

1.教师讲解

本实训项目的主要任务是利用已有线圈车辆检测卡,开发基于STC单片机的采集线圈车辆检测卡输出的光耦信号下降沿。单片机采用查询扫描法,利用定时器中断,每隔5ms查询检测线圈车辆检测卡光耦输出口的脉冲信号的下降沿,通过检测下降沿的次数从而检测出车辆数。环形线圈检测试验电路原理如图8-21所示。

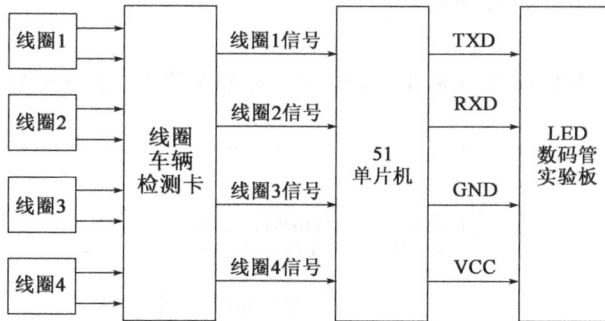

图8-21 环形线圈检测试验电路原理图

2.学生实训

(1)实训分组:本次实训内容涉及分析、讨论等环节,建议分组实训,2~3人一组。

(2)领取素材:以小组为单位领取实训素材。

(3)实训开发:

①接口定义。

CLK = P2^7;	//HD74LS164P 芯片时钟

SERIAL_DAT = P2^6;//HD74LS164P 芯片串行数据

Fir_road = P2^0;   //第一车道光耦脉冲信号输入

Sec_road = P2^1;   //第二车道光耦脉冲信号输入

Thr_road = P2^2;   //第三车道光耦脉冲信号输入

Fou_road = P2^3;   //第四车道光耦脉冲信号输入

②搭建环形检测线圈系统。

按接口定义好单片机、显示板和线圈车辆检测卡的线路,按表8-5分配好的管脚定义搭建环形检测线圈系统。

引 脚 接 线   表8-5

MCS51 单片机	线圈车辆检测器	数码显示板
	开关量输出	
P2.0	02	—
P2.1	03	—
P2.2	04	—
P2.3	05	—
GND	OC	GND
+5V	—	+5V
P2.6	—	RXD
P2.7	—	TXD

③车检器配置。

参考线圈车检卡的说明书对其通信接口进行配置,如串口号、波特率、输入输出参数、输出电平极性、输出方式、输出存在时间等。

④程序流程图。

给出主程序流程图与定时器0和1中断函数,分别如图8-22和图8-23所示。

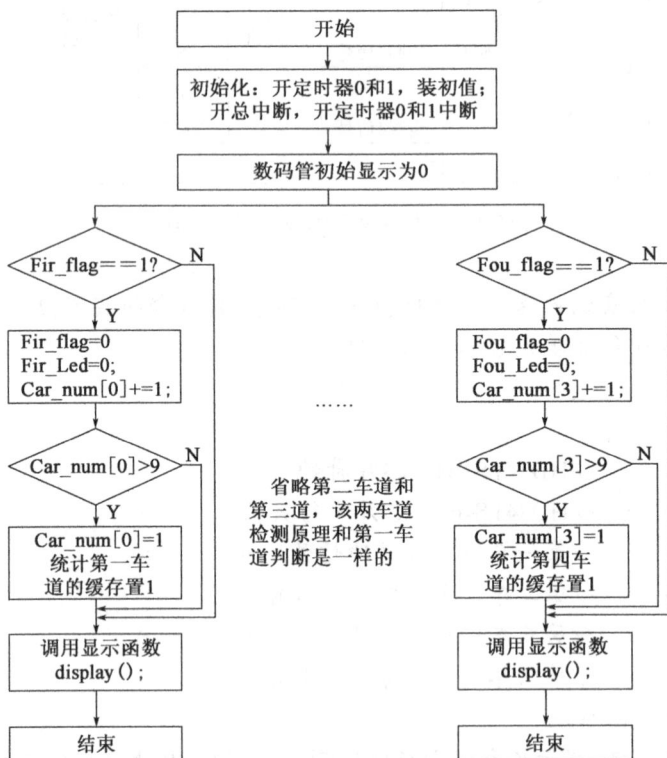

图8-22 主函数流程图

四、注意事项

(1)用串口RS232下载51MiniBoard实验板的单片机程序时,P1.0和P1.1这两个端口都要接GND,每下载一次程序都要给实验板断电再重新上电操作。

(2)P0^7(TXD)和P0^6(RXD)是用于车辆信号检测显示(8个数码管)这个程序,该程序用了8个数码管,即两块数码显示板,P0^7和P0^6为额外添加的数码显示板的时钟输出口和数据输出口,其他的程序不必考虑这两个引脚。

(3)注意接线要正确,尤其不得将电源线接错。如使用可调电压的直流稳压电源作单片机电源,一定注意电压不可调得过高。

(4)直流电源的极性不得接反,正负极之间切不可断路。

(5)不要带电插拔元器件。

(6)试验结束后,注意将仪器设备导线都整理好。

```
                          ┌──────────────┐
                          │     开始      │
                          └──────┬───────┘
                                 │
                    ┌────────────┴────────────┐
                    │  定时器THO和TLO重装初值    │
                    └────────────┬────────────┘
                  ┌──────────────┴──────────────┐
                  │                              │
          ╱────────────────╲            ╱────────────────╲
         ╱  (FirValueL==1)   ╲    N     ╱  (SecvalueL==1)   ╲    N
        ╱  &&(FirValueL==0)   ╲───     ╱  &&(SecvalueL==0)   ╲───
        ╲  第一车道的I/O口是否   ╱       ╲  第二车道的I/O口是否   ╱
         ╲     下降沿?        ╱         ╲     下降沿?        ╱
          ╲────────┬───────╱            ╲────────┬───────╱
                   │Y                            │Y
          ┌────────┴───────┐            ┌────────┴───────┐
          │   Fir_flag=1    │            │   Sec_flag=1    │
          └────────┬───────┘            └────────┬───────┘
          ┌────────┴───────┐            ┌────────┴───────┐
          │     结束        │            │     结束        │
          └────────────────┘            └────────────────┘


                          ┌──────────────┐
                          │     开始      │
                          └──────┬───────┘
                                 │
                    ┌────────────┴────────────┐
                    │  定时器TH1和TL1重装初值    │
                    └────────────┬────────────┘
                  ┌──────────────┴──────────────┐
                  │                              │
          ╱────────────────╲            ╱────────────────╲
         ╱  (ThrvalueL==1)   ╲    N     ╱  (FouvalueL==1)   ╲    N
        ╱  &&(ThrvalueL==0)   ╲───     ╱  &&(FouvalueL==0)   ╲───
        ╲  第三车道的I/O口是否   ╱       ╲  第四车道的I/O口是否   ╱
         ╲     下降沿?        ╱         ╲     下降沿?        ╱
          ╲────────┬───────╱            ╲────────┬───────╱
                   │Y                            │Y
          ┌────────┴───────┐            ┌────────┴───────┐
          │   Thr_flag=1    │            │   Fou_flag=1    │
          └────────┬───────┘            └────────┬───────┘
          ┌────────┴───────┐            ┌────────┴───────┐
          │     结束        │            │     结束        │
          └────────────────┘            └────────────────┘
```

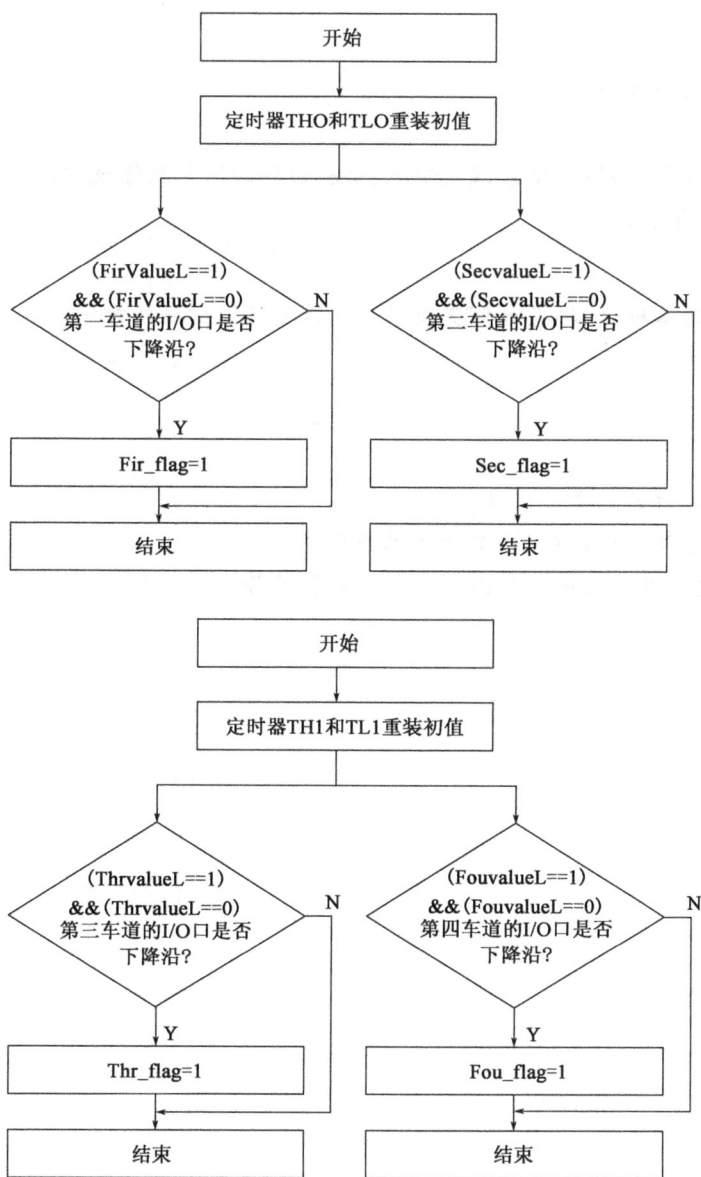

图 8-23 定时器 0 和 1 中断函数

五、学习要求

（1）每小组提交一幅环形感应式线圈。

（2）每小组搭接一个基于单片机采集检测线圈车辆检测器的光耦信号的 LED 数码管显示试验电路。

（3）每小组演示采集线圈车辆检测器的光耦信号并在 LED 数码管上正确显示出来。

（4）每小组提交一份开发报告。报告应包括以下内容：

①试验名称；

②试验目的;

③所需仪器设备;

④试验项目内容和步骤;

⑤简单的电路示意图;

⑥分别写出流程图的程序,记录试验情况、试验出现的问题及修改方法;

⑦总结、经验和体会。

六、能力拓展

在本实训项目的基础上,思考如何实现将交通信号机进行联网控制。

思考练习

1. 简述交通信号灯的种类及用途。

2. 简述交通信号控制机的结构、功能及工作原理。

3. 结合调查,简述道路交通信号控制设备的发展趋势。

第九章

交通信号控制系统的实施

交通信号控制系统的实施是一项系统工程,涉及交通信号控制方案设计、控制设备选型、控制设备安装、工程项目验收、维护等诸多内容。由于信号控制方案设计及设备部分已经在前面作了介绍,本章将基于交通信号控制系统的相关国家标准及行业规范,重点对设备安装、系统集成及运行维护等工作进行介绍。

第一节 交通信号灯安装

一般来说,在安装所有外场设备之前,要查阅好施工图纸,对安装地点及环境作详细调查,并按照项目管理方式制订施工方案,准备好人员、设备、材料、交通工具等,在正式施工之前进行全面准备,避免因考虑不周、准备不到位,浪费不必要的人力物力。

一、机动车信号灯安装

1. 信号灯安装方式

信号灯安装方式种类如下:

1)悬臂式

悬臂式1:适合在支路安装,为了保持灯头间距,一般只安装1~2组信号灯,辅助信号灯有时也采用这种安装形式,如图9-1所示。

悬臂式2:适合在主干道安装,对灯杆的要求比较高,特别是在机动车道与非机动车道没有绿化带隔离的情况下。为了满足信号灯安装位置要求,必须采用比较长的横臂,灯杆安装在缘石退后2m处,如图9-2所示。这种安装方式的优越性在于适应多相位路口的信号设施的安装和控制,减少了工程电缆的敷设难度,特别是在复杂的交叉路口,更容易设计多种信号控制方案。

双悬臂式3:不推荐这种形式,如图9-3所示,其只适合在中央分隔带比较宽、进口车道较多的情况下安装,并且需要在交叉口进口和出口

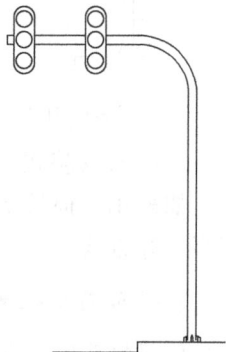

图9-1 悬臂式1

同时安装两套,因此是一种十分浪费的形式。

悬臂式4:适合进口车道不多的情况,且信号灯横向安装,如图9-4所示。

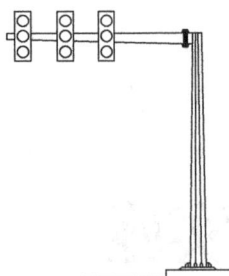
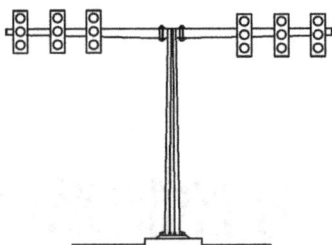
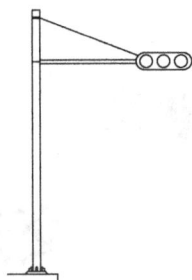

图9-2　悬臂式2　　　　　　　图9-3　悬臂式3　　　　　　　图9-4　悬臂式4

2)柱式

柱式安装一般应用于辅助信号,如行人信号灯和非机动车信号灯,可安装在出口车道的左右两侧,也可安装在进口车道的左右两侧,如图9-5所示。

3)门式

门式是车道交通信号灯控制方式,适合在隧道入口处或变换方向的车道上方安装,如图9-6所示。

4)附着式

横臂上的信号灯横向安装,立杆上的信号灯竖向安装,竖向灯可作为辅助信号灯。一般可以作为行人、自行车信号灯,如图9-7所示。

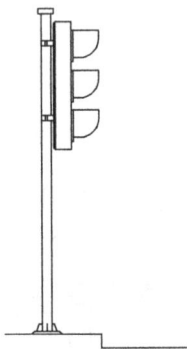
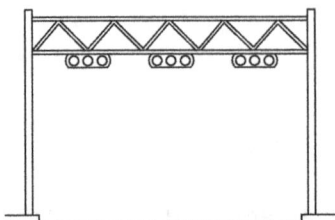
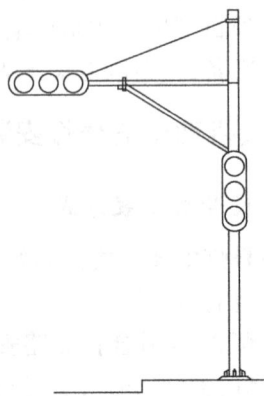

图9-5　柱式　　　　　　　　　图9-6　门式　　　　　　　　　图9-7　附着式

5)中心安装式

如采用一根长至路口中心,悬臂上安装控制多个方向信号灯,或将信号灯安装于路口中心岗亭上等方式。

2. 信号灯头位置

信号灯头安装在信号杆上,且在驾驶人易于看见的位置。信号灯前方信号灯光轴线左右20°的范围内不得有影响信号显示的遮挡物;信号灯前20m的路肩上不要有影响信号显示的树木或其他高于信号灯下沿的遮挡物;信号灯背面不要有彩灯、广告牌等易与信号灯灯色产生混淆的物体。

主要信号灯头在表9-1所列距离内要清楚可见。因道路几何特征、附加的信号灯头或道路几何线形原因无法满足要求,不能确保驾驶人在该范围内能清晰观察到信号灯显示状态时,应设置相应的警告标志。如果车速超过80km/h,信号灯的可视距离需要大于或等于最小停车视距。

最小信号灯头视距(m) 表9-1

道路设计车速 (km/h)	距停车线 最小视距(m)	下坡需增加距离(m)		上坡需减少距离(m)	
		5%	10%	5%	10%
30	50	—	—	—	—
40	65	3	6	3	5
50	85	5	9	3	6
60	110	7	16	5	9
70	135	11	23	8	13
80	165	15	37	11	20

信号灯头与其控制的一个或多个方向的停止线位置要求:信号灯头需要在停止线20°的圆锥视野内,如图9-8所示。

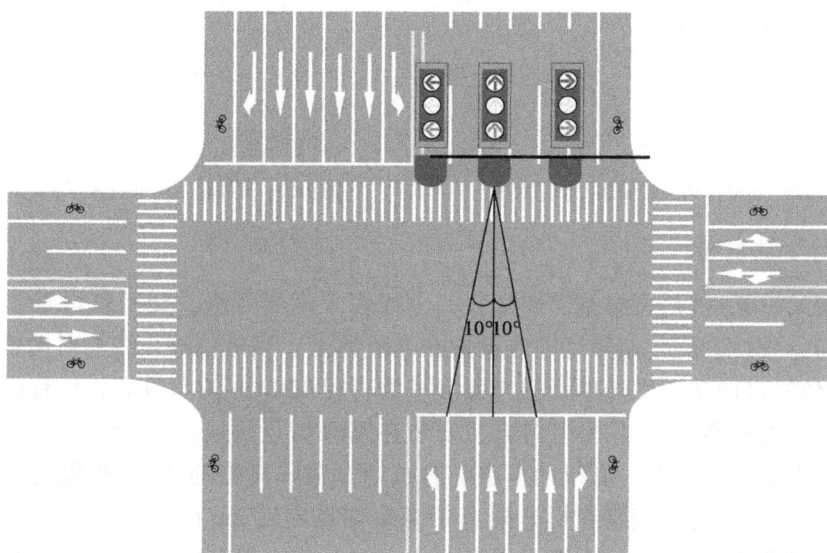

图9-8 信号灯组中仅一组直行方向指示信号灯

机动车信号灯头底端与路面的最小垂直距离为5.5m,这是为了保证所有机动车能通过信号灯头;最大垂直距离不超过7m,这是为了防止信号灯头离地面太高,不容易观察到。采用悬臂式安装时,高度为5.5~7m;采用柱式安装时,高度不应低于3m;安装于立交桥体上时,不得低于桥体净空。

机动车通行信号灯的安装方位,应使信号灯基准轴与地面平行,基准轴的垂面通过所控机动车道停车线后 60m 处中心点,如图 9-9 所示。对于采用中心悬挂式安装在路口中心位置的机动车信号灯,至少应安装一个主灯头与进口车道相对应,并且还应该安装一个次灯头(辅助灯头)与之配合。主灯头与次灯头的安装定位方法如下。

(1)主灯头需按如下要求进行定位:

①单条直行车道:一个主要信号灯头定位于直行车道中心。

②双条直行车道:两个主灯头,每个直行车道中心定位一个。

③三条直行车道:两个主灯头,每条车道线定位一个。

(2)次灯头需定位于交叉口左边较远处,与道路相邻,次灯头的水平位置需符合以下规则:

①对单个主灯头,次灯头位置必须在水平视角 40°以内。

②有多个主要信号灯头时,次灯头位置需放置在水平视角 40°~60°以内,如图 9-9 所示。

③当次灯头较远,不能满足 40°水平视角,或有受保护的左转信号时,需在道路右侧附加设置次要信号灯头。

通常,次要信号灯与行人信号灯头需定位在信号杆特殊角度象限,如图 9-10 所示。

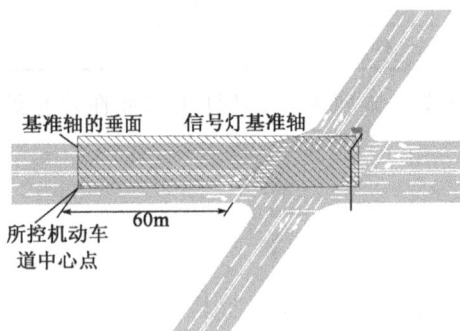

图 9-9　机动车信号灯安装方位示意图

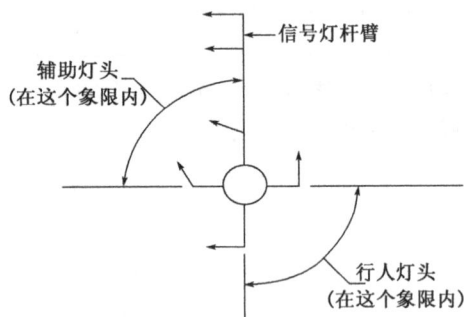

图 9-10　次要信号灯和行人灯头定位

3. 信号灯安装数量

对应于交叉口某进口,可根据需要安装一个或多个信号灯组。交叉口设置了正确渠化的三角导流岛时,一般情况下,信号灯柱应设置在导流岛上。当进口停止线与对向信号灯的距离较大时,对向信号灯应选用发光单元透光面尺寸为直径 400mm 的信号灯。没有机动车道和非机动车道隔离带的道路,对向信号灯灯杆宜安装在路缘切点附近;当道路较宽时,可采用悬臂式安装在道路右侧人行道上。有机动车道和非机动车道隔离带的道路,在隔离带宽度允许的情况下,对向信号灯灯杆宜安装在机非隔离带缘头切点向后 2m 以内;当道路较宽时,可采用悬臂式安装在道路右侧隔离带,也可根据需要在左侧机非隔离带内增设一个信号灯组;当道路较窄时(机动车道宽 10m 以下),可采用柱式安装在道路两侧隔离带内;若隔离带宽度较小时,则不能安装信号灯杆。

在立交桥桥跨处,信号灯安装在桥体上或进口车道右侧,如立交桥下有二次停止线,应在立交桥另一侧增设一个信号灯组。

环行路口设置信号灯对进出环岛的车辆进行控制时,在环岛内设置信号灯组分别指示进入环岛的机动车,在环岛外层设置信号灯组分别指示出环岛的机动车。

桥下路口或较大的平交路口设有左转弯待转区时,如果进入左转弯待转区的车辆不容易观察到本方位的对向信号灯的变化时,宜在左转弯待转区的对向增设一个左转箭头信号灯组。

有机动车右转导流岛的,右转箭头信号灯可设置于右转导流岛上。

二、行人信号灯的安装

人行横道信号灯安装高度为 2~2.5m,其灯具的安装方位应使灯具正对人行横道。人行横道信号灯应安装在人行横道两端内沿线的延长线、距路缘的距离为 0.8~2m 的人行横道上,采取对向灯安装。

如果允许行人等候的导流岛面积较大时,应在导流岛上安装人行横道信号灯。具有中央隔离带(含立交桥下)的路口,隔离带宽度大于 1.5m 时,应在隔离带上增设人行横道信号灯。在盲人通行较为集中的路段,人行横道信号灯应当设置声响提示装置。采用行人按钮时,行人按钮安装高度宜在 1.2~1.5m 范围内。

三、非机动车信号灯安装

非机动车信号灯安装高度为 2.5~3m,在借用机动车信号灯灯杆采用悬臂式安装非机动车信号灯的情况下,其安装高度与机动车信号灯相同。非机动车信号灯的安装方位,应使信号灯基准轴与地面平行,基准轴的垂面通过所控非机动车道停车线中心点。

人行横道信号灯应采用竖向安装,信号灯灯色排列顺序应为上红、下绿。

没有机动车道和非机动车道隔离带的道路,非机动车信号灯设置宜采用附着式安装,安装在指示机动车通行的信号灯灯杆上。

机动车信号灯灯杆安装在出口右侧机动车道与非机动车道隔离带上时,若隔离带宽度小于 2m,非机动车道信号灯宜采用附着式安装在机动车信号灯灯杆上;若隔离带宽度大于 2m、小于 4m,可借用机动车信号灯灯杆采用悬臂式安装非机动车信号灯,安装高度与机动车信号灯相同;若隔离带宽度大于 4m,应单独设立非机动车信号灯灯杆,该非机动车信号灯灯杆应采用柱式安装,安装在对向右侧距路缘的距离为 0.8~2m 的人行道上。

在设置有物理导流岛的路口,可将非机动车信号灯灯杆安装在导流岛上。在设置有标线导流岛的路口,视具体情况可将非机动车信号灯灯杆安装在导流岛上。

在立交桥下,非机动车信号灯安装在桥体上,立交桥另一侧应增设一个非机动车信号灯组。

当非机动车停止线与对向非机动车信号灯的距离大于 50m 时,应在进口增设一个非机动车信号灯组,可安装在进口停止线前 0.8~2m 处、右侧距路缘的距离为 0.8~2m 的人行道上或非机动车道左侧的机非隔离带内。

不需要单独控制左转非机动车交通流时,采用竖向安装,且信号灯灯色排列顺序由上向下应为红、黄、绿。需要单独控制左转非机动车交通流时,采用竖向安装,可分为两组,左边一组为左转非机动车信号灯,由上向下应为红、黄、绿;右边一组为非机动车信号灯,由上向下应为红、黄、绿。

四、信号灯灯杆的安装

钢质灯杆、法兰盘、地脚螺栓、螺母、垫片、加强筋等金属构件及悬臂、支撑杆、拉杆、抱箍座、夹板等附件的防腐蚀性能应符合《高速公路交通工程钢构件防腐技术条件》(GB/T 18226—2015)的规定。

1. 机动车信号灯灯杆安装

1) 机动车信号灯杆

机动车信号灯灯杆采用钢质灯杆时,宜采用圆形或多棱形(八角形锥形杆)经热镀锌处理的钢管,杆体距地面0.3~1.0m处应留有穿线孔,并配备防水檐、盖板及固定螺钉。

安装灯具处应留有出线孔,并配备橡胶护套、电缆线回水弯挂钩。灯杆顶部应安装塑料或经防腐蚀处理的金属防水管帽,灯杆底部应焊接固定法兰盘,法兰盘与杆体之间均匀焊接加强筋。信号灯灯杆主体应为灰色或银灰色。信号灯灯杆保护接地电阻应小于10Ω。信号灯灯杆安装时应保证杆体垂直,倾斜度不得超过±0.5%。

2) 悬臂、支撑臂、拉杆及固定件

悬臂与支撑杆可使用圆形或多棱形的变截面型材制作,悬臂与灯杆连接端宜焊接固定法兰盘,悬臂下应留有进线孔和出线孔,如图9-11所示。拉杆宜使用圆钢制作,一端配有可调距离的螺旋扣,直径和长度等根据悬臂长度等确定。支撑臂可使用抱箍、抱箍座与灯杆连接固定,拉杆与灯杆、拉杆与悬臂、支撑臂与悬臂可使用夹板连接固定,安装时使用的固定螺栓、螺母、垫圈应使用热镀锌件,并且用弹簧垫圈压紧。

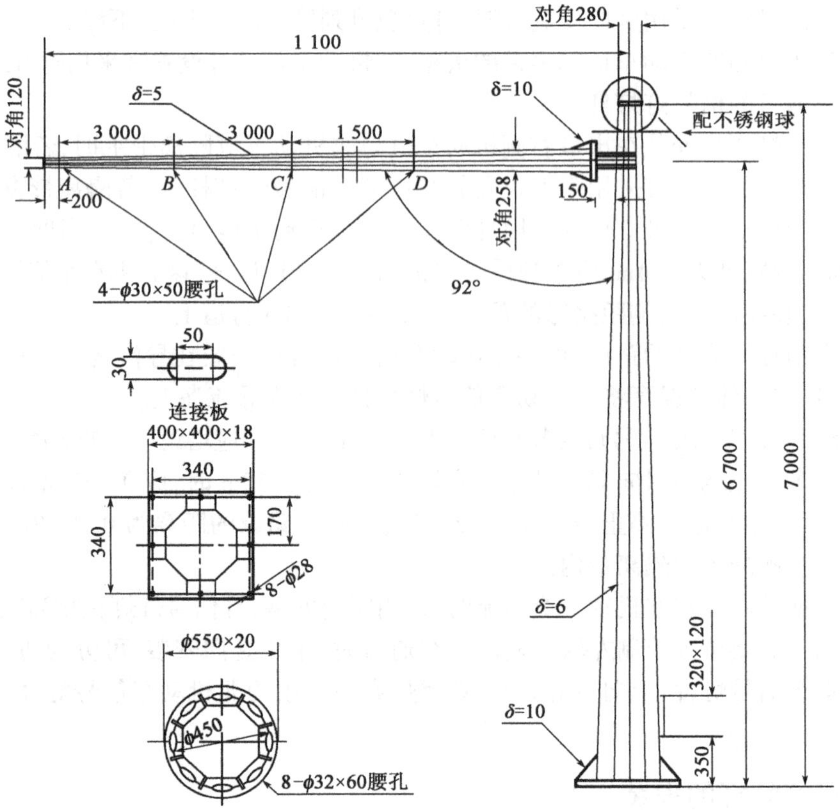

图9-11 悬臂式灯杆图(尺寸单位:mm)

3)信号灯杆基础

信号灯杆宜采用地锚混凝土式基础,地脚螺栓上端为螺纹,下端为交角小于60°的折弯或其他类似防拔结构,地脚螺栓应焊接在下法兰盘上。预埋穿线管内径应大于$\phi50mm$,弯曲角度应大于120°,如图9-12所示。

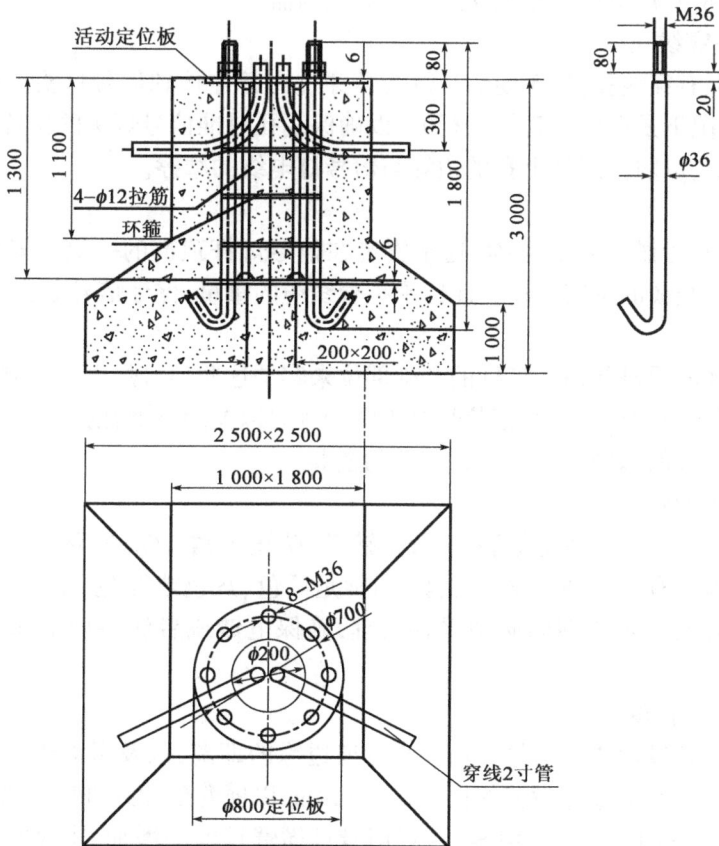

图9-12 信号灯杆基础图(尺寸单位:mm)

悬臂式机动车灯杆的基础位置(尤其悬臂背后)应尽量远离电力浅沟、窨井等,同时应与路灯杆、电杆、行道树等相协调。

4)信号灯杆力臂

装配在信号灯力臂上的信号灯头,架设在车行道上空的钢硬力臂上。信号灯力臂由两个主要部分构成:①信号灯立柱,提供垂直分量的结构强度;②信号灯力臂本身,提供信号灯头架设在道路上的水平分量。信号灯力臂通常用螺栓固定在信号灯柱上。这种附加装置通常在车道转弯或者视线受遮挡的地方使用。

(1)信号灯头刚性附着。

信号灯头可以悬挂在信号灯杆力臂上,或者依附在硬性钢件上。很多厂商制造一些配合刚性支架的特殊托架,使信号灯头在任何角度被观察到都能满足信号灯头垂直位置的要求,水平和垂直的信号灯头支撑都可以由这些拖架来实现。刚性支架可以通过在其力臂上的管接头来实现支撑,这种支撑方法可大大降低实现信号灯头方向转换调节器的附着量。

(2)信号灯杆力臂组件。

典型的信号灯杆力臂组件由钢或铝制造而成。组件用螺栓固定在钢筋混凝土基础上,使组件得到附加稳定性。信号灯力臂和信号灯杆都是中空的,电缆从信号灯头通过信号灯力臂和信号灯杆基础(图9-12)中灯杆的内部到达信号灯杆基座的管道,然后通过该管道连接到外面的管道,最终把信号灯电缆连接到交通信号灯控制器。

(3)信号灯头穿线孔。

信号灯力臂上有穿线孔,用于使信号灯线缆穿过力臂连接到信号灯头。钻孔有时在工厂完成,但大多数情况下是在安装现场进行的,以确保线孔对准信号灯头的位置。通常把橡胶皮圈镶嵌在穿线孔上,以防止灯杆上孔的边缘与信号灯电线的摩擦。

(4)J形钩。

一个J形钩(有时候称为C形钩)通常安装在信号灯杆顶部的一侧。安装这个钩的目的是方便信号灯杆中线缆的垂直运动。此钩承担着线缆的重量,保证信号灯头连接线的拉动。

(5)接线板。

运用各种各样的手段使信号灯杆的基础部位来容纳这些信号灯电线。有的安装人员在信号灯杆的基础部位装一个接线盒,把信号灯力臂的排线以及地下通往控制器的线缆连接起来,或者仅仅在信号灯杆的基础部位(即窨井)设置连接。

(6)刚性横臂镀膜。

通常会在钢柱横臂的装备上镀膜,一般是镀锌,防止生锈。锈迹不仅不美观,而且容易给施工人员造成危险。有些钢柱横臂上涂漆(通常是黑色、灰色或绿色)后,看起来比电镀的银色更美观。信号灯横臂安装期间必须妥善处理,确保电镀或者涂漆面的每部分不会被锐器划破。

(7)信号灯横臂长度。

信号灯横臂的长度取决于信号灯杆到车行道边缘的即离,以及考虑光学传播路线的信号灯头的预想位置。通常信号灯横臂的长度在6~14m,以横臂延伸到进口车道渠化线黄线的上空为宜(不一定是道路中心线)。但是,随着信号灯横臂长度的增加,支撑它的信号灯杆以及基座(基础、地笼)的尺寸也需要相应增大。

(8)装配信号灯横臂。

在装配信号灯横臂时需要考虑很多因素,如安装高度、操作方式等。根据安装时的具体情况,装配信号灯横臂时可能需要转动整套信号灯横臂设备,也可能只转动信号灯横臂,由于信号灯横臂体积与重量都很大,一般需要特殊工具和设备(如起重机、高架车)。

(9)信号灯横臂下垂。

信号灯横臂下垂的距离取决于信号灯横臂的结构与杆件的硬度,使用坚硬的信号灯横臂可以减少横臂的下垂。通常设计中,下垂距离是信号灯横臂长度的2%,如15m的信号灯横臂约下垂30cm。

(10)信号灯立杆高度。

支撑信号灯臂的立杆高度一般取6.5m。立杆高度取决于很多因素,包括:相应的信号灯基座和相关路面的高度、常用的信号灯头安装的类型(刚性及悬挂式)、信号灯横臂的下垂距离以及期望垂直通行高度等。如果设计的信号灯杆需要安装发光设备,其高度应高于7m。

2.行人信号灯灯杆安装

人行横道信号灯灯杆宜采用圆形热镀锌钢管制作,杆体距地面0.2~0.5m处应留有穿线孔。人行横道信号灯杆一般外径90mm、壁厚4mm、高3m。其安装图如图9-13所示。

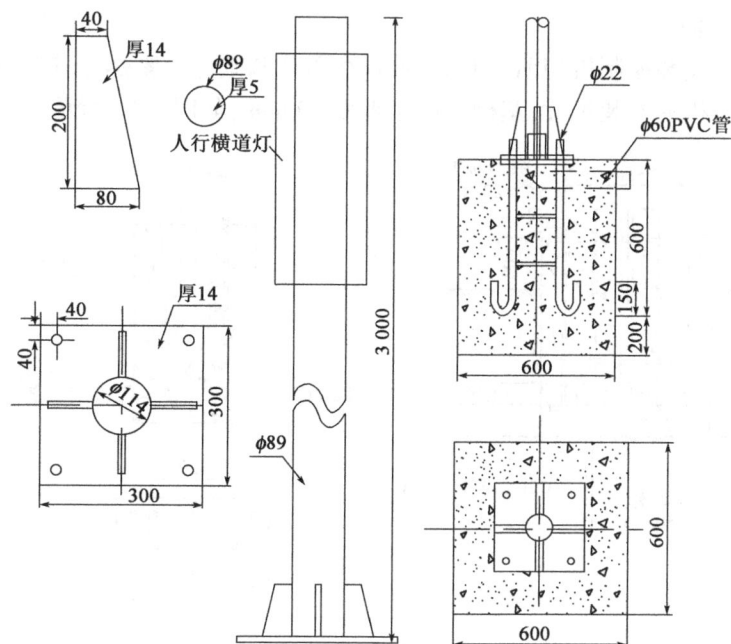

图9-13 行人信号灯灯杆安装图(尺寸单位:mm)

3.非机动车信号灯灯杆安装

非机动车信号灯悬臂长度应保证非机动车信号灯位于非机动车道上空。

非机动车道信号灯灯杆宜采用圆形热镀锌钢管制作,杆体距地面0.3~0.8m处应留有穿线孔。

其他技术指标见《道路交通信号灯设置与安装规范》(GB 14886—2016)有关机动车道灯杆安装的要求。

第二节 信号控制机柜安装

一、机柜基础的制作

机柜基础位置的选取应考虑在路口范围内视野宽阔、不妨碍行人及车辆通行、能观察到路口的交通状况、路口范围内较宽的人行道上,并能够容易地连接电源的地点。

为避免车辆碰撞,机柜基础位置与人行道路缘的距离在50cm以上、100cm以下,与路缘平行。机柜基础高度离地面20cm,平面尺寸应与机柜底座尺寸一致,地面以下的水泥钢筋基础至少为30cm。

在用水泥灌注机柜基础前,固定机柜的4根螺栓要预先焊接成框架,按照尺寸放于基础内,才可进行基础的捣制。进行基础捣制后,基础四周表面用水泥批荡平滑,上面要抹水平。基础的4根螺钉尺寸要与信号机柜底座4个安装孔的尺寸一致,机柜安装在基础上后,四边的尺寸误差在1cm以内。

基础捣制后未安装控制机柜前,用木板或铁板盖住基础并上紧螺栓,避免被丢弃垃圾和流入污水。根据信号机的安装尺寸,基础应高于地面200mm,如图9-14所示。

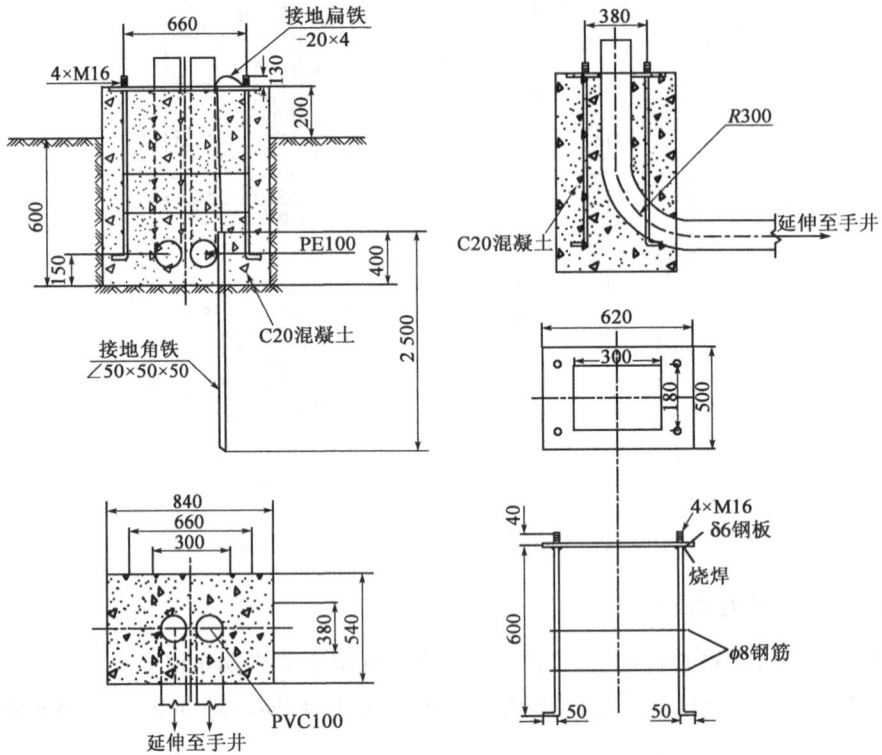

图9-14 交通信号控制机柜的安装基础图(尺寸单位:mm)

二、机柜的安装

机柜通过4块三角形专用固定板与基础固定。图9-15中574mm×352mm为底座面积,475mm×252mm为中间开孔的面积。推荐420mm×200mm为底角螺栓安装尺寸,底角螺栓直径为16mm。

为使信号机现场操作方便和减轻潮湿,要求将信号机安装在高出地面500mm的钢座上,做水泥基础时应用模板固定4个地脚螺栓,以保证水泥基础的安装尺寸在水泥固化后不变。

钢座和水泥基础中心留直径160mm的进线孔,下通走线地沟和进线窨井。窨井内须有可靠的接地桩,接地电阻小于4Ω。接地桩可采用40mm×40mm镀锌角钢,有效接地深度大于1.8m,角钢烧焊一个M6×25的铜螺栓,用来连接多股铜线至信号机接地桩。

信号机的安装面(底端面)与安装基础之间应加垫 5mm 厚并与底端面积相同的硬橡胶板,以使结合紧密,防止雨水浸入。

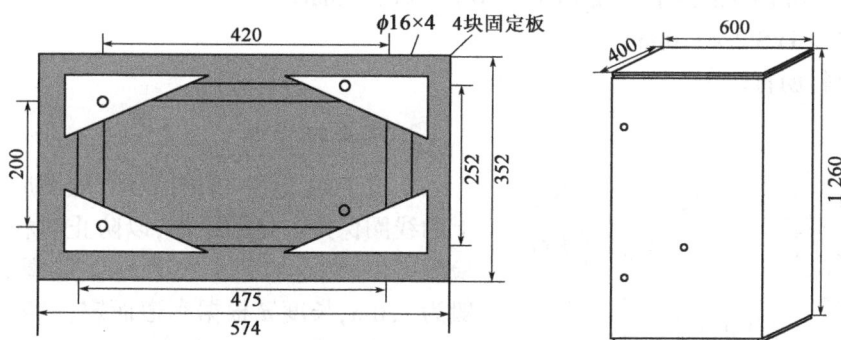

图 9-15　交通信号控制机柜图(尺寸单位:mm)

固定信号机的螺钉或螺栓规格均为 M16,须加平垫圈和弹簧垫圈上紧,并涂上适量黄油防锈。安装好的信号机,箱体必须保持垂直并无明显形变,箱门开关自如。

三、接地防雷设施的安装

交叉口交通设施暴露在户外,经常受到来自自然雷击、电网内部过压浪涌电流等的破坏,因此,对交通设施进行防雷处理非常必要。

交通控制设施通过独立安装接地系统,使设备直接接地,这样可以防止雷击对设备造成损坏,或造成信号控制机因外壳漏电引起触电事故。具体要求包括:保护接地电阻小于 4Ω,并达到电子设备及建筑物防雷标准与规范的要求。接地系统的所有焊接应牢固,无虚焊,接地引线无发生机械损伤和化学腐蚀。接地引线和接地电极均进行镀锌处理,接地电阻符合要求。接地体使用 75mm × 5mm × 2000mm 的镀锌接地角钢,其上端距离地面大于 500mm,连接处做防腐处理,接地体距信号机的距离不小于 3m 且不大于 6m。预留足够余量的接地线在交通井内,以备将来接往信号机的接地端子上。

除此之外,还需要进行电源防雷处理。采用电源防雷器能在最短时间内释放电路上因雷击感应而产生的大量脉冲能量通过短路释放到大地,降低设备各接口间的电位差,从而保护电路上的设备。

第三节　交通检测器安装

一、线圈车辆检测器安装

1.安装材料

感应线圈线的粗细是一个重要因素,但更关键的是线的质量和绝缘体的类型。绝缘体可以是橡胶、热塑或聚合物。绝缘体必须能经受来自起伏不平的路面的磨损和腐蚀,以及潮气、溶液和油剂的侵袭,还须承受酷热的天气和密封剂的高温。建议采用多胶绞合金属线,而不用实心线,因为前者具有更好的机械性能,比后者更能抗弯折和抗拉。

线圈材料:0.75mm² 异丁橡胶 ERP 或 RV 1 × 0.75mm。

馈线材料:RVS 2 × 1.0mm。

封装材料:沥青。

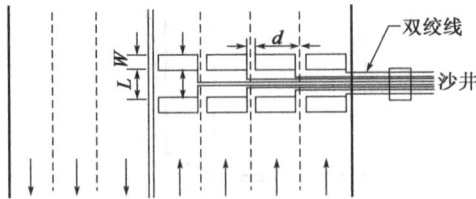

图 9-16 线圈位置布置图

2. 线圈的尺寸

车道上的线圈一般为矩形,线圈应与相邻车道上的线圈保持一定的距离,以防止对相邻车道上的检测产生影响,如图 9-16 所示。线圈的宽度 W 一般为 1.0m,长度 d 根据车道而定,一般距离车道两边车道分界线 0.3m。若一条车道配备两个地感线圈,一般前、后线圈的间距($L + W$)为 3.0m。

3. 安装程序

1) 开槽

在开槽之前,首先了解环线与馈线安装的施工计划、所使用的材料及方法。在本系统中,线圈和馈线是极重要而又易损坏的部分,必须给予足够的重视。在开槽前,还应检查道路表面是否坚固。在确定了线圈的方位后,在需要开槽的路面上,根据实际要求的尺寸用明显涂料进行放样,施工时必须按图施工,以便使得槽尽量开直,要注意尽可能避免对已有电话线、各类电缆等线路的破坏。施工时,车辆、行人必须绕行,标志及照明等措施必须齐备。

2) 开槽的顺序

首先应开距离路沿最远的线圈槽和馈线槽,这样安装线圈和馈线时可避免电缆的交叉,减少了电缆的接点,允许线圈和馈线做成连续的。

3) 槽的几何尺寸

线圈槽的剖视图如图 9-17 所示。根据要求的尺寸用开槽机开槽,一般槽至少深 60mm,槽的宽度为 7 ~ 10mm,槽至少离开车道地基的金属加强筋 50mm。若在钢筋混凝土车道下埋设线圈,须保证槽达到所需的深度,同时又要与加强筋保持一定的距离,尽量做到两者兼顾。

线圈的尺寸按照车道的具体情况而定,槽的尺寸按线圈的尺寸来切割。在槽的拐角处(即矩形槽的四角)沿对角线切槽,锯缝切过拐角,槽的深度也为 60mm,如图 9-18 所示,以免弯度过小,损坏导线。

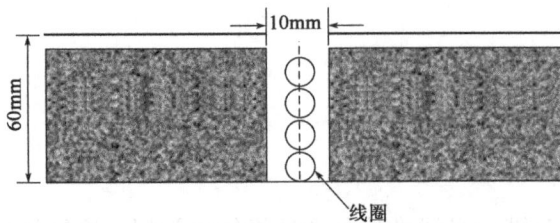

图 9-17 线圈在槽内剖视图

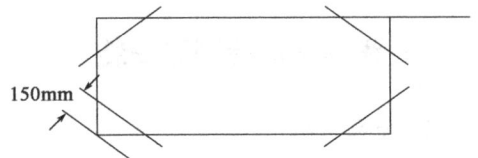

图 9-18 线圈拐角的切法

4）槽内清理

开槽后,要对槽内进行清理,使槽内无硬渣及灰尘颗粒,有条件时用空压机对槽内进行通风净化,保持槽内清洁、干燥,槽底部齐平。

5）馈线的埋设

按照常规,应首先埋设距路边最远的馈线。铺设在槽边缘的馈线应使用馈线套,这是为了保证使埋设在具有一定湿度的土壤中的线圈不受影响。

6）馈线的缠绕

线圈馈线每米至少需要拧 15 个"花",以便尽可能减少各线圈馈线间的串扰。

7）铺设电缆

馈线由路边接头处开始,沿路面开槽铺至车道线圈开槽处,然后沿线圈开槽顺时针方向绕放数匝(一般为 4 匝),最后沿路面开槽回到路边接线处。馈线下槽后,用钝物将其压实,不得有线露出地面,不得用螺丝刀等利器捣线,防止损坏线。

一般而言,把车道上的环形开槽内的线缆部分称为线圈,把线圈与车辆检测卡之间的连线称为馈线。线圈和馈线尽可能用一根完整、无接点的电缆组成,如果需要用有接点的电缆,这些接点必须经过焊接,严格封装。封装的方法有:热缩导管、专用封闭件、带间隙封剂的瓶、绝缘胶布和涂层,封装材料应具有良好的防水和防腐蚀性。

馈线的长度可达 150m 以上,但不应大于 500m。馈线越长,与线圈电感有关的馈线电感会越大,从而会降低线圈的灵敏度,使车辆检测器可能发生漏检现象。馈线电缆应尽量避开道路中心线,尽量减少对道路的破坏。

8）槽的回填

保证槽和电缆干燥,才能开始对槽进行回填,以尽快恢复路面。在封装前,要对所埋线圈的各项指标进行测量,符合要求后方可封装路面。

9）路面封装

完成槽的回填后,经检查符合要求后,即可进行路面封装。首先采用冷浇法,将环氧树脂覆盖在电缆上,间隔一会儿后,再采用热浇法,将沥青混合物填入槽内。环氧树脂的作用是使数匝线圈能互相粘合,保证检测器可靠检测。

在浇注热沥青时要严格执行生产厂家所规定的加热温度,若混合物过热,有较强的破坏性,可能导致电缆的绝缘性遭到破坏。沥青混合物在停止加热后会很快变硬,因此在完成线圈的埋设工作后,很快便可以允许车辆使用行车道。封装时要仔细灌注封装材料,确保灌实,防止槽内形成空气囊,否则会影响线圈的电感参数。

馈线引到路边,穿入路边专用检查井或接线管槽,应尽量将电缆埋在路面下 30mm 的地方,这样才能保证电缆少受损伤。当馈线需要跨越排水沟或其他沟道时,必须专设非金属管道,用于保护电缆。最后清理施工现场,撤除施工标志。

4．地感线圈的测试

1）线圈好坏的测量

在车道恢复使用后,对每个线圈都要用 500V 直流高阻表进行测试,测定对地的精确阻值。在 500V 电压下,线圈对地的绝缘电阻应大于 10MΩ;当车辆通过线圈末端时,线圈对地的

电阻应小于 500Ω,这时车辆检测器运转效果最好。当测量的电阻小于 $10M\Omega$ 时,说明检测器工作不正常,需要重新调整。而当对地电阻小于 $2M\Omega$ 时,说明线圈或馈线已经损坏,需更换。

2)检测器灵敏度的调节

一般来说,当电感量的变化在 $0.05\% \sim 0.1\%$ 时,交通数据检测分析模块应能作出反应。该模块具有灵敏度调节装置,使其在最初状态时,对线圈电感的变化有反应,在这种情况下,模块的灵敏度是比较合适的。应注意的是,灵敏度若调得太高会产生误动作,若调得太低,模块会产生漏检。在实际应用中,由于受到以下因素的影响,会使模块的灵敏度受到影响:

(1)环境中的不稳定因素:包括温度、湿度、噪声等都会引起线圈阻抗的变化,从而对检测器的灵敏度产生影响,易使模块产生误动作。

(2)钢筋混凝土对模块的影响:如果线圈埋在钢筋混凝土上面,当车辆通过时会使振荡信号的振幅增大而不是正常地减小,这样会引起不正常的检测。

(3)相邻线圈之间的影响:两个相邻线圈有一些互感耦合,有时当一辆车通过一个线圈引起频率的变化,却使另一个线圈有检测结果,这种错误容易发生在两个模块的工作频率比较接近的情况下。

(4)线圈本身质量的好坏的影响:这也是决定模块能否正常工作的决定因素。实践表明,一个优质的线圈与一个劣质的线圈相比,其模块的灵敏度要高得多。

(5)馈线长度对模块灵敏度的影响:馈线长度对总电感量的影响很大,当线圈的灵敏度自然下降时,馈线电缆对总电感量的影响极为显著,因此要尽量缩短馈线电缆的长度。

5. 故障分析和维护

线圈车辆检测器在安装、运行及后期维护中,都可能出现故障。常见的故障及其原因与维修方法如表 9-2 所示。

线圈车检器常见故障分析与维护   表 9-2

现　象	可能原因	操　作
检测指示灯不亮	没有直流供电或电压不足	检查检测设备上的供电模块
	检测板损坏	更换检测板
通道不能被检测到	通道关闭	打开通道
	灵敏度太低	检查检测板上的拨码开关
通道故障	没有连接线圈	进行连接
	线圈损坏——环路断路或短路	检查/更换线圈
	通道故障	更换检测板
无检测信号	灵敏度太低	检查检测板上的开关
	通道故障	更换检测板
产生误检信号	线圈之间串扰	检查频率设置
	噪声干扰	降低灵敏度
	线圈电感量超出指定范围	检查/更换线圈
	相邻车道车辆干扰	降低灵敏度
通道持续检测状态	大的反检测信号	复位检测板来重新调整线圈
	线圈电容改变	复位检测板来重新调整线圈
瞬时线圈故障	由于大的电感变化产生的检测板重置	检测器能够自动复位

二、视频车辆检测器安装

如前所述,视频车辆检测器一般由视频采集设备、视频传输设备和视频处理设备及配套软件构成。视频采集设备(前端)包括摄像机、镜头、支架、防护罩、云台、补光灯、立杆等;视频传输设备包括线缆、视频发射机、中继器、接收器、调制/解调器等;视频处理设备及配套软件包括视频分析模块及配套软件。本节主要介绍视频采集设备的安装,关于视频传输设备与视频分析模块的安装分别在本章第四节和第五节介绍。

1. 外场基础施工流程

在外场施工,必须做好安全施工管理,防止发生意外。图 9-19 给出了外场基础的施工流程。具体流程说明如下:

(1)基础采用明挖法施工,先整平基底、夯实、控制好高程,施工完毕后,对基坑应分层回填夯实,夯实度不小于原有压实度。

(2)基础施工时,宜先施工保护接地系统,且严格按有关规范执行,即保护接地电阻不小于 4Ω,接地引线和接地极均应进行镀锌处理,镀锌量不小于 350g/m²。

(3)基础采用强度不小于 C25 的混凝土现场浇筑,机械搅拌,用振捣棒捣实,钢模板支模,养护周期不少于 28d。如工期紧急,可在混凝土搅拌时增加早强剂,缩短养护期。

(4)构造钢筋选用 Ⅰ 级、Ⅱ 级钢筋,钢筋保护层厚度不小于 40mm。钢筋牌号、规格及材质性能应符合现行《钢筋混凝土用钢》(GB/T 1499)的有关要求。

(5)基础顶面应预埋高强地脚螺栓,地脚下部为标准弯钩,法兰盘为 Q235 钢材。

(6)在浇注基础混凝土时,应注意使定位法兰盘与基础对准,并将其嵌进(其上避免与基础面齐平),保持其顶面水平,预埋地脚螺栓应与定位法兰盘保持垂直。所有地脚螺栓均为 45 号钢制成,并进行镀锌处理,镀锌量不小于 350g/m²。

(7)所有穿线钢管内预穿外径为 φ4mm 的铁丝,其两端应留有足够长度供穿线用。

(8)所有钢管均采用镀锌焊接钢管;预埋钢管规格为 φ50~φ76mm;钢管外露部分、接头和镀锌层受损处采用外涂热沥青或防锈漆做防锈处理;钢管敷设完毕后应试通;管孔用木塞堵严,以防泥沙进入管孔。

(9)脚螺栓外露地面 80~100mm。施工完毕后,对外露螺纹部分应涂抹黄油,并用油纸包扎加以妥善保护。

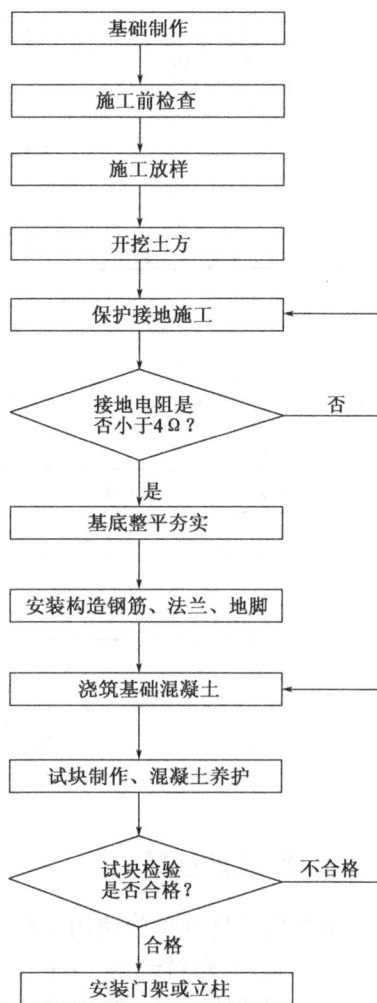

图 9-19 外场基础施工流程

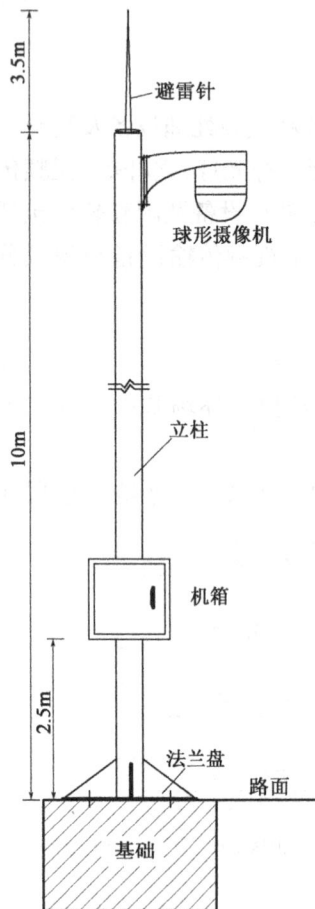

图 9-20　道路摄像机安装示意图

（10）施工中所有构件的加工制作、组装、焊接等工艺按照《道路交通技术监控设备运行维护规范》（GA/T 1043—2013）的相关要求执行。

2. 安装与调试摄像机

视频车辆检测器的摄像机一般安装在高度为 8 ~ 10m 的摄像机杆上，杆的下部有一个设备控制箱，主要用来控制摄像机和传输摄像机图像。其安装示意图如图 9-20 所示。

安装调试方法如下：

（1）在摄像机上先安装并固定好摄像头，并将视频线及电源线引出至杆下控制箱内，确保线缆完好，必要时可穿套管保护。

（2）使用吊车、扳手等机具安装和固定摄像机杆，拧紧法兰盘螺母。

（3）打开电源，从控制箱内接出视频信号和控制信号。

（4）等待摄像机自检通过后，在控制箱内拨码以定义控制协议。

（5）如果摄像机为"快速球型摄像机"，可使用矩阵键盘进行 360°旋转控制，通过拉近拉远调试摄像机变焦控制情况。

（6）如果摄像机为"枪型摄像机"，可在现场使用小型监视器，直接设置调整好摄像机的监视范围、方向和焦距等。

安装和调试完毕后，需要填写外场摄像机安装调试记录表，如表 9-3 所示。

外场摄像机安装调试表　　　　　　　　　　　　　　　　表 9-3

摄像机编号	位置（桩号）	协　　议	供电方式	控　　制	上传矩阵端口
1					
2					
…					

第四节　信号线缆敷设

一、电缆线选择

每组信号灯宜单独使用 1 根电缆线连接到信号机。电缆线应使用芯线标称面积不小于 0.75m^2 的钢芯、塑料绝缘、塑料护套或特殊橡胶材料绝缘、护套电缆线。每根电缆线可留有 1 ~ 4 股备用芯线。同一根电缆线两端应有相同标识。

宜采用绝缘层颜色与灯色相对应的芯线，以便于安装和维护。若芯线绝缘层同色时，每股芯线的两端应有相同的标识,宜采用数字编号标识。

二、地下电缆线敷设

信号灯电缆线宜采用地下敷设方式,每根电缆线应留有余量。地下敷设的电缆线严禁有接头。地下电缆线穿线管宜使用直径 50 ~ 100mm 的内套耐腐衬管的热镀锌钢管或硬制塑料管,一般钢管用于车行道,硬制塑料管用于人行道。穿线管接头处应使用套管固定,并应包有足够强度的混凝土防护层。使用硬制塑料管时,硬制塑料管周围宜包有足够强度的混凝土防护层。每根管口必须严格处理好毛刺。

地下电缆线穿线管的埋置深度为其顶部距路面的距离不小于 40cm。

地下电缆线穿线管拐弯处或长度超过 50cm 时应设置手井,手井井盖应有交通设施专用标记。

手井的深度应在 60 ~ 80mm,底部应设有渗水孔。手井中的管道口应高于手井底 20cm,探出井壁不大于 5cm,管道口应封堵,防止雨水、泥沙流入管道或老鼠等进入损坏电缆线。电缆在井中应做盘留。

地下电缆线应避免与通信、检测器等电缆使用同一管道。

三、架空电缆线敷设

无法采用地下敷设电缆线方式时,可采用架空电缆线的敷设方法。

架空电缆线净空高度不得低于 6m。

架空电缆线应使用钢绞线将电缆线吊起。

架空电缆线在信号机引出处 2.5m 以下应使用钢质穿线管,穿线管的顶部应有倒 U 字形回水弯或安装防水出线管帽。

第五节 系统安装和集成

一、施工前的准备

1. 安装施工行程安排

交通信号控制系统安装施工前,施工方要制订一份经多方审核的工程进度表。进度表可采取关键路径或类似图表的形式(如甘特图)来表示主要单项工程施工任务安排,如时间、任务、联系、支配整个工程完成的关键任务时间路径等。一份简单的工程进度表如表 9-4 所示。

工 程 进 度 表　　　　　　　　　　　　　　　表 9-4

项　　目	时间(d)								
	5	10	15	20	25	30	35	40	45
联合设计									
器材采购									

项　目	时间(d)								
	5	10	15	20	25	30	35	40	45
杆件、机箱基础施工									
管道施工									
信号灯、杆件、线缆、标线、涂料等辅材进场									
标线施工									
杆件吊装									
信号灯安装									
警示标志安装									
信号机等设备进场									
路口设备安装、调试									
联网调试、系统优化									
路口设备试运行									
人员培训									
预验收									

2. 信号灯安装施工程序

交通信号灯安装的典型施工程序是：

1)地下部分

(1)管道；

(2)支撑杆基础；

(3)接线箱；

(4)接地；

(5)检测器；

(6)初步配线。

2)地上部分

(1)垂直信号灯支柱；

(2)横臂或悬索；

(3)信号灯头；

(4)控制柜与控制设备；

(5)电力服务设施；

(6)试验设备。

在较小的工程中,只要承包人向项目工程师确保能满足工期,可不需要正式的进度表。一般情况下,承包人应提前通知项目工程师和检查员(若有)已确定好的材料或设备的交货日期。在着手后续任务之前应提供类似的所有需要检查工作项目的提前通知。为避免不必要的工期延误,这类通知在监督人或检查员不总在现场的情况下尤其重要。

在施工过程中,应根据发生的变化及时调整进度表。任何工期延误都应依照代理的保管记录政策进行记录和报告。

3. 交通管制规划

交通管制是施工过程的重要环节,需要提前做好规划,并将其写入规范的合同文本当中。在实际施工过程中,还应制订更具体详细的交通管制规划,一般根据每天所涉及的阶段性施工要求来制作,通常由承包人向项目工程师提交该交通管制规划,供其检查和审批。交通管制规划所涉及的警告装置、交通控制硬件和相关供应设施,必须符合当地政府部门的相关规定。

除了交通管制,对于施工过程中发生的所有道路封闭、道路迂回或其他变化问题,规划应指定负责完成规划和规定的代理与承包人代表的名称与责任。

二、施工检查清单

施工检查清单是项目工程师和检查员进行项目管理的必要手段。下面给出的清单只作为一般的清单指引,使用时还需要根据实际情况进行补充,不能代替合同规范及产品制造者和供应商的详细安装说明。

1. 管道

大多数交通控制项目涉及地下电线和光缆的安装工程,管道可为电线和光缆在安装、维护和替换时提供保护与便利。大多数导管可采用硬金属、硬的乙烯聚合氯化物、可变形的聚乙烯、玻璃纤维,实际工作中也使用混凝土管和表层塑料钢管等。

管道通常在一个敞开的管沟里安装,有些也通过方向性的钻孔或顶管进行安装。后两种方法通常用于路面、车道下面或者一些禁止开放管沟的地方。管道安装工程中应检查的事项如表 9-5 所示。

管道检查建议清单　　　　　　　　　　表 9-5

1	所有的管道类型应支持线缆的使用且有特有的辨认标记和客户辨认号。安装应由经许可的电力承包人按照当地电力部门的要求进行
2	确认管道为规划和说明书中描述的正确大小和类型
3	核实所有的地下公用设施在开挖之前都已定位
4	确定开挖管沟的宽度和深度与规划和说明书一致
5	保证管床适当的压实
6	确保管道以适当的深度和斜度放置。管道接入汇流井。必要时安装 T 形排水沟和润滑球座
7	检查逆电流器和支座的正确安装(只有多种 PVC 管道跨过截面)
8	钻孔和起重操作不应干扰交通运作,不应破坏或削弱路面或人行横道的构成。容许公差不应超过规划或说明的规定
9	管道局部的弯曲应使用适合的弯曲工具
10	建在基础上的管道应在基础之上延长 50mm,并位于基础顶部的范围内

11	金属管道应以正确的角度接入并延伸至汇流井中
12	硬金属管道应用好的工艺在各末端切平整、定螺纹、铰孔并用螺纹套管相连
13	红色或白色的导线密封胶或类似物应在所有螺纹断面和受破坏的镀锌层上使用
14	PVC管道末端应平滑且没有毛刺和锋利的边缘。接口应使用溶剂焊接的方法且与管道制造商的建议一致。所有的无线连接器都应经过认定且防水。当长度超过90m时,需要扩大接口
15	对需要扩大的桥梁或者其他结构需要检查扩大单元的安装
16	为达到最小的内部直径,须确保所有的管道都已经正确的清洁和测量
17	确保牵引线在所有的管道正确安装。盖上所有的断头和多余的末端
18	检查回填材料并进行适当的压实,同时用现存的混凝土替换掉为多孔井和搬运管道所放置的混凝土
19	确认所有的管道被正确连接且连接线与说明书一致
20	仔细记录管道及其末端的确切位置,这样在维护和修正时管道能够很容易定位

2. 接线盒

接线盒或牵引盒安装在管道末端或者中间位置,从而给电线或通信电缆提供通路。用于制造接线盒的材料通常有混凝土、塑料和玻璃纤维。在接线盒的安装过程中,应检查的事项如表9-6所示。

接线盒检查建议清单　　　　　　　　　　　　　　　　　　　　表9-6

1	检查盒子的类型、规格、形状是否如规划所说明的。如果没有说明,项目工程师应审核要使用的盒子。预制的盒子要提前设计,包括适当的规格和管道口的位置
2	检查孔挖掘的适当深度和大小以及基床的适当压实
3	盒子应安装成顶端表面与周围地面齐平,以防止维护时破坏和对步行者造成危险
4	在制作现浇混凝土盒以防止蜂窝形结构时应使用混凝土振荡器
5	在回填之前检查预制盒在搬运时的垂直、水平搬运过程中受到保护
6	管道的入口内部和外部应正确灌浆
7	检查地面杆是否正确安装,地面杆的开口是否位于预制盒的适当位置
8	确保回填土经过清理并适当压实。应进行适当的修复,以适应工地周围的坡度
9	检查电缆架,依据规划和说明书以正确的类型和安装方式进行插入和装配
10	检查结构是否正确,盒子是否正确安装,油漆是否合适
11	检查所有的垃圾或碎片是否都已从盒子中清理出

3. 车辆检测器

目前在交通信号控制系统中应用最广泛的车辆检测器是地埋式环形感应式线圈车辆检测器,其结构、功能、工作原理、安装方法与维护方法已经在前面作了全面介绍。由于线圈的形状与实际应用需求有关,在实际应用中,个别线圈的规格和形状各不相同。下面给出地埋式环形感应式线圈车辆检测器在安装中的注意事项,如表9-7所示。

环形线圈车辆检测器安装注意事项 表9-7

1	检查环形线圈在道路上的布局与规格和标准的细节是否一致
2	辨别任意不利断面是否在标记的地面布局区域内;更换不利断面或重新部署环形线圈。在环形线圈布局和道路引入线处应考虑尽可能地减少横跨道路的交叉点数
3	在工作之前检查锯条的宽度;锯条应足够宽
4	锯痕应做成规划所示的深度。拐角处应以一定角度剪切,以避免环形线圈的尖锐弯角。可使用可选择的核心训练方法。圆环应用孔锯来制作
5	检查从环路到接线盒的管道
6	当穿过路缘石钻孔时,只能使用旋转打孔
7	检查环形线圈的安装与规划是否一致,线圈的匝数应与厂商对检测器放大器的说明一致。确认电线材料的类型,确保其与提交材料一致
8	应特别注意的是,当把环形线圈置于锯痕处时,应避免绝缘材料的剪断和破碎。所有会破坏绝缘材料的尖锐物体都应从切痕上移走。在安装环形线圈之前,应用压缩空气彻底清理锯痕上的污垢和水。电线不能用螺丝刀或其他尖锐工具强行放入锯痕
9	检查环形线圈在锯痕内是受保护的,没有暴露在交通中,并完全用批准的密封剂。确保密封剂适当地粘附于道路表面。非变硬的密封剂只能用于热拌沥青表面
10	道路接头或裂缝处,在配线时应留有间隙以防止将来绝缘材料受到破坏。环形线圈适合连接到环路所在地附近的接线盒中,以保证安装工程符合设计及施工要求
11	从控制器到环路的引入线应受到保护,在附属的环路导线上,电缆每0.3m至少应有3个电线钮
12	用模拟车辆的金属薄板做适当的运作测试

4. 行人按钮

行人按钮检测器用于有行人过街或车辆驱动交通控制器的地点。当按钮由行人按下时,按钮内部组件的联系断开,将检测结果传入信号控制器中,信号控制器据此进行行人优先信号控制。行人按钮安装中应检查的事项见表9-8。

行人按钮安装中的检查事项 表9-8

1	检查所有按钮组件是否都安装在规划所示的位置或高度。如果规划没有说明,安装高度约高于相邻人行道或路面1.1~1.2m
2	按钮组件的类型、规格和形状应如规划或说明书所说明的
3	检查每一个行人按钮是否都配有提供适当步行者指示的标志
4	检查防风雨安装

5. 基础

混凝土基础用来支承交通信号灯底座、信号灯柱、信号灯柱的臂状组件、可变或动态的信息标志、摄像机杆、信号控制器箱和设备或通信箱等。正确的基础位置、尺寸、抛锚准备和工艺等是确保交通信号设备正常使用的重要保障。基础安装过程中应检查的事项见表9-9。

基础检查建议清单 表9-9

1	检查基础位置与高度的布局与规划是否一致。为实现交通的运转,基础的安装位置不能与公用设施冲突且信号灯设施不能安装在危险或有障碍的地段(见信号灯支撑检查清单,表9-10~表9-14)。基础顶部约高于周围路面25~50mm,允许适当露出易碎的变压器或凸缘基础。在柱臂信号灯的安装中,基础的高度应保证柱臂与路面的脱离
2	检查基础的开挖规格和深度与规划说明或工程师指导是否一致
3	检查适当的布局所需的混凝土形式
4	检查加固钢筋的类型、规格、数量和布置
5	检查锚栓的位置、大小、数量和方向。当使用刚性的柱臂附件时,柱臂的方向是最关键的(见柱臂检查建议清单,表9-10)。检查锚栓的连接在每一个锚栓上是否都正确安装
6	检查管道出口的位置和方向与规划是否一致。检查接地杆是否正确安装
7	检查管道在灌浆之前是否被覆盖。在基础混凝土凝结之前,所有的锚栓和管道都应安全地保持在适当的位置
8	混凝土应充分振动,以防止蜂窝形的结构。检查完成的顶部表面是否水平
9	确保适当的回填材料和压实状态
10	确保所有的垃圾都被适当清理,将所处地点恢复至与周围环境相匹配
11	在装杆之前确保适当的混凝土养护时间

6. 结构上的支撑

支撑交通装置有很多种方法,包括:

(1)柱臂的安装(通常为钢或铝质),见表9-10。

柱臂检查建议清单 表9-10

1	检查柱臂和竖直支撑的所有引出线的位置
2	确认竖直支撑的预置
3	确认锚栓的方向。检查基础上水准螺母的安装
4	用水准螺母来检查或调整竖直支撑的垂直或倾度,须与厂商的竖直说明一致
5	记录拧紧锚栓或螺母的安装结果并记录扭矩扳钳测量的尺磅值
6	检查臂的正确安装。臂的拱度应是向上的,如果不是,会使臂看起来是下垂的,这是不符合要求的
7	确保所有的交通硬件都被正确安装于臂的适当位置
8	重新调查竖直支撑的垂直与倾度,使其达到与臂水平
9	检查臂的方位和信号灯超出地面的高度
10	记录安装或重新调整锚栓或螺母的结果并记录牛顿尺或扭矩扳钳测量尺磅的值
11	检查变压器基础或竖直支撑的法兰下的水泥浆

(2)承力索的安装(木杆),见表9-11。

(3)承力索的安装(钢拉杆),见表9-12。

（4）可变信息告示支持/信号箱。安装中应检查的事项见表9-13、表9-14所示。

承力索（木杆）检查建议清单　　　　　　　　　　　　　　　　　表 9-11

1	检查竖直支撑所需孔的位置、深度和直径
2	检查或调整竖直支撑的垂直度。检验回填的压实状态
3	检查拉索锚的位置
4	监督每一个拉索锚的安装，确认安装的执行与厂商的安装程序一致。对于由于地下状况或厂商安装方法可能不满足荷载条件的最小螺栓或所有螺栓做负荷试验
5	检查竖直支撑所有拉索硬件的安装。在行人区保证拉索硬件的竖直或水平净空
6	检查竖直支撑所有横承力索、传输线和范围线的安装。确认压缩绝缘体的位置
7	检查交通信号灯、交通信号灯横跨电缆和传输线的安装。确认超过标准要求的路面以上临时装置的最小高度
8	监控横承力索和拉索的拉紧状态。记录应变计上的拉紧结果与所有的读数（中间的和最终的）。核计并记录最低点超出地面的最终净空
9	检查交通信号灯范围线的安装
10	确认竖向支撑的垂直，调整拉索。用扭力扳手检查所有硬件（如皮带、带耳螺栓、贯穿螺栓）的拧紧状态

横承力索（钢拉杆）检查建议清单　　　　　　　　　　　　　　　表 9-12

1	检查竖向支撑所有电线引出线的位置
2	检查竖向支撑的预置和横承力索或范围线硬件的安装。检查压缩绝缘体的位置
3	确认锚栓的方位。检查基础水准螺母的安装
4	用水准螺母调整承力索缆的拉紧状态，使其与厂商提供的安装说明一致
5	记录锚栓或螺母的拧紧结果，并记录扭力扳手测量的尺磅值
6	检查交通信号灯、交通信号灯横跨电缆和传输线的安装。确认超过标准要求的路面以上临时装置的高度
7	监控横承力索的拉紧状态。记录应变计上的拉紧结果与所有的读数（中间的和最终的）。核对并记录最低点超出地面的最终净空
8	检查适用于交通信号灯的范围线和脱落式接头的安装
9	确保竖向支撑的垂直。用扭力扳手检查所有硬件的拧紧状态
10	检查变压器基础或竖直支撑的法兰下的水泥浆

基础杆检查建议清单　　　　　　　　　　　　　　　　　　　　　表 9-13

1	检查竖向支撑上所有电线输出的位置
2	检验竖向支撑的预置
3	确认锚栓的方向。检查基础上水平螺母的安装
4	用水平螺母检查或调整竖向支撑的垂直
5	记录安装锚栓或螺母的结果，并记录牛顿尺或扭矩扳钳测量尺磅的值
6	检查所有交通硬件的正确放置与安装
7	检查车辆和行人的竖向与水平净空。需要时做出调整
8	检查变压器基础与基础支撑的法兰下的水泥浆

可变信息告示支持或信号箱的检查建议清单　　　　　　表 9-14

1	检查竖向或水平支撑的所有引出线的位置与规格
2	检验支撑的预置。检验"J"形挂钩和其他应力减轻装置的位置
3	用制作基础的金属板模型,检验各锚栓的方位。与水平线的角度很关键,发光二极管的视觉锥体的角度只有28°,且需要适当的调整
4	检验锚栓的垂直。基础金属板上的孔通常只会超出 1.6mm。这种与锚栓结构连接的垂直方向上的最小误差可避免竖向支撑被搁在基础上
5	检查起重环的位置与数量。重心通常与中心线不重合。确认起重机的起重连接结构没有破坏信号箱。信号箱可在安装前或安装后连接到结构上
6	检查水平部分的正确安装。拱形应朝上;若不是,会使水平部分看起来是下垂的,这是不符合要求的
7	检查起重机的起重能力,包括重量、角度和高度
8	确保高架设施的足够净空
9	检查信号箱水平部分的正确放置与安装
10	按要求重新调整竖向支撑的垂直和倾斜度,以使水平部分达到水平
11	检查水平部分的方位和信息可变标识超出地面的高度
12	检查安装或调整锚栓或螺母的结果并记录牛顿尺或扭矩扳钳测量尺磅的值
13	检查竖向支撑法兰下的水泥浆

7.信号灯头

信号灯头是一个或多个的信号外观装置,要求提供需要的信号指示。

信号灯头可安装在杆、基架或悬挂在杆臂、信号桥或横承力索上。需要的安装设备重量,取决于使用支撑的类型以及信号灯头水平安装还是竖直安装。

信号灯头可用固定装配或自由装配的方式安装于杆臂上。中间与末端的装配需要不同的硬件组件。信号灯安装中应检查的事项列于表 9-15。

信号灯头检查建议清单　　　　　　表 9-15

1	在给定交叉口需要的信号灯指示的数量、位置和布置以及每个信号灯表面镜头的数量和布置,取决于规定的最低标准。所有的信号灯指示都应安置在规划指定的结构内,且应确保与规定一致
2	确认镜头为规划与说明书中指定的大小、类型和颜色。标准的镜头大小为直径300~400mm,用玻璃或塑料制成
3	检查镜头是否正确安装,大多数镜头都被标于"顶部",以确保正确的方位
4	确保真空管与发光二极管满足行业标准要求

第六节　系统运行和维护

一、系统验收

在投入使用前,必须对交通信号控制系统运行的安全性进行核查,并在投入运行后进行定期检查。为了能够及时清除故障,鉴定道路交通事故等,操作人员必须对每个交通信号控制系统的运行情况进行记录。

1. 验收总则

新建交通信号灯控制系统投入使用前,必须仔细核查以下方面:

该信号控制系统是否与设计文件相符;如果是交通感应控制,其控制算法是否满足设计者制定的逻辑和时间条件;安全措施是否有效。

验收新建交通信号灯控制系统前,操作员应该核查以下内容:

交付的文件是否完整;交叉口的布置是否符合设计图纸;必需的交通标志、装备和车道标识是否符合要求,并且得到准确的实施;信号灯是否正确安装、排列;信号切换时间是否符合正确有效的信号配时方案;采用交通感应信号控制的控制算法,实例验证是否充分;在模拟错误时,确保安全的检测装置能否可靠运行。

必须书写验收过程备忘录,并归入信号系统档案中。

如果更改或扩充了交通信号系统,必须重新进行验收。验收可仅限于系统被更改或扩充的部分,同样必须书写验收备忘录,并归入信号系统档案。

2. 竣工验收一般性要求

在各个分项验收合格的基础上,全系统经过 30d 的整体运行即可进行全系统的验收工作。验收工作由联合验收小组完成。

验收依据:国家标准、行业标准、招标书及合同规定内容。

1)设备材料开箱验收

(1)开箱验收组织。

工程主要设备、材料验收人员由业主、承包人、监理联合组成。

(2)开箱验收内容。

按照装箱单对设备、零部件、备件、材料数量进行清查;对设备、材料规格、型号进行核对;对随机文件、合格证、原产地证明进行清点;对设备、材料外观进行检查。

(3)开箱验收的要求。

验收工作要认真负责;验收结果要详细填表记录;参与人员要在开箱单上共同签字;恢复包装,及时入库,妥善保管。

2)系统验收

在每一个节点完成软硬件安装与配置之后,承包方现场工程师将和用户相关机构的技术人员一起进行该节点的测试工作。

承包方将与用户相关机构的技术人员一起,在系统通电后,对系统中的每一个功能模块进行测试和诊断,证明系统功能的完善性和可用性。此外,还将进行模拟断电,以证明整个设备的稳定性、可靠性和自恢复功能。

一旦整个合同中的所有节点完成单节点验收,整个系统将开始系统验收。业主、监理、承包方将派出本项目负责人,根据合同对整个系统进行系统验收。

3)试运行验收

试运行验收由业主、监理、承包方共同负责。试运行期为 3 个月,如果试运行期间出现问题,试运行时间将从故障排除之日起,重新进行 3 个月试运行考核。考核通过后,进行试运行验收。调试测试及验收清单如表9-16所示。

控制系统调试测试及验收清单　　　　　　　　　　表9-16

项目名称	内　容	标　准	方　法	地点	时间	我方人员	参加人员
系统计算机、信号机等设备	外观、功能、温湿度、防雨、防尘,连续开机	国家、公安部标准,业主招标书、合同有关技术参数	仪表测试、功能测试	现场	2d	项目经理、工程师	业主、监理代表
系统软件	连续开机,功能测试	国家、公安部标准,业主招标书、合同有关技术参数	功能测试	现场	2d		
系统试运行	连续开机,功能测试	国家、公安部标准,业主招标书、合同有关技术参数	功能测试	现场	30d		

4)验收技术文件主要内容

(1)安装设计和测试文件。

信号机和检测器安装规范;各路口信号机接线图;测试计划及测试规程(提交用户最终确认);验收标准(提交用户最终确认)。

(2)维护和操作文件。

交通信号机技术安装说明书;交通信号机手持终端操作说明书;城市交通信号灯控制系统使用说明书;城市交通信号灯控制系统配置说明书;全部备件、维护工具和测试仪器的详细说明和清单。

二、系统运行

1.启动和关闭

交通信号控制系统的运行状态可分为以下三种:

(1)正常状态。

(2)黄闪(只在次路方向)状态。

(3)信号关闭状态。

当启动处于黄闪或者关闭状态的交通信号控制系统时,信号控制方式的转换必须遵守一定的程序,该程序从交通工程的角度来看必须是安全的。关闭处于正常运行状态的交通信号控制系统(如进行维护)时,从正常信号控制模式向其他控制模式转换时,同样必须采用安全的操作程序。

通过给予道路主要方向绿灯来关闭交通信号控制系统时,这一绿灯时间须持续到正常状态时次要车流信号灯组最大红灯时间的末尾。当绿灯延长时段初期不再有车辆通过时,信号灯组显示红灯。此时,还未转为红灯的信号灯组的绿灯时间将延长到正常状态下红灯开始时刻。

如果交通信号控制系统由于技术原因发生故障,应通过给予所有方向车辆黄灯、行人红灯来停止系统工作。在高级控制层停止工作或系统故障时,应有替代信号程序控制交通信号系统,必要时(如在路口渠化不充分时),应采取特殊手段来保证交通流运行安全。

2.信号安全保障

由于设备本身的性能和恶劣的工作环境,交通信号控制系统在运行过程中将产生故障。这些故障包括为信号相位冲突的交通流同时显示绿灯或切换信号,信号本身出现问题,违反规则的信号配时,或者显示矛盾的信号等。针对这些故障,应自动记录与正常状态间的偏差,以便能立刻排除问题。

防护措施根据可能出现问题的不同分为紧急、较紧急和不紧急三种情况。

紧急安全保障措施适用于系统异常状态,会造成直接交通危害的所有情况。此时,交通信号控制系统应立即关闭。因信号配时出错而产生可接受程度内的交通危险状态,且各类交通流也能做出适当反应时,则应采取紧急防护措施。运行方和建设者必须就是否采取防护措施取得一致。每种情况的优缺点都必须从交通工程的角度进行核查。其他异常状态都属于不紧急状态,这种情况不需要激活信号安全保障措施,因为无论是在信号关闭后的无控制状态,还是关闭过程自身都将对交通流产生潜在危险。

3.运行监控

操作员必须对交通信号控制系统的运行状况进行记录,主要包括:

信号灯布局平面图;信号配时方案;绿灯间隔时间矩阵;信号防护表;线路平面图;线路接线图;信号方案的切换和调用时段;验收备忘录;相序方案;相位过渡;交通感应控制算法;时间-距离图。

因交通信号系统停用、修改或扩展而过时的文件应标记为"无效",但仍应保存至少 5 年。

对于分散控制的交通信号控制系统还应包括:信号配时方案的启用日期;信号配时方案的切换时间。

除了上述文件,对于所有异常状态和特征都应记录下来,并标明日期、时间,特别是:交通信号系统的启动和关闭;信号配时方案的不正常切换;故障;交通信号系统的损坏。

三、交通控制项目维护

交通控制项目维护是指对交通信号控制系统有计划地进行设备检查、清洁、调整、润滑,使其在最大能力下运行。维护不应该和紧急情况处理相混淆,紧急情况处理通常是指由于公众的抱怨,或者某些事故与自然灾害导致了严重后果,必须立即对控制系统进行处置。交通控制项目维护的主要内容介绍如下。

1.维护文件

1)维护文件的内容

维护文件必须包括:完整、有标记的维护目录;上次更换信号灯的交叉口及时间;上次更换冲突监测器的时间;最新的线圈检测结果;最新的诱发电压测试结果;交叉口平面图;电气设备的编码。

2)维护花费记录

记录花费在维护上的时间、材料消耗,以便用基本的维护消耗达到预期的目的。例如从已经花费的记录来看,一个交叉口进行一次完整的维护程序大约花费 300 美元,如果有 100 个交叉口并且一年进行一次维护,每年就需要预算 30000 美元。

3)跟踪坏的设备

对每件送检维修的电气设备都要标明移除地点、日期及时间,最好包含问题的简单描述以及控制器和冲突监测器的位置以及维修历史的记录。

2. 机柜的维护

1)用吸尘器清洁处理信号机柜

信号机柜内表层不能有灰尘和碎片。轻便的吸尘器是常用的清洁信号机内表层的工具。

2)接线口

信号机柜里所有的电线和接口都应整齐布置。对应的线和接口应标注一致,一组线应布置在一起。

3)杀虫

如果虫子和老鼠进出信号机柜,那么信号机柜附近和里面都要布置适当的有毒药物。可以在信号机柜的底部撒上难闻的防虫丸来阻止虫子进入,这些小生物很可能破坏线缆。

4)清除植物

在信号机柜门周围要清除植被或其他妨碍门打开的障碍物。

5)密封信号机柜

如果信号机柜和混凝土地基之间的连接不好,会导致水渗到机柜里面去,这对机柜的养护很不利,应该用硅材料重新在连接处进行密封处理。

6)润滑锁和铰链

定期润滑信号机柜的门锁和门铰链。

7)更换灯泡

更换信号机柜内坏的灯泡,方便夜晚照明作业。

8)检测电容

用万用表检测灯泡,检验信号机柜里的电容是否正常运行。

9)检查机柜内部连接的密封性

用橡胶手柄的起子来检查信号机柜里关键电器螺栓的松紧情况。关键电器螺栓连接包括:在接线板上的电线;在主板上的所有连接;在线圈板上的接入电缆;在接头场信号灯头线。

10)测量电压

用万用表测量信号机柜的进入电压值。如果电压在 110~120V 之间,则是正常的,有时候供电板上不良的连接会导致低电压输入。低电压情况一经发现就要进行检查纠正。

11)电流对比

驱动信号柜的电流也要用电流表进行测量。读数要与预计的装置的正确驱动相比较。该值可以这样估得:135W ×信号头个数/电压。

例如:一个信号灯有 12 个头,电压读数是 115V,正确的计算式是:135W × 12/115V = 14.1A。如果测得电流比预计值要高很多,那么可能存在高阻抗。

12）检测信号柜接地

用三角接地检测器确定信号柜是否接地良好。如果接地系统达不到标准,有时要使用附加的接地棒连接信号柜的接地系统。

13）检查触发器开关

检查信号柜内触发器和警报按钮是否能进行适当的操作。

（1）检查脉冲频率。

检查脉冲开关,技术员要数15s内闪光的次数,如果次数介于13～15次之间则满足要求,信号灯遇到MUTCD脉冲信号环境每分钟闪光50～60次。

（2）手动检查。

正确的手动检查须将手动开关打开,使手动控制线逐一通过所有的信号相位。一次检测完成时须确认所有的开关都回归其正常的操作位置。

（3）无须检查所有的开关。

下面的信号柜和警报板上的按钮在维护期间通常是不测试的,这些测试可能会使机动车因没有信号指示而发生危险。

①电源开/关。

②信号开/关。

③控制器开/关。

3.控制器的维护

控制器是交通信号的"大脑",必须仔细检查。

1）日期登记键

很多交通信号控制机在日期突起盘上有突起键,与计算机键盘相似,按下这些键产生电连接。如果灰尘进入设备,键会变得特别敏感,导致不稳定或无反应,这时可用清洁液喷射清洁键盘来解决问题。

2）定时调整

在校对信号控制器定时设置时,技术人员一定要根据最新的官方时间来设定时间,如果发现信号控制器的定时设置与实际情况不相符,应及时对其进行纠正。

3）观察信号控制器的工序

观察信号控制器前面板的显示,确定信号控制器可以进行正常操作。假如当它应该在统筹状态时,信号控制器却执行自由状态操作,或者某个相位本应在最小呼叫却处在最大呼叫状态,这些问题表明信号控制器无法执行正确的工序,通过观察信号控制器的前面板可以发现这些问题。

4）校对时间日期

如果信号控制器有时间日期功能,就要确保信号控制器显示的时间、日期都是正确的。一般依据北京时间来核对和校准信号控制器的时间与日期。

5）修改节假日计划

每年节假日对应的星期数是不同的,信号控制器里特殊节假日的时刻表必须每年修改,这也是维护工作的一部分。

6)检查背面电池

检查信号控制器背面的电池状况主要是检查信号控制器的时间。具体做法是,将电池从信号控制器里取出15s,如果在此电源取出期间信号控制器的时钟发生了变化,那么说明背面电池极有可能已经损坏,应该将其换掉(这项检测将会引起交叉口闪断,因此只能在车流低峰时进行)。

7)更换信号控制器

如果不知道新的信号控制器是否能正常工作,最简单的检测方法是按原设置使用新的信号控制器,同时用新的信号控制器替换旧的,如果新的信号控制器能够正常运行,则说明新的信号控制器没有问题。新的信号控制器的时间日期阀门和批号都要进行注册。

4. 冲突监视器的维护

1)冲突监视器检测器

使用自动化的冲突监视器检测器。这种先进的微处理检测器能够检查冲突监视器的所有子程序,彻底地鉴定冲突监视器的全部功能要素,给出功能毁坏的冲突监测器可能导致的危险报告。

2)检测结果

冲突监视器的检测结果需要打印出来,作为维护的文件进行保存。

3)历史错误记录

大多数先进的冲突监视器都具有存储功能,技术人员可使用掌上电脑把这些信息下载下来。文件材料须打印出来,作为维护的文件保存。

4)闪点试验

如果没有冲突监视器检测器,就要通过执行"闪灯试验"实施一种特殊的联合鉴定。闪灯试验期间,技术人员使机动车通行相位与行人相位正确显示冲突,用导线连接活动相位和冲突相位的绿灯终端,如果冲突监视器正常工作,信号灯就会出现闪灯。

5)LCD 显示的监测器

配备了液晶显示屏(Liquid Crystal Display,简称 LCD)显示的信号控制机柜不需要做闪灯测试。技术人员可以监测信号灯指示变化时的所有输入,从而对设备状态进行检查。这种方式可避免闪点试验期间出现机动车混乱的现象。

6)信号缺失的检测

操作负载开关可以很容易地检测到信号的缺失,如果冲突监视器运行良好,启动负载开关将立即使信号进入冲突闪灯。

7)暂停时间

当冲突监视器发送信号至闪灯,信号控制器必须暂停操作。技术人员要核对处理这种情况。

8)更换冲突监视器

如果冲突监视器不能正常操作或者检测出问题,则需要更换冲突监视器。不要试图在工作中修复损坏的冲突监视器,对新更换的冲突监视器的开关时间、日期以及工作参数应进行文件备份。

5.检测器的维护

1)检查行人监测器

按动所有的行人按钮,以确定适当的通行和禁行时间间隔。为了避免潜在的混乱,信号控制器要除去同步协调,一次只能有一个按钮可以按动,同时也对每个人行横道信号灯进行检测。

2)检查线圈车辆检测器

目视检查线圈车辆检测系统的工作状态。无论线圈车辆检测系统是处在工作状态还是关闭状态,都需要对其重新进行调整。如果用新的车辆检测器替换了旧的车辆检测器后,线圈车辆检测系统仍然无法正常工作,那么问题可能出在感应线圈或接入馈线上。对感应线圈或接入馈线的检查主要包括以下内容:

(1)检测感应线圈。用欧姆表检查线圈接入组合的连续性。如果组合是坏的,就要把线圈和接入线分离出来,同时检查线圈的连续性;如果线圈是坏的,就要更换线圈,如果线圈是好的,那么问题可能出在铰接线缆或接入电缆上。

(2)检测接地电阻。对每个线圈都要用欧姆表检测其对地电阻。对地电阻过低说明铰接线缆老化或者是电线的绝缘层坏了,会导致受潮时线圈短路和经常误检等问题。

(3)检查线圈密封胶的状况。线圈线不能裸露在外,要保证线圈密封胶没有裂缝或者破裂。

(4)检查路面情况。有病害的路面会威胁到线圈的安全。线圈口与损坏的沥青路面相连接的环线层是最容易出问题的地方,在已经破坏的路面区域增加覆盖层可以保护线圈。

(5)检查线圈车辆检测器的参数设定。错误的设定肯定会导致问题,特别要检查线圈检测器在延迟时间、扩充时间、频率、灵敏性和检测模式等参数方面的设定情况。

(6)检查线圈车辆检测器的标号。必须确保所有的线圈检测器或者检测器配线都根据通道、线路及相位进行了正确的标号,对于丢失或毁坏的标号要及时补上。

6.架空设备的维护

架空设备包括信号灯头、横跨电缆等,也应包含于维护系统中。

1)清洁表面

对信号灯里面、外面和反光镜的表面都要用软布和玻璃清洁剂进行清洁。如果有信号灯或反光镜破碎或毁坏,要进行更换。

2)拉紧连接线路

信号灯内部电线连接都要用带橡胶手柄的螺丝刀拧紧。

3)检查门垫圈

如果信号灯头门垫圈破碎或者毁坏,都应替换。坏了的垫圈会使水和昆虫进入信号灯头。

4)关紧铰链门

信号灯头上的铰链要用螺丝刀和带翼的钉子加固拧紧。

5)诱导电压测试

在信号控制机柜的末端场使用万用表确定一个回路的诱导电压。当附近的回路处在打开状态时,例如,当5相位的黄灯回路是打开的,就要检测确定只有微量或者没有电压在5相位的绿灯或红灯回路。如果存在诱导电压,则对架空线有必要进行检测,确定多余的电压都能导入地下且电线的绝缘层没有缺口。电压可以通过附近的电线被诱导进信号线圈,如果这些电线有很高的电压,需要重新布置线圈,消除电压。

6)清理阴暗的植被

如果信号灯被树枝或灌木等植被遮挡,将影响驾驶人的视野,须将这些植被清理掉。

7)检查螺栓和跨线

检查支撑跨线的螺栓是否紧实,测试并确定跨线没有发生磨损、生锈。

8)检查延伸臂

检查任意的延伸臂及滴水管的密封性。

9)摇晃跨线

抓住跨线并摇晃,模仿架空跨线在强风下所受的影响。如果摇晃使交叉口信号灯闪烁,就表明在某处有露线或者是接头松动,需要加固。

10)处理过渡松弛

如果跨线过渡松弛,要用铰链机收紧。调整要考虑到铁路上空的最大或者最小净空间距。

7. 支撑柱的维护

要检查所有的支撑柱是否有裂缝或者疲劳迹象。如果发现有裂缝,需要立即报告供应商或者是工程师来做进一步的检查。

1)替换手动盖

任何丢失的手动盖都要被补回。

2)检查固定螺栓

在杆臂和钢柱上,所有固定螺栓的紧密性都要进行检查。

3)清除锈迹

在杆臂或者钢柱上发现的锈迹都要处理掉。用专门为电镀柱子设计的底漆来重新涂漆,最后结束的那层要用与柱子颜色接近的颜色涂抹,一般电镀柱子是灰色或银色的。

4)杆臂的末端区域

杆臂有一个末端区域,末端区域电线连接的松紧要用带橡胶手柄的螺丝刀检查。

8. 信号中断的替代措施

1)交警指挥交通

如果交通信号控制系统运行中断,通常可由交警通过手势和指令进行交通指挥。该方法用来应付无法预计的系统故障及短时信号中断。显然,交警无法长期代替信号控制设备。

2)通过交通标志和装置控制交通

如果无法在短期内排除信号系统的故障,对于4车道以上的交叉口和布局复杂、渠化设计不清晰的交叉口,必须采取适当的替代措施来保证交通流的安全运行。综合考虑当地的特征和主要交通条件,可以选用以下措施:降低交叉口进口道的限速;禁止冲突交通流(如左转)及运用强制限定运行方向;利用栏杆、危险警告灯和交通标志关闭车道;部分或完全关闭交叉口,并指明替换路径;建立可移动式交通信号灯控制系统。

3)替代的信号控制

对于交通信号控制系统长期中断的情况,可运用移动式交通信号灯控制系统来代替。特别是当准备长期维修时,用于替代的移动式交通信号灯控制系统应与固定式交通信号灯控制系统的性能相同。移动式交通信号灯控制系统有可能需要被归入现有的协调系统中,甚至必须提高转弯信号控制或将系统与现有的检测器相连进行交通感应控制。

交叉口移动式交通信号灯控制系统中的控制单元和信号灯间的指令,可通过临时的架空线缆或无线电进行传输。

由于建立架空电缆需耗费较长时间,因此架空电缆适用于长期利用移动式交通信号系统的情形。架空线缆需进行结构及静力学试验,且必须耐暴风雨。选择电缆时,应考虑低压可能产生的电压损失。对于42V的架空电缆越过车道时,须保持5m的车道垂直净空,对于220V的架空电缆,须保持6m的车道垂直净空。

通过电缆传输控制指令的移动式交通信号控制系统与固定式交通信号控制系统没有区别。为了简化架空电缆和加速实施过程,除了通常的控制技术,即由一个控制单元以电缆连接所有信号灯头之外,在每个信号灯杆上设置一个控制单元也是合理的。

无线电传输不需要在每个信号灯头间连接电缆。电力由电池或供电系统通过电力控制装置来提供。无线电信号系统适用于即时替代因事故损坏的信号系统,或仅仅为短期替代的情况。

通过无线电信号传输控制指令,必须确保安全,防止对交通信号有危害的信号相位出现,而且应考虑到无线电传输可能受外界的影响(如电磁场的干扰)。因此,在交叉口和通信信号控制中,对这些系统的操作应有严格的规定。

技能训练

实训项目1:路口交通控制设备图(或施工图)绘制

一、学习目的

(1)理解交通信号灯、交通信号控制机、交通信号灯杆、交通检测器、通信设备等路口交通控制设备的结构、功能、工作原理等知识,尤其是这些设备的电气知识和安全知识。

(2)能够结合设备的使用手册,使用AutoCAD软件,按照现场工程施工规范要求,绘制交通控制设备的工程施工图。

二、学习条件

给定某一种交通信号控制设备,如交通信号灯、交通信号控制机、交通信号控制机柜,作为本次实训的素材,如图9-21所示。

三、学习方法

1.教师讲解

结合实训素材及本章所讲知识点,对本次实训的主要内容、实训要求进行必要的讲解,如在指导学生进行设备图(或施工图)绘制之前,要进行必要的测量、设计绘图比例。在绘制过程中,要注意图名、图廓、图例等细节。

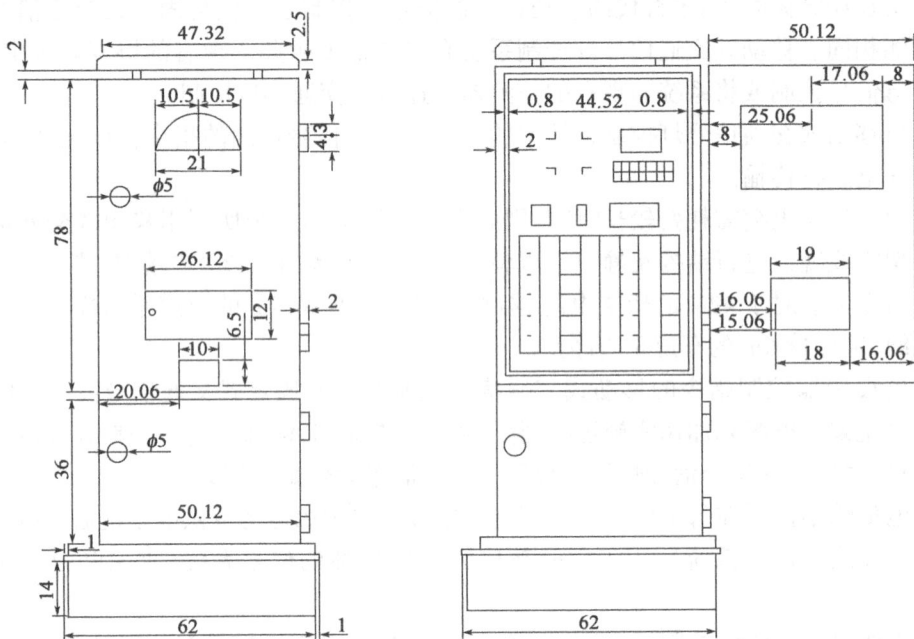

图9-21　交通信号控制机柜侧面图(素材)(尺寸单位:cm)

2.学生实训

(1)实训分组:本次实训内容涉及观测、分析等环节,建议分组实训,2人一组。

(2)领取素材:以小组为单位领取实训素材。

(3)绘图实训:

①选择某一种交通信号控制设备,如交通信号灯,测量其实际尺寸结构,同时查阅相关标准,如《道路交通信号灯》(GB 14887—2011)、《道路交通信号灯设置与安装规范》(GB 14886—2016)。

②按照标准要求,基于测量的数据,利用 AutoCAD 软件绘制设备结构图,或安装工程施工图。

③工程施工图中需要充分考虑现场施工的实际需要,在图上标注完整的信息,包括尺寸、结构、注意事项等(建议学生在实训过程中以实际的施工图素材为学习参考资料)。

四、注意事项

注意工程施工图的规范性、可操作性和实用性等要求。

五、学习要求

完成一份路口交通控制设备施工图。

六、能力拓展

在本实训项目的基础上,思考交通控制设备施工中可能遇到的一些问题。

实训项目2:路口交通控制项目工程概算

一、学习目的

(1)理解路口交通信号控制系统项目实施的整个工作流程及工作内容。

(2)能够结合所给的条件,对路口交通信号控制系统项目进行初步的工程概算。

二、学习条件

某十字交叉路口的平面图(含路口基础交通地理信息数据)、某品牌的交通信号控制机、交通信号灯、机柜、车辆检测器、通信设备以及当地的工程建设经费明细表。

三、学习方法

1. 教师讲解

结合实训素材,同时结合本章所讲知识点,对本次实训的主要内容、实训要求进行必要的讲解,特别是要指导学生掌握一般工程项目的成本核算及预算方法,初步了解设备、软件及工程的税费情况。

2. 学生实训

(1)实训分组:本次实训内容涉及分析、讨论及调查等环节,建议分组实训,2~3人一组。

(2)领取素材:以小组为单位领取实训素材。

(3)项目实训:

①结合本次实训要求,通过网络调查及现场走访,在讨论的基础上,制作出路口交通控制项目所涉及的主要收费项目列表,比如项目设备、项目土建、项目管理等收费内容。

②查阅当地土建工程项目的政府指导收费价格标准,结合收费项目列表,对该路口可能涉及的全部费用(设备、工程、管理等)做预算。

③最后对该路口可能涉及的全部税费做预算。

④在此基础上撰写《路口交通控制项目工程概算报告》。主要内容包括:项目背景、项目工程概况、项目实施预算、总结。

报告格式要求:

A4纸打印,页边距:上2.5cm、下2.5cm、左3.0cm、右3.0cm;页脚1.5cm,页码宋体五号字居中;标题三号宋体加黑居中;姓名、班级、学号仿宋四号字居中,段前段后各1倍行距;正文宋体小四号字,段前段后为0,行距22磅;插图标注在下方,表格标注在上方,均为五号宋体居中;"参考资料"标题黑体小四号靠左,前面空一行。要有3条参考资料,序号数字外用方括号,如"[1]专业认识.教育科学出版社.2003.6"。

报告字数:不限。

评分标准:格式规范性20%;内容完整性60%;文字通顺性20%。

四、注意事项

注意工程概算的主要内容。

五、学习要求

完成一份《路口交通控制项目工程概算报告》。

六、能力拓展

在本实训项目的基础上,学习交通控制项目的招投标项目预算。

? 思考练习

1. 交通控制设备安装过程中需要注意的安全问题有哪些?
2. 结合生活常识简述工程项目实施中面临的防雷要求类别。
3. 简述城市道路交叉口交通信号控制项目的施工流程和竣工验收流程。
4. 交通信号控制设备的日常维护任务中,需要注意哪些要点?

参 考 文 献

［1］ 中华人民共和国国家标准. 城市道路交叉口规划规范:GB 50647—2011[S]. 北京:中国标准出版社,2012.

［2］ 中华人民共和国行业标准. 城市道路交叉口设计规程:CJJ 152—2010[S]. 北京:中国标准出版社, 2011.

［3］ 中华人民共和国国家标准. 道路交通信号控制系统术语:GB/T 31418—2015[S]. 北京:中国标准出版社,2015 .

［4］ 中华人民共和国行业标准. 道路交通信号控制方式　第3部分:单点信号控制方式实施要求:GA/T 527.3—2018[S]. 北京:中国质检出版社,2018.

［5］ 中华人民共和国行业标准. 道路交通信号控制方式　第4部分:干线协调信号控制方式实施要求:GA/T 527.4—2018[S]. 北京:中国质检出版社,2018.

［6］ 中华人民共和国行业标准. 道路交通信号控制方式　第1部分:通用技术条件:GA/T 527.1—2015[S]. 北京:中国质检出版社,2015 .

［7］ 中华人民共和国国家标准. 道路交通信号控制机:GB 25280—2016[S]. 北京:中国标准出版社,2016.

［8］ 中华人民共和国国家标准. 道路交通信号灯设置与安装规范:GB 14886—2016[S]. 北京:中国标准出版社,2017.

［9］ 中华人民共和国国家标准. 道路交通信号灯:GB 14887—2011[S]. 北京:中国标准出版社,2012.

［10］ 中华人民共和国行业标准. 道路交通信号控制机与车辆检测器间的通信协议:GA/T 920—2010[S]. 北京:中国标准出版社,2011.

［11］ 中华人民共和国国家标准. 交通信号控制机与上位机间的数据通信协议:GB/T20999—2017[S]. 北京:中国标准出版社,2008.

［12］ 中华人民共和国国家标准. 道路交通标志和标线:GB 5768—2009[S]. 北京:中国标准出版社,2010.

［13］ 中华人民共和国国家标准. 高速公路交通工程钢构件防腐技术条件:GB/T 18226—2015[S]. 北京:中国标准出版社,2005.

［14］ 中华人民共和国国家标准. 高速公路LED可变限速标志:GB 23826—2009[S]. 北京:中国标准出版社,2010.

［15］ 徐建闽. 交通管理与控制[M]. 北京:人民交通出版社,2007.

［16］ 尹宏宾,徐建闽. 道路交通控制技术[M]. 广州:华南理工大学出版社,2000.

［17］ 段里仁. 道路交通自动控制[M]. 北京:中国人民公安大学出版社,1991.

［18］ 吴兵,李晔. 交通管理与控制. [M]. 4版. 北京:人民交通出版社,2009.

［19］ 袁振洲. 道路交通管理与控制[M]. 北京:人民交通出版社,2007.

［20］ 翟润平,周彤梅. 道路交通控制原理及应用[M]. 北京:中国人民公安大学出版社,2002.

［21］ 张飞舟,范祖跃. 交通控制工程[M]. 北京:中国铁道出版社,2005.

［22］ 翟忠民.道路交通组织优化［M］.北京：人民交通出版社,2004.

［23］ 李江,傅晓光,李作敏.现代道路交通管理［M］.北京：人民交通出版社,2000.

［24］ 杨晓光.交通设计［M］.北京：人民交通出版社,2010.

［25］ 周蔚吾.道路交通信号灯控制设置技术手册［M］.北京：知识产权出版社,2009.

.